国家社科基金
GUOJIA SHEKE JIJIN HOUQI ZIZHU XIANGMU
后期资助项目

地域与使命

民国时期东北大学的创办与流亡

Regional Commitments
Establishment and Exile of
Northeast University in Republican China

王春林　著

社会科学文献出版社
SOCIAL SCIENCES ACADEMIC PRESS (CHINA)

国家社科基金后期资助项目
出版说明

后期资助项目是国家社科基金设立的一类重要项目，旨在鼓励广大社科研究者潜心治学，支持基础研究多出优秀成果。它是经过严格评审，从接近完成的科研成果中遴选立项的。为扩大后期资助项目的影响，更好地推动学术发展，促进成果转化，全国哲学社会科学工作办公室按照"统一设计、统一标识、统一版式、形成系列"的总体要求，组织出版国家社科基金后期资助项目成果。

全国哲学社会科学工作办公室

序

　　春林博士的著作《地域与使命：民国时期东北大学的创办与流亡》出版，嘱我为序，并以师生关系为其嘱之缘由。其实，以我的理解，严格的师生关系是有特定含义的。硕士、博士研究生的导师，可谓其指导的研究生之师，有师生关系。但是，春林并非随我学习的研究生，而是近代史研究所的在站博士后研究人员，博士后研究只是一段工作经历，并非学业必经之途，而我是他的合作导师（他入近代史所时，我尚在所工作），两者间其实并无严格的师生关系，倒毋宁说是可以合作进行研究工作的同事关系。只是从广义的角度而言，我毕竟较春林年长若干（我进大学读书时，春林尚未出生），又已迈过花甲耳顺之年，倚老卖老，似乎也可以写点什么，何况为青年学子的研究成果鼓与呼也是应该的，遂不揣冒昧，写下此序。

　　春林著作研究的是民国时期的大学，这算是个当下有点热门的研究主题，从宏观概要研究到微观个案研究都已有不少成果，即便是单一大学的个案研究，如清华大学、浙江大学、中山大学、四川大学等，也有了好几部有些影响的著作。而春林选择研究的大学——东北大学，也并非全无研究，从全史到专史，也有一些既成研究。但是，大学研究的视角可以是多样化的，春林的研究，其观察视角不全是或基本不是教育史或大学史，而多半是政治史和地方史；他笔下的东北大学，其实不是民国教育史或大学史上的东北大学，而是民国政治史和东北地方史上的东北大学。因此，他研究的意义亦由此而凸显——当大学遇见政治时，其因应如何，尤其是这样的政治还与各种复杂的派系之争相纠缠；当大学与地方利益相交时，其因应又如何，尤其是这样的地方还在经历了外敌入侵而沦亡后。本来的地方利益又在"流亡"的过程中，异化为其他地方的"外来者"利益。从这两个角度观察，民国时期的不少大学其实或多或少都遇到过同样的问题。例如，由谁来控制中央大学，便是政治与大学的关系；而全国抗战时期内迁的大学，都有个如何与内迁地当局协调的问题。但这些问题纠缠一体，更为集中地体现在东北大学身上，这是春林研究面对的挑战；而最后的成果，也说明他较好地应对了这样的挑战，有说服力地回答了历史提出的问题，从而也推动了相关研究的进展。

从地域角度观察，东北地方确实有其特殊性。虽然它是清王朝的发家之地，但从当时国人习惯的中原中心论的立场视之，东北有其边缘化的面相；而从地理环境论，东北与关内的联通，在当时的交通体系下，也有偏处一隅之弊，虽然其内部现代交通网络是民国时期最好的。因此，东北内部的集合性及其与中原中心的疏离感，有利于东北地方势力的发展，这是主要由地方势力支持的东北大学，能够在创办后不久即立于中国大学之林的主要原因所在。但是，近代以来，中国已经无可挽回地卷入世界体系之中，无法自外于世界；而外部世界的近邻日本，对东北一直虎视眈眈，在其于近代兴起发达之后，始终将中国的东北作为其对外扩张觊觎的重点地区之一，并且终在 1931 年发动入侵东北的战争。东北地方沦亡，东北大学内迁，这又使其无可避免地卷入关内国民党当政的派系政治中，并与中日关系和中日战争的演进发展共始终，而在战后又与国共政争的政治相纠合，这使得东北大学内迁之后，其所面对的不仅是教育问题，更重要的是政治问题。这又说明，研究民国历史，其实无法避开政治，近代中国的面相，政治、军事、外交层面，固然与政治直接相关，而经济、文化、教育、社会层面，也与政治息息相关，无不受到政治的影响。所谓去"政治化"的民国史，所谓"小确幸"式的浪漫情怀的民国大学教育史或知识精英生活史，其实多少有些虚晃而不切实际。由春林的著作，我们便可看到政治的无所不在，这也是春林著作着力之所在。有趣的是，现有的大学个案研究专史，不少也是从政治的观察角度切入的，这是否也体现了当下青年研究者对民国历史的认知，其实还是贴近民国历史演进的政治性面相的。

我们更不应忽略的是，东北大学的历史，也是中国呼唤"外御强权"的现代民族主义成长背景下的大学史。公认的中国现代大学之滥觞——北京大学成立于 1898 年的戊戌维新时期，而戊戌维新则是对中国惨败于日本的甲午战争的回应。其后，中国现代大学的成长史，实际伴随着中国现代民族主义的形成史和发展史，从 1919 年反抗列强强权的五四运动，到1935 年反抗日本侵略的一二·九运动，无不发端于大学，激荡于校园。

东北大学的内迁及其复校史，就是中国抗战史的缩影；而中国的抗战史，本质上是中国人民和中华民族永不屈服于任何外来侵略、始终坚持民族独立的象征，其间饱含的精神意义，也可以从东北大学史中得以显现。如春林书中所言，东北大学的历史，就是"在民族国家构建以及中日战争大背景下的作为及其嬗变"史。

春林的研究，利用了大量的一手档案文献史料，使其研究建立在扎实的基础之上，也与民国史和近代史研究讲求运用一手材料的趋向相切合。整部著作论述自成逻辑，详略得当，既有宏观评价，也有微观研究，并且不乏可读性。应该说，对春林这样的青年学者而言，处在社会和学术发展的大环境中，起点较我们当年为高，成果也较我们当年为善，这是他们的优长之处，也是他们得益于也应该感谢于这个时代所赋予他们的机遇的。

读了春林的大作之后，写下如许感想，与春林的著作比起来，或可谓外行的浅见。但愚者千虑，或有一得，供春林和读者参考吧！并祝春林学业进步，更上层楼，未来有更多的论著出版。

汪朝光

2019 年 11 月 8 日于东厂胡同一号

世界历史研究所迁址前夕

目　录

绪　论

一　选题缘起

奉系军阀以及东北地方势力是民国时期力量较大的地方势力，从1922年第一次直奉战争战败起就基本独立于中央政府之外，直到1931年九一八事变发生。① 东北地区在民国前期多处于该势力的控制下，1931～1945年则处在日本的殖民统治之下，只有1945～1949年才短暂隶属于中央政府。即便如此，中央政府的权威却又因国共内战而仅及于国民党军队的控制地区。因此，东北在民国时期是一个中央政府的权力极少达到的地方。在这种时势演变的背景下，东北地域观念的演变颇能反映当时的国家整合程度以及东北民众的国家认同程度。但因为日本殖民统治的因素，地方意识或许更多已让位于民族意识。因此，九一八事变后的"东北流亡势力"就成为延续东北地域观念的一个特殊的力量，他们既保有地域观念，又因流亡关内而强化了与中央政府及关内民众的联系，从而加深了其国家认同。

"东北流亡势力"由东北地方势力演变而来，在狭义上仅指九一八事变后追随张学良流亡关内的原东北地方军政力量。广义上，这一群体还应包括九一八事变后流亡关内的东北知识分子、学生、商人和难民，以及事变前就在关内的东北籍官员、军队和学生等。这就使得该群体成分较为复杂，问题亦较繁复。"东北流亡势力"此前一直处于奉系及张学良统治下，因而地域观念较强，在西安事变之前他们大多仍奉张学良为领袖。西安事变后东北军势力日渐式微，该群体中有相当一部分人转而投向国民政府。

---

① 参见来新夏等《北洋军阀史》，东方出版中心，2011，第693～723、786～797页；佟德元《转型、博弈与政治空间诉求：1928—1933年奉系地方政权研究》，中国社会科学出版社，2015。

除东北军外，"东北流亡势力"的另一个重要团体就是东北大学。[①] 东北大学在九一八事变后历经流亡、抗战与复员，直至国共内战时期的再度迁徙以及最终解放。因而东北大学成为考察民国时期东北近代化、地域观念演变、应对中日战争和国共内战的典型案例。

本书的关键词"流亡"，《辞海》解释有二，一为"因在本乡、本国不能存身而逃亡流落在外。《诗·大雅·召旻》：'瘨我饥馑，民卒流亡。'《楚辞·九章·哀郢》：'去故乡而就远兮，遵江夏以流亡'"。二为"随水流逝。《楚辞·九章·惜往日》：'宁溘死而流亡兮，恐祸殃之有再'"。[②] 其中，第二种解释的文学意味较重，与本书主旨无关。根据第一种解释，"流亡"的本义是因自然灾害等而离开家乡到其他地方避难。在近代语境中，"流亡"的政治意味较浓，它的主要含义演变为因战争、政治等因素而被迫离开本乡本土。本书所使用的"流亡"一词的含义即属于后者。

本书的研究对象是民国时期的东北大学。该校 1919 年有筹建之议，1923 年创办，历经 20 余年的发展与流亡后，于 1949 年初被并入中共东北解放区的"东北大学"[③]。作为奉系军阀以及东北地方势力的"宠儿"，东北大学与奉系以及东北地方势力的发展态势息息相关。建校后，东大[④]先后经历了奉系军阀时期[⑤]、九一八事变后的流亡北平时期、抗战兴起后的内迁四川时期以及战后的国共内战时期四个阶段。东北大学既是民国时期

---

① 参见王卓然《张学良到底是个怎样人》，中国人民政治协商会议辽宁省委员会文史资料委员会、抚顺市顺城区委员会文史资料委员会编《王卓然史料集》，辽宁人民出版社，1992，第 157～158 页。

② 辞海编辑委员会编《辞海》中册，上海辞书出版社，1999，第 2668 页。

③ 1946 年 3 月，中共在佳木斯创建"东北大学"，与当时在沈阳的国立东北大学形成"打擂台"的局面，这一颇为有趣的现象是从属于彼时国共内战的大局的。参见曲晓范、石颖《民国中共东北大学筹建、成立、迁校时间考》，《东北师大学报》（哲学社会科学版）2009 年第 3 期。

④ 东北大学在民国时期曾有几个简称，如"东北大""东大"等，但以"东大"流传最久，使用最广。此外，1921 年建立于南京的东南大学，亦被时人称为"东大"。但两者使用的人群不同，影响不同，存在时间亦不同，后者在 1927 年改称第四中山大学，1930年改为中央大学。这种简称是其时国人的一种习惯，许多大中学校皆有类似简称。本书在行文中多简称为"东大"。

⑤ 1928 年 6 月的皇姑屯事件后，奉系进入代际交替，张学良成为奉系新的首领。张学良主政东北的三年可称为"后奉系时期"，张学良虽兼任校长，但东北大学主要由其代理人主持，校风并无显著变化。参见王振乾、丘琴、姜克夫编著《东北大学史稿》，东北师范大学出版社，1988，第 7～33 页；郭建平《奉系教育》，辽海出版社，2000，第 187～203 页。

东北高等教育的代表，又作为"东北流亡势力"的一部分而积极参与国内政治与民众运动。九一八事变后，东大既坚持办学，又不忘收复与建设东北的使命。战后，东大又被卷入学生运动中，并在七五事件中遭受打击。因此，1923~1949 年，中国现代史在东北大学这一载体上有着生动的投射。

民国时期，大学因政治环境的动荡大都经历了艰难曲折的发展过程，较为常见的矛盾集中于经费、国立、校长以及教职员的任免、外交政策、内政等问题。受关注度较高的是学运和战时教育，如五四运动、九一八学运、"一二·九"学运。而像东北大学这种经历"军阀教育""流亡教育""战时教育""内战教育"这些教育形式的范例极为少见。因而其发展历程更能体现民国时期地方创办的大学在中日战争、国立化和国共斗争等复杂的社会环境下的生存、发展规律。

民国时期中国的民族国家构建问题早为学界所关注，既有研究多从政治视角切入，并且多关注中央政府的权力扩张。[①] 事实上，地方在民族国家构建中也并非完全被动地接受，它们也是这一运动的参与者。地方在接受中央政府领导的同时，其要求必然为中央政府所考虑与关注，这种互动下的统一运动体现了不同利益层面的要求。近年来，以地方视角审视国家统一运动的研究不断涌现。[②] 但民国时期的各地方之间差异较大，通过透视不同地方势力的演变，能够提供一种新的视角来考察传统视野中中央政府主导的统一运动的成效。具体而言，中央政府的统一方略在地方究竟怎样被执行；其间中央与地方经历了怎样的博弈；在中央政府强势推行统一的背后，地域观念是否真的偃旗息鼓，抑或潜流暗涌；在抗战前、战时与战后，地域观念经历着怎样的变化，这些方面既往研究似着力较少。

---

① 李守孔：《国民政府之国家统一运动（民国十八年至十九年）》，中研院近代史研究所编《抗战前十年国家建设史研讨会论文集（1928—1937）》上册，中研院近代史研究所，1985；王柯：《民族与国家：中国多民族统一国家思考的系谱》，中国社会科学出版社，2001。

② 较有代表性的有李达嘉《民国初年的联省自治运动》，弘文馆，1986；易劳逸《蒋介石与蒋经国》，王建朗、王贤知译，中国青年出版社，1989；吴振汉《国民政府时期的地方派系意识》，文史哲出版社，1992；王东杰《国家与地方的学术互动：四川大学的国立化进程（1925—1939）》，三联书店，2005；程美宝《地域文化与国家认同——晚清以来"广东文化"观的形成》，三联书店，2006。

二　研究综述

"东北流亡势力"源自奉系军阀，较多涉及民国时期中央与地方的关系。胡春惠论述了民国初年地方主义的兴起与联省自治运动的始末，充分肯定了地方主义与联省自治运动的积极一面；吴振汉分析了山西、广西、广东、东北四个地方势力的特点，但其关于东北政治势力的论述似乎过于强调派别划分而略显生硬；邓正兵考辨了近代地方主义的源流与民国时期地方主义的特点，着重分析了广东地方主义的组织结构与派系意识，考察了广东地方实力派与地方社会、中央以及外部势力的关系；李国忠主要从政治思想和政治制度视角阐释了民国时期中央与地方的关系嬗变，并分析了影响两者关系的要素等问题。[①] 目前，学界关于东北流亡势力的研究较为丰硕，对东北军集团的发展流变已有详细的考察，但多集中于抗战爆发前的东北军政势力，而忽略了其他东北流亡民众，实则各阶层的民众在抗战时期乃至国共内战时期都发挥着重要作用。[②] 此外，对这一群体在政治、社会等层面的研究尚有待进一步深入，例如东北流亡学生的政治参与和地域观念、东北政界精英在抗战时期及战后的活动等方面。另外，平津乃至华北地区曾是东北军等地方势力的地盘，这在 1931～1937 年尤为明显。九一八事变后的华北，东北军、西北军等地方势力还很强大，加上日军的无理要求，国民政府的力量一直相对较弱；国共内战时期，国民政府在华北的力量有所增强，但非中央系仍为主导。[③]

[①] 参见胡春惠《民初的地方主义与联省自治》，中国社会科学出版社，2001；吴振汉《国民政府时期的地方派系意识》；邓正兵《广东地方实力派和地方主义研究：1927—1936》，武汉出版社，2001；李国忠《民国时期中央与地方的关系》，天津人民出版社，2004。

[②] 参见金毓黻《东北四省流亡后方之人口及其动态》，国立东北大学文科研究所编《东北集刊》第 7 期，1944 年 9 月；张德良《论以张学良为首的东北抗日流亡政治集团》，《日本研究》1991 年第 3 期；中共东北军党史组编《东北军与民众抗日救亡运动》，中共党史出版社，1994；张万杰《救亡图存东北魂——东北救亡群体与西安事变研究》，人民日报出版社，2013；逄增玉《流亡者的歌哭——论三十年代的东北作家群》，《中国现代文学研究丛刊》1986 年第 4 期；沈卫威《东北流亡文学史论》，河南人民出版社，1992。

[③] 参见李云汉《宋哲元与七七抗战》，传记文学出版社，1978；谢国兴《黄郛与华北危局》，台湾师范大学历史研究所，1984；李义彬《华北事变后国民党政府对日政策的变化》，《民国档案》1989 年第 1 期；金冲及《华北事变和抗日救亡高潮的兴起》，《历史研究》1995 年第 4 期；林桶法《从接收到沦陷：战后平津地区接收工作之检讨》，东大图书公司，1997；许慧琦《故都新貌：迁都后到抗战前的北平城市消费（1928～1937）》，

　　关于奉系军阀的研究十分丰富，早期的研究有张德良、周毅等人的著述，[①] 稍后较有代表性的有水野明、胡玉海、薛龙（Suleski Ronald）、王凤杰、佟德元等人的研究。[②] 其中，水野明系统分析了张作霖和张学良时期东北政权的发展态势，但主要侧重于政治和对外关系，对教育方面并未涉及。胡玉海等学者从总论、人物、军事、经济、教育以及对外关系六方面系统探讨了奉系集团的发展演变，客观评价了奉系的历史作用与局限。薛龙高度评价了奉天省在王永江领导下进行的卓有成效的经济改革，并分析王永江与张作霖冲突的缘由。王凤杰系统考察了王永江在奉天省财税金融、农业、交通、教育、城市建设等方面的改革，并分析了王领导的改革的特点及启示。佟德元系统考察了1928～1933年国民政府与东北在政治、外交等方面的权力分配与博弈关系，是该领域新近的一部力作。易丙兰系统考察了奉系铁路建设的发展历程，总结了奉系铁路建设的特点及其与东北现代化的关系。东北教育史方面的相关研究也很丰富，其中黄晓通关于东北高等教育的专著是该领域的最新研究，黄著展现了近代东北高等教育的发展大势，但在演变情形方面仍可继续探讨。[③] 既有的研究已从过去单纯集中于政治、军事领域转向经济、教育等领域，且对奉系政权做更深入、细致的考察。

　　作为中西文化交融的产物，民国时期的大学在唤起民众、维护国权、应对国难等方面都发挥着巨大的作用。大学在民族国家构建中所扮演的重

学生书局，2008；佟德元《转型、博弈与政治空间诉求：1928—1933年奉系地方政权研究》；孙冬虎、王均《民国北京（北平）城市形态与功能演变》，华南理工大学出版社，2015；贺江枫《华北自治运动与地方实力派的政治选择》，《历史研究》2019年第1期。

① 张德良、周毅主编《东北军史》，辽宁大学出版社，1987；张友坤、钱进主编《张学良年谱》，社会科学文献出版社，1996。

② 水野明：《东北军阀政权研究：张作霖、张学良之抗外与协助统一国内的轨迹》，郑樑生译，"国立编译馆"，1998；胡玉海：《奉系纵横》，胡玉海、张伟：《奉系人物》，郝秉让：《奉系军事》，车维汉等：《奉系对外关系》，马尚斌：《奉系经济》，郭建平：《奉系教育》，辽海出版社，2001；Suleski Ronald, *Civil Government in Warlord China: Tradition, Modernization and Manchuria*, New York: Peter Lang publishing, Inc., 2002；王凤杰：《王永江与奉天省早期现代化研究》，吉林大学出版社，2010；佟德元：《转型、博弈与政治空间诉求：1928—1933年奉系地方政权研究》；易丙兰：《奉系与东北铁路》，社会科学文献出版社，2018。

③ 参见齐红深主编《东北地方教育史》，辽宁大学出版社，1991；王希亮《东北沦陷区殖民教育史》，黑龙江人民出版社，2008；黄晓通《近代东北高等教育研究》，百花文艺出版社，2014。

要角色已为很多学者所注意，他们也从不同视角对各类大学进行研究。①
民国时期的大学一般包括几种类型：在政治色彩上，自由主义思想浓厚的
大学，如清华大学、北京大学、西南联合大学；国民党官方色彩浓厚的大
学，如中央大学、中山大学；此外，地方或私人创办的大学亦为数不少。
目前，学界的主要关注点多集中在一些著名大学上，对于地方或私立大学
关注有限。② 南京国民政府时期，伴随着国民政府权力的强势扩张以及省
立或私立大学办学环境的日益恶化，大学的国立化趋向十分明显。对大学
国立化问题，已有学者做过深入的研究。③ 其中，王东杰侧重探讨四川大
学国立化进程中国家、中央、地方、学术之间的纠葛和互动，揭示国家在
不同时期的象征意义与利弊，从一个新的视角诠释了国家统一进程中各种
势力的竞争。许小青则从经费与管理上依托地方社会的模式以及党派纠葛
方面来阐释东南大学在国立化进程中的困境。蒋宝麟进一步从经费层面探
讨了中央大学改组国立后的"落实"过程。但他们探讨的主要是抗战前的
国立化问题，并未涉及抗战时期的内迁等问题。而在国立化过程中围绕校
长职位的争夺较多，因为民国时期的大学校长一职，既具有一定社会地

---

① 参见费正清主编《剑桥中华民国史》第 2 册，章建刚等译，上海人民出版社，1992，第
　　393～455 页；许美德《中国大学（1895—1995）：一个文化冲突的世纪》，许洁英主译，教
　　育科学出版社，2000；叶文心《民国时期大学校园文化（1919—1937）》，冯夏根、胡少
　　诚、田嵩燕等译，中国人民大学出版社，2012。其中，关于教会大学的研究已较为深入。
　　如杰西·格·卢茨《中国教会大学史：1850—1950》，曾钜生译，浙江教育出版社，1988；
　　芳卫廉《基督教高等教育在变革中的中国：1880—1950》，刘家峰译，珠海出版社，2005。
　　此外，关于一些大学的个案研究亦较深入。如黄福庆《近代中国高等教育研究——国立中
　　山大学（1924—1937）》，中研院近代史研究所，1988；苏云峰《从清华学堂到清华大学：
　　1911—1929》，三联书店，2001；苏云峰《从清华学堂到清华大学：1928—1937》，三联书
　　店，2001；王东杰《国家与地方的学术互动：四川大学的国立化进程（1925—1939）》；许
　　小青《政局与学府：从东南大学到中央大学（1919—1937）》，中国社会科学出版社，
　　2009；易社强《战争与革命中的西南联大》，饶佳荣译，九州出版社，2012；蒋宝麟《民
　　国时期中央大学的学术与政治（1927—1949）》，南京大学出版社，2016；何方昱《训导与
　　抗衡：党派、学人与浙江大学（1936—1949）》，上海书店出版社，2017。
② 参见王李金《中国近代大学创立和发展的路径：从山西大学堂到山西大学（1902—
　　1937）的考察》，人民出版社，2007；苏云峰《近代中国高等教育研究：私立海南大学
　　（1947—1950）》，中研院近代史研究所，1990；宋秋蓉《近代中国私立大学发展史》，陕
　　西人民教育出版社，2006。
③ 参见王东杰《国家与学术的地方互动：四川大学国立化进程（1925—1939）》；许小青
　　《论东南大学的国立化进程及其困境（1919—1927）》，《高等教育研究》2006 年第 2 期；
　　蒋宝麟《财政格局与大学"再国立化"——以抗战前中央大学经费问题为例》，《历史研
　　究》2012 年第 2 期。

位，又与政治权势密切相关。① 此外，学生运动是大学史研究和政治史研究中的热点问题，对其的研究愈益细密。② 其中，既往"一二·九"运动研究多强调中共的领导作用以及清华大学、燕京大学和北京大学的"主力"角色，事实上党派力量在 1930 年代学运中是逐渐增长的，而"一二·九"运动中东北大学的作用亦不容忽视。抗战时期的内迁大学是抗日战争史和近代高等教育史研究的重要内容。相关研究主要集中在以下几方面：第一，大学内迁与重建；第二，大学与政府以及地方社会的关系；第三，校内党派活动；第四，大学教员与学生的生存状态，包括薪酬、生活等。在战时大学中，国共斗争以及国民党内的派系斗争在大学校园中无处不在。③ 同时，抗战胜利后的学运问题早为学界所关注，成果亦较多。④

---

① 参见桑兵《1948 年中山大学易长与国民党的派系之争》，《学术研究》2008 年第 1 期；蒋宝麟《抗战时期的国家与大学政治文化：中央大学"易长"研究》，《史林》2009 年第 3 期。

② 参见 John Israel, *Student Nationalism in China*, *1927 - 1937*, Stanford: Stanford University Press, 1966；吕芳上《从学生运动到运动学生：民国八年到十八年》，中研院近代史研究所，1994；左双文、郭秀文、栾成《"九·一八"事变后学生的请愿示威与南京国民政府的应对》，《学术研究》2006 年第 7 期；黄坚立《难展的双翼：中国国民党面对学生运动的困境与决策（1927—1949 年）》，商务印书馆，2010；陈廷湘《政局动荡与学潮起落——九一八事变后学生运动的样态及成因》，《历史研究》2011 年第 1 期；杨天宏《学生亚文化与北洋时期学运》，《历史研究》2011 年第 4 期；欧阳军喜《一二九运动再研究：一种思想史的考察》，《中共党史研究》2014 年第 2 期。

③ 参见经盛鸿《抗战期间沦陷区的高校内迁》，《南京师大学报》（社会科学版）1989 年第 2 期；余子侠《抗战时期高校内迁及其历史意义》，《近代史研究》1995 年第 6 期；侯德础《抗日战争时期中国高校内迁史略》，四川教育出版社，2001；Hu Kuo-tai, "The Struggle between the Kuomintang and the Chinese Communist Party on Campus during the War of Resistance, 1937 - 45," *The China Quarterly* 118（1989）；胡国台《国共校园斗争（1937—1949）》，台北《历史月刊》第 44 期，1991；王晴佳《学潮与教授：抗战前后政治与学术互动的一个考察》，《历史研究》2005 年第 4 期；王奇生《战时大学校园中的国民党：以西南联大为中心》，《历史研究》2006 年第 4 期；桑兵《国民党在大学校园的派系争斗》，《史学月刊》2010 年第 12 期；蒋宝麟《中央大学的国民党组织与国共斗争（1927—1949）》，《中央研究院近代史研究所集刊》第 73 期，2011 年 9 月。张成洁、莫宏伟《论抗战时期高校内迁对西南地区观念近代化的影响》，《贵州文史丛刊》2002 年第 3 期；韩成《抗战时期内迁高校的地方化——以光华大学成都分部为例》，《抗日战争研究》2014 年第 3 期；何方昱《资源配置与权力之争：以战时浙江大学内迁贵州为中心》，《近代史研究》2016 年第 1 期。

④ 参见施惠群《中国学生运动史：1945—1949》，上海人民出版社，1992；廖风德《学潮与战后中国政治：1945—1949》，东大图书公司，1994；杨奎松《国民党人在处置昆明学潮问题上的分歧》，《近代史研究》2004 年第 5 期；王晴佳《学潮与教授：抗战前后政治与学术互动的一个考察》，《历史研究》2005 年第 4 期；严海建《1946—1948 年北平学潮：国民政府中央与地方处置的歧异》，《民国档案》2008 年第 1 期。

其中，杨奎松对战后国民党中枢与地方当局对学运的粗暴处理缘由做了细致的分析。严海建从北平市当局内部纷争的视角审视了1946～1948年北平学潮的来龙去脉，分析较为精当。虽然既有的大学研究成果丰硕，但在大学内的教学、生活、学术方面，大学与政府、社会以及时局的互动，不同大学的差异等方面仍有很大的拓展空间，而对于校内层面的地域观念或省籍问题似乎关注更少。正如杨天石所指出："中国近代大学发展中的个体差异极大，又存在多种不同类型的大学，各自的发展规律不同；在各个不同时期，政府对高等教育发展的宏观政策以及各大学的微观变化都有所不同。"并且，"现有的教育史研究成果多偏重于教育界本身，只是就教育谈教育，往往忽略高等教育同整个社会历史背景之间相互影响、相互推动的关系。"① 近年来，大学研究表现出几种趋势：第一，不再仅关注西南联大等学校，而是将研究视域投向民国时期的其他大学；第二，除从政治史视角探讨外，更多从日常社会生活史和教育史的视角进行探讨。②

在近代中国，大规模的流亡学生最早出现在1931年九一八事变后，即东北流亡学生。抗战兴起后，来自各地的流亡学生遍布后方。此种流亡是中日两国战争状态下的行为，因而具有"爱国、反侵略"的意味。与此种流亡不同，战后的"流亡学生"是指在国共内战中逃离战区，进入国民政府统治区的学生，因而这种"流亡"实质上是带有政治选择意味的，即追随国民党政权而不接受中共。③ 关于东北大学的专门研究，目前有王振乾等编著《东北大学史稿》，以及张馥、程丕来、王妍、王莹、李一姣的五篇硕士学位论文等。④《东北大学史稿》是在大量史料基础上写就，叙

① 杨天石：《著作出版推荐意见书》（一），金以林：《近代中国大学研究：1895—1949》，中央文献出版社，2000。
② 郭士礼：《学术选择与国家建构——论抗战时期大夏大学对西南少数民族的调查与研究》，《贵州民族研究》2010年第4期；胡岚、张卓群：《抗战时期国立浙江大学的研究生教育》，《浙江大学学报》（人文社会科学版）2013年第2期；张玥：《抗战时期国立大学校长治校方略研究》，南京大学出版社，2017；倪蛟：《抗战时期大后方大学生的日常生活——以重庆时期国立中央大学为例》，《江苏社会科学》2016年第1期；陈东：《抗战时期国内大学借读现象论析——以战时大学报刊为中心的考察》，《安徽史学》2016年第3期。
③ 参见张馥《九一八事变后的东北流亡学生（1931—1946）——以东北大学、东北中学、东北中山中学为中心》，台湾师范大学硕士学位论文，1996；张馥《九一八后至抗战前政府对东省学生就学问题的处理》，《东北文献》第30卷第1、2期，2000年1月；陶英惠、张玉法编《山东流亡学生史》，山东文献社，2004。
④ 参见赵守仁《王永江与东北大学》，《辽宁师范大学学报》（社科版）1986年第3期；

述细致，内容详细，可为研究参考。同时，作者又为曾在东北大学生活过的学生或教员，其叙事可信度较高，某些论述很精当，对研究启示很多。但该书主要功用当为叙事，革命史观主导下的叙事与论述都过于简单。此外，该书是在众多当事人回忆资料基础上完成，因而主观与政治色彩较重，所用的资料多无出处。张馥的《九一八事变后的东北流亡学生（1931—1946）——以东北大学、东北中学、东北中山中学为中心》，是另一专门以东北大学等流亡学校为中心考察东北流亡学生的重要研究。该文探讨了九一八事变前东大的反日情绪，梳理了事变后国民政府与张学良对该校的救济以及该校从北平复校到迁徙三台期间十余年的发展情形，描述了东大学生的日常生活和流亡心理，阐述了1931~1946年该校的学运变迁以及党派纠葛。作者使用了大陆和台湾的部分档案与回忆录等资料，将东北流亡学生与当时的时空背景、历史事件、政治人物等要素结合起来，试图揭示东北学生的群体命运与历史进程的必然关系。然而该研究仍主要以叙事为主，虽有问题意识，但作者似受国民党史观影响较大，因而仍有探讨之空间。程丕来的《抗战时期东北大学内迁三台研究》是关于抗战时期内迁四川的东北大学的专门研究。作者主要利用了三台档案馆馆藏的国立东北大学档案、学术著作、校刊以及相关回忆录等。该文的史料较为丰富，但作者受《东北大学史稿》影响颇大，某些论断与材料直接引自该书，因而革命史观痕迹较重。作者虽涉及东北大学在三台生活、教学之诸方面，对教学活动也做了分析、评价，但某些材料梳理似乎不够，问题意识亦略有不足。王妍的《东北大学早期校园建设研究（1923—1931）》系统梳理了沈阳时期王永江和张学良两任校长主持下东北大学校园的建设过程，并从校园规划和建筑风格角度探讨了东大校园建设的优点和缺陷，还总结了东大校园建设与民国新教育运动在筹集经费、校园规划、校园建筑方面的共性。王莹从建筑学视角考察了东北大学北陵校区的校园规划和建筑设计，李一姣则从教育学角度探讨了东北大学早期建筑教育的教育主

王振乾、丘琴、姜克夫编著《东北大学史稿》；张馥《九一八事变后的东北流亡学生（1931—1946）——以东北大学、东北中学、东北中山中学为中心》；程丕来《抗战时期东北大学内迁三台研究》，四川大学硕士学位论文，2007；王妍《东北大学早期校园建设研究（1923—1931）》，东北师范大学硕士学位论文，2016；王莹《东北大学北陵校区校园规划及建筑设计研究》，东北大学硕士学位论文，2014；李一姣《东北大学早期建筑教育的教育主体研究》，东北大学硕士学位论文，2014。

体问题，两者都丰富了东北大学研究的不足。柯英兰、黄晓通也曾专文探讨了西安事变后东北大学的改组国立问题。①

三　史料与方法

本书所使用的资料主要是中国第二历史档案馆藏教育部档案、台北"国史馆"藏军事委员会委员长侍从室档案、中国国民党党史馆藏会议记录、中研院近代史研究所档案馆藏朱家骅档案、辽宁省档案馆藏奉天省长公署档案和东北行辕档案、北京市档案馆藏北平市警察局档案和社会局档案、四川省三台县档案馆藏三台县特分会档案，以及相关的史料汇编、日记、回忆录、报纸和期刊等资料。

本书基本属于地方史研究范畴，王东杰曾在其著作末尾精辟地指出："地方史的研究不是要在地方层面上'复述'历史学家们立足于全国历史获得的'整体经验'，它的目标是特殊的'地方性知识'，包括对国家的地方性体验和认识。地方史是国家历史的依存之所。"② 地方史的研究是整体历史的一个部分，全局性的研究经验未必适用于地方，而在民国时期中央权威下移、地方与边缘蹿升的情势下，这种地方史的研究与整体性研究同样重要。

本书的主要研究对象为东北大学，时间纵贯1919～1949年。在不同时期，东北大学曾设有本部、预科、附属中学、先修班等部分，本书将以东北大学本部为主要研究对象，即该校的大学部分，适当旁及其他部分。学生、教员、职员，以至校长，都是学校的成员。校园、经费、教学是大学之有形部分，学风、校风、学术是无形部分。大学又是处在中央、地方、党派、教育部、社会等多种势力纠葛中的一个团体。因此，大学史研究可有多种路径切入。历史场域中的大学也有多重面相，单纯以一种视角

---

① 参见柯英兰《"省立"东北大学改"国立"始末》，《煤炭高等教育》2010年第2期；黄晓通《张学良与东北大学之"国立化"进程》，《东北大学学报》（社会科学版）2010年第5期。其中，柯文大体上将东大国立改组风潮的过程叙述清楚，但该文在叙事与论点上颇受《东北大学史稿》影响，对其间中央与地方以及学校当局的矛盾纠葛分析得有些简略。黄晓通将东大国立化划分为"虚位的中央"、"名义的国立"与"实际的国立"三个阶段，但这一提法本身颇值得商榷。九一八之前南京方面认可东北在各方面的相对独立，尚无觊觎东大之意，因此"虚位中央"无从谈起；1931～1936年，东大对国民政府依赖倾向逐渐增强，但仍为"东北流亡势力"所有，因此并无所谓"名义国立"之说。
② 王东杰：《国家与学术的地方互动：四川大学国立化进程（1925—1939）》，第329页。

诠释，很难反映其全貌。

　　目前学界较通行的研究路径主要有两种：其一偏重于教育学角度的探讨，其研究视角也偏重于校园内部的教育要素；其二偏重于历史学角度的考察，其研究重心倾向于大学内外的政治、社会、经济等方面的纠葛。教学活动等校内生态是大学史研究的当然内容，但这种研究容易陷入琐碎的细节考证与史事重建；另一方面，民国时期的大学对国家政治与社会问题有着广泛而强烈的关注，举凡社会运动都有学生的参与。时下海内外大学史研究最常见的范式是将大学放在国家与地方的互动模式中探讨，王东杰、许小青、蒋宝麟等学者都采取了这种范式。本书不拟对东北大学做细致的校史研究，而是希望以东大为中心，透视"东北流亡势力"乃至东北民众在民族国家构建以及中日战争大背景下的作为及其嬗变态势，因此，本书并非纯粹的大学史研究，而是以展现地方为目的的大学－政治史研究。具体而言，本书拟在以下三个层面展开。

　　首先，"中央"与"地方"，是探讨国家统一或构建问题中的关键词，"中央"与"地方"主要是权力范畴内的一对概念，"国家"与"地方"是组织范畴内的一对概念。"中央"与"国家"在某种程度上是同一的，前者侧重于权力中枢，后者侧重于以实体形式出现的政治集团。笔者所要探讨的主要是中央与地方的纠葛，因为主要从地方视角来审视，所以其间主要涉及的是双方力量的消长以及地域观念、国家观念的消长问题。① 本书将主要使用"地域观念""省籍观念""地方意识"等概念。"地域观念"与"省籍观念"是一种自发的乡土观念，而地方意识则是地方势力或民众自发的集团意识。前两者在很大程度上是同一的，而后者的舶来意

---

① 参见金以林《地域观念与派系冲突——以二三十年代国民党粤籍领袖为中心的考察》，《历史研究》2005 年第 3 期；张晶萍《省籍意识与文化认同：叶德辉重建湘学知识谱系的努力》，《湖南大学学报》（社会科学版）2008 年第 2 期；刘希伟《抗战背景下的公立高校生源省籍分布特征研究——基于 1938～1943 年相关数据的分析》，《河北师范大学学报》（教育科学版）2014 年第 4 期。王续添和邓正兵从政治学和思想史角度对民国时期的地方意识与地方主义进行了深入探讨，参见王续添《民国时期的地方心理观念论析》，《史学月刊》1999 年第 4 期；王续添《地方主义与民国社会》，《教学与研究》2000 年第 2、3 期；王续添《现代中国地方主义的政治解读》，《史学月刊》2002 年第 6 期；邓正兵《论南京国民政府时期地方主义的特点》，《社会科学》2002 年第 9 期；邓正兵《地方主义与国民党政府中央权威论析》，《韩山师范学院学报》2002 年第 3 期。王与邓在诠释"地方主义"与"地方意识"时皆强调地方与中央的争夺及其利弊，其论述中心多局限于"国内"的地方，而对地方主义对外的应对及作用鲜有涉及。

味更重。这是本书的第一个视角。

其次，在国民政府与地方势力的博弈中，国共斗争因素逐步掺杂其间，并发展为影响这一过程的决定性因素。在这种语境下，地方势力成为双方争夺的重要资源。中共力量的介入与崛起，使国民政府与地方的纠葛更为复杂。事实上，国民政府时期的统一运动，应是国民政府、地方势力与中共三方博弈的过程，其间伴有不同力量的分化组合或势力消长。因此，把中共力量还原到本书主题中，应更接近于历史真相。这是本书的第二个视角。

最后，日本帝国主义在 1931～1945 年发动的侵华战争是民国时期的重大国难。九一八事变的爆发是"东北流亡势力"产生的直接原因，日本帝国主义的持续渗透与侵略是整个国家面临的难题。国难危机的笼罩，对"东北流亡势力"与国民政府以及国内各种势力都是一种考验。这是本书的第三个视角。

第一章　九一八事变前的东北大学
与地方势力

　　奉天①时期的东北大学与奉系地方势力有着紧密的关系，东北的政治环境似乎也赋予其特殊气质，因而深入研究当时东北大学的发展生态可以为我们提供一个切入 1920 年代奉系东北的新视角，这较之就政治言政治或就教育言教育，或许会有些新的意义。目前学界关于沈阳时期东北大学的研究多强调地方政权（尤其是张学良）的大力支持以及东北大学的稳步发展，尽管对于该校与东北地方势力的关系及其发展态势有所涉及，但似乎多着眼于史事之叙述，而未能探析其内里的深层联系。因而本章尝试对当时东北大学的发展生态进行探析，从中管窥东北地方势力及其发展态势对该校的深刻影响，进而深化我们对奉系军阀以及东北高等教育的认识。

第一节　东北大学的倡议及改组纷争

　　东北大学最初倡议可追溯到 1919 年 12 月 1 日的省议会上，教育界人士李树滋、张成箕提出自设专门学校以造就人才，李树滋明确提到"若合奉、吉、黑三省财力设立大学，尚易为力"。这一提议得到议员们的认同，并交财政股审核。② 但在校址问题上自始即有分歧，奉天方面主张设在奉天，吉林、黑龙江主张设在适中地点。③ 其后此事即中止，稍后倡议较力

---

① 1929 年 2 月，国民政府改奉天省为辽宁省，奉天市为沈阳市。本书以 1929 年为分界线区别前后名称，但有些贯通 1929 年前后的涉及省籍或学校所在地的论述，以奉天出现时，亦有涵盖辽宁、沈阳的意味。
② 《奉天省议会会议速记录（续）》，《盛京时报》1919 年 12 月 18 日，第 2 版。
③ 参见《三省大学地址问题》，《盛京时报》1920 年 2 月 7 日，第 4 版。

者为张作霖，这让人有些意想不到。① 张作霖创办大学的目的有二：其一，为奉系培养人才；其二，振兴国学。"张巡阅拟设东北大学于奉垣，由来久矣，其意旨为近数年来奉省势力日张，任用人才每有缺乏之叹，又以学界有所谓新潮者徒取外人之皮貌，倡异说，改语文，不察本国数千年之历史，不顾华胄四万万之民情，竞以立新标异为务，终将国粹荡然，文风日坏。是以先有文学专修科之设，复有文科大学之议。"②

1921 年 7 月，"教育部来文，内云张使前在京师已有设立东北大学之意，兹者直鲁豫已将设立之"，建议奉天可将文学专门学校改为文科大学。"张使得文后即招教育谢厅长入署协商，令以十五万元经费组织文科大学，仍以文学专门学校之基址办理，嗣由逐渐扩充，但所有学生均须自费，谢厅长奉令已将该校招考章程更改，并准备各种大学课程，闻将来招考当以完全中学或专修卒业者为合格"。③ 张作霖与谢荫昌对创办东北大学做了初步规划，为其后的筹办确定了框架。但此事自始就受限于经费问题，"现以征蒙之故，财政之支绌，奉省仅能筹得三万余元，因之暂令谢厅长先将该学校改为东北文科大学，将所有学生改为文学本科，于今夏新招一班作为文学预科，以立大学初基"。而该校还拟依托北方各省，并提出文学与工业并重的发展方向。"俟张使征蒙归来，再令吉、黑、察、热、鲁各省区共同出款，改为完全东北大学，并闻将来校中功课即以文学工业二科为主科，以尚文化而振工业。"④

筹建东大的消息令社会舆论十分振奋。"奉天之拟改设文科大学，其动机如何，姑置不论，惟倘能成立，则是亦一文化事业。东省莘莘学子，自此受赐，将匪浅矣。"⑤ 奉天女子师范班学生要求教育厅允许她们毕业后可以升入东北大学。⑥

---

① 一些著作提到谢荫昌在筹办大学中的作用，谢为教育界人士，或为倡议者之一，但此事推动最力的还是张作霖。参见王振乾、丘琴、姜克夫编著《东北大学史稿》，第 1~2 页。令人玩味的是，张作霖同时还热衷于在奉天建立一所陆军大学，但直至九一八事变前也未成立。王铁军认为这主要因为内外战事以及经费缺乏。参见王铁军《东北讲武堂》，社会科学文献出版社，2013，第 143~147 页。

② 《设立东北大学动机》，《盛京时报》1921 年 10 月 25 日，第 4 版。"张巡阅"及下文的"张使"皆指张作霖，张时任东三省巡阅使。

③ 《设立东北大学之先声》，《盛京时报》1921 年 7 月 5 日，第 4 版。

④ 《东北大学之近闻》，《盛京时报》1921 年 7 月 15 日，第 4 版。

⑤ 傲：《文科大学感言》，《盛京时报》1921 年 7 月 7 日，第 1 版。

⑥ 《女生请升入大学》，《盛京时报》1922 年 1 月 7 日，第 4 版。

　　文学专门学校改组文科大学之议提出后，该校即积极行动起来。首先，开始招收大学预科生。"前星期举行第一次试验"，"日前举行复试"，"复试结果只取正额五十人，备取二十人"。① 其次，整修校舍，增聘教员。该校于暑假期内"已将房屋修理完整，并添筑校舍若干，兹复将旧日牌子摘去，改用文科大学名称，且由北京请来宿学一名，与世仁甫共同担任课程"。②

　　而东大筹办事最初竟受阻于代理省长王永江，③ 经费问题仍是主要障碍。"张使于开学先曾召集财政王厅长、教育谢厅长、世翰林、白校长会议，谢、白诸人主张改组文科大学，不容或缓。""王厅长谓本年度预算未曾列入是款，与其今年以一部改为文科大学，莫如来年将全款加入预算，开办东北完全大学。张使谓此计亦佳，不独可使吉、黑两省出款，余且决计将山西煤矿所得之款充大学基金。"④ 但张作霖对东大受阻并不甘心，月余后他又提交给省议会。张作霖"谓如应急办，则无须来年，即时可以联络吉、黑、察、热、绥、鲁诸省，从事筹设，将来学校中以文学为基础，以工业及其他科学为辅科，文学预定五年毕业，他科六年，如他科设备需时，则尽先成立文学，余俟续添，省会方面对于此案已经提诸，大多数赞成速立"。⑤

　　因经费限制，谢荫昌曾提出自办大学不如支持留学，但并未被张作霖采纳。"谢氏之意以设立大学需款甚巨，与其自立大学，不如以此项经费派出留学生之为愈。张使则谓出洋留学不闻其学业若何，一般均先染恶习，不堪适用，还是自设学校造就稳健人才之为良图，且外省人士亦均希望设立东北大学扩充高等教育，是以张使主张颇为积极。"⑥ 但其后经费问题仍然制约着筹办事务的进展。"闻谢氏现已与文学专门白校长会商设立大学计划，拟俟预算制定后，以便准备计划书具体进行。"⑦

① 《文科取定新生》，《盛京时报》1921 年 7 月 29 日，第 4 版。
② 欠：《文科大学之进行》，《盛京时报》1921 年 8 月 7 日，第 4 版。"世仁甫"名荣，为当时辽沈文学泰斗。
③ 《王厅长代理省长》，《盛京时报》1921 年 7 月 2 日，第 4 版。1921 年 7 月 1 日，张作霖任命财政厅长王永江代理省长，王担任这一职务直至 1926 年初。
④ 《大学延缓之原因》，《盛京时报》1921 年 8 月 30 日，第 4 版。"世翰林"指世荣，"白校长"指文学专门学校校长白永贞。
⑤ 《设立东北大学动机》，《盛京时报》1921 年 10 月 25 日，第 4 版。
⑥ 《催办东北大学》，《盛京时报》1921 年 12 月 6 日，第 4 版。
⑦ 《制作大学计划》，《盛京时报》1921 年 12 月 9 日，第 4 版。

关于大学的另一争议是筹建文科大学还是完全大学。"闻当局以设立完全大学设备需时，而又经费过巨，不易筹措，不如暂设文科大学，庶几轻而易举，且张使素重文学。""余科俟将来陆续添设。"① 但最后筹办完全大学成为主流意见。谢荫昌与白永贞等商议，"将文学专门一部改为东北大学文科，以高师一部改为大学理科，甲种工业一部改大学之阶梯的教育机关"。② 在文理科之外，拟"另设法、数等科"。③

1922 年 1 月，确定了以文学专门学校和沈阳高师改组成立东北大学，"以文专改为文科，高师改为理科"，"两校地点亦仍在原处，不过加以东北大学某科之名目而已"。大学校长人选也被提出，为校务发展考虑，最初即有提议张学良者，但此时张不过是奉军卫队旅旅长，"张使未必能首肯也"。④

筹划工作按部就班地进行，但内外纷扰却纷至沓来。首先，沈阳高师因原属国立，对改组事有些犹豫。"其经费由部支出，一旦改为大学，教育上、权限上均有待于研究者。"⑤ 此事根源主要在于学校当局。"高师高级职员中以地位关系，借口高师为国立，从中作梗，反对改组。""其实高师虽云国立，亦奉天款也，以故学界一般对于某氏之因私害公颇为不直。"⑥ 其次，文专职员亦有反对者，校内酝酿着风潮。⑦ 白永贞赞成改组原为对付高师，但改组之后校长职位旁落，因此也不再积极，⑧ 甚至暗中作梗。⑨ 第三，奉直关系趋紧。"今春中央政潮迭兴，张使以军书旁午，大学一事未遑顾及。"⑩ 1922 年 4 月，第一次直奉战争爆发，张作霖以及东三省的主要精力都转到对外方面了。

1922 年 6 月，奉军在第一次直奉战争中战败，张作霖以自治名义宣布东三省脱离中央。其后，奉系一方面整军经武，一方面将更多的精力放到内部发展上。东北大学之议在这种背景下被重新提起。8 月，"由省署派

① 《先设文科大学》，《盛京时报》1921 年 12 月 22 日，第 4 版。
② 《东北大学进行讯》，《盛京时报》1921 年 12 月 28 日，第 4 版。
③ 水：《改组大学之近讯》，《盛京时报》1922 年 2 月 17 日，第 4 版。
④ 《东北大学筹备讯》，《盛京时报》1922 年 1 月 12 日，第 4 版。
⑤ 《高师改组问题》，《盛京时报》1922 年 1 月 14 日，第 4 版。
⑥ 《华北大学之阻力》，《盛京时报》1922 年 3 月 29 日，第 4 版。
⑦ 《文专改大学风潮》，《盛京时报》1922 年 9 月 5 日，第 4 版。
⑧ 参见《改组大学之迟迟》，《盛京时报》1922 年 10 月 13 日，第 4 版。
⑨ 参见《文专除外之原因》，《盛京时报》1923 年 4 月 21 日，第 4 版。
⑩ 《东北大学之近闻》，《盛京时报》1922 年 3 月 1 日，第 4 版。

委佟德一、林翼忱、谢荫昌、恩荫谱四人为筹设东北大学筹备员"。① 稍后又添委了一批筹备员，"王代省长为培养实业人才起见，特委谢荫昌、郎恩格、林成秀、范先炬、李树滋等为筹办东北工科大学筹备员，现又委商科博士王之吉、汪兆璠、孙国封三人为筹备专办委员"。②

至于文专与高师改组问题，在学生要求下，白永贞最后同大学筹备员商定文专加入改组。③ 此时高师改组问题也迎刃而解。"现在奉天既已自治，高师职员自不敢再行借口国立，从中反对，并宜此番改组，以高师为大学本部，以文专为大学文科。"④ "现定将来改大学后将现下在校之高师生仍为之设立高师班，迄其毕业为止，以完初功。"⑤

至1923年1月，东大的主要职员已大体确定。"校长一席由王省长自兼，该校内部分文、法、理、工四科，设学长二人，办理各科事务。现经王省长派委莫贵恒为理工科学长，汪希珍为文法科学长。"⑥ 庶务主任"由王永江校长委定前教育会长戴葵甫出任"。⑦ 4月22日，东大主要职教员正式发表："理科学长委孙国丰，工科学长委赵侯达，文法科学长为王席珍，总务处长为吴家象，庶务主任为戴葵甫。"⑧ 王永江还令莫贵恒等人物色职教员，"已经物色吉林法政校长刘凤竹，聘为教务主任"。⑨ 稍后汪兆璠又奉王永江之命到吉林请刘凤竹赴东北大学，刘同意并具辞呈。⑩ "东北大学总务处各项职员，已由吴仲贤处长妥定大半"，"王省长交来应用人员张则仁一名"，吴即任为注册部事务员。⑪

1923年4月25日，东北大学"启用校章"，学校正式成立。其首批招生共文、法、理、工四科八系两组，"学额约取二百七十余名"，"校址

---

① 本:《派委大学筹备员》，《盛京时报》1922年8月22日，第4版。
② 贺:《续委大学筹备员》，《盛京时报》1922年8月26日，第4版。
③ 参见达《文专附属于大学》，《盛京时报》1923年5月1日，第4版。
④ 《东北大学将设置》，《盛京时报》1922年8月29日，第4版。
⑤ 《高师将来之处置》，《盛京时报》1922年8月30日，第4版。
⑥ 本:《派委大学两学长》，《盛京时报》1922年12月9日，第4版。
⑦ 本:《大学校庶务主任》，《盛京时报》1923年1月14日，第4版。
⑧ 心:《大学职员已发表》，《盛京时报》1923年4月24日，第4版。"孙国丰"应为孙国封，"赵侯达"应为赵厚达，"王席珍"应为汪悉铖。
⑨ 《东北大学聘教务》，《盛京时报》1923年6月15日，第4版。
⑩ 《刘校长辞职赴奉》，《盛京时报》1923年7月17日，第4版。但最后刘并未到任。
⑪ 《大学聘妥事务员》，《盛京时报》1923年7月7日，第4版。

即高等师范学校"。① 1923 年 7 月 16～18 日，东大举行招生考试初试。②
1923 年 9 月 17 日，东大开学。③

东大新校址传说纷纭，最初校址选在北边门外点将台附近。④ 稍后又
改在北陵或南市场附近。⑤ 但在考虑之后，最后选定北陵为大学校址。⑥
该校址所购民地达一千余亩。⑦ 新校舍工程浩大，"概系洋式，遂以现洋
二百万元包与奥国巨商，现已开始动工，大兴土木"。⑧

第二节　东北大学的经费分摊与学额分配

一　经费分摊

东北大学创设之始，当局即决定"联合吉、黑两省"。⑨ 在筹办初期，
如何分摊经费是东三省各界关注的主要问题。多数认为奉省应多负担些。
"闻其经费业已决定，奉天为五成，黑龙江为二成，吉林为三成。"⑩ "是
项经费经王氏于此次吉黑魁于两省长来省之便，互商决定，每年为现大洋
四十万元，大概由奉天发出廿万元，其余由吉、黑分担。"⑪ 但亦有三省
大致平摊之说。"闻该校经费吉黑两省已允全费十分之三，奉天独担十分
之四。"⑫ 甚至还有三省完全平摊的说法，"拟由三省担任三分之一"。⑬ 而

① 《东北大学将招生》，《盛京时报》1923 年 5 月 14 日，第 4 版。
② 《北京大学考试期》，《盛京时报》1923 年 7 月 14 日，第 4 版。
③ 参见《东大名誉赞助员》，《盛京时报》1923 年 9 月 19 日，第 4 版。
④ 参见新《大学校地址确定》，《盛京时报》1923 年 2 月 1 日，第 4 版。
⑤ 参见《东北大学之近讯》，《盛京时报》1923 年 3 月 23 日，第 4 版。
⑥ 参见达《决定大学校校址》，《盛京时报》1923 年 3 月 28 日，第 4 版。
⑦ 参见斗《东北大学之校址》，《盛京时报》1923 年 5 月 4 日，第 4 版。
⑧ 《大学包奥商建筑》，《盛京时报》1923 年 7 月 31 日，第 4 版。
⑨ 《奉天省议会为表决通过建议联合吉黑两省创办东北大学案给奉天省长》（1921 年 10 月
　 29 日），辽宁省档案馆编《奉系军阀档案史料汇编》第 3 册，江苏古籍出版社、香港地
　 平线出版社，1990，第 640 页。
⑩ 言：《决定大学经费》，《盛京时报》1921 年 8 月 13 日，第 4 版。这种以奉天为主的摊款
　 比例在办理东北讲武堂时就曾出现，而三省学额亦参照此比例。参见王铁军《东北讲武
　 堂》，第 56、95、98、100 页。而这种比例的源头似在清末，或者更早。参见徐世昌等编
　 纂，李澍田等点校《东三省政略》，吉林文史出版社，1989，第 1132 页。
⑪ 方：《东北大学之经费》，《盛京时报》1922 年 11 月 10 日，第 4 版。"魁于"指时任吉林、
　 黑龙江两省省长的魁星阶、于驷兴。
⑫ 《吉黑允担大学费》，《盛京时报》1921 年 11 月 29 日，第 4 版。
⑬ 烟：《大学计划之确讯》，《盛京时报》1922 年 1 月 26 日，第 4 版。

张作霖个人亦屡有资助经费之表态。"张使个人在蒙地有煤矿一处，决定将来即以该矿盈余作办学经费。"① "经费一层，文科就文专改组，多费无几，理科就高师旧款，殊不敷用。"张作霖"思就其不足数捐俸助之，并拟指定西城由张氏出资兴办之煤矿盈余为补助专款"。②

1921 年 11 月 5 日，王永江为解决东北大学之长期经费问题给省议会及吉林、黑龙江两省省长之咨指出："兹事体大，非有确厚之财力，恐难办成，即办成亦恐徒有大学之虚名，而难收大学之实效。应由三省教育厅长先将校费问题会商解决，再行呈明核夺。"③ 王永江所论可谓切中要害，但其他两省对此事似乎自始即不甚积极。黑龙江省长吴俊升复函说："此项学校规模宏阔，需费浩繁，非有雄厚之资财，难作永久之计划。而筹摊校费更应以三省财力为先决问题，兹就江省而论，近数年来财政艰窘达于极点，目前既恐经始之为难，后此更虑继续之无力，倘或废于中途，莫如慎于始事。""所有该项学校，揆度江省现在行政情形，似可暂缓筹办。"④ 黑龙江省自始即提出"根据财力分摊校费"的原则，而措辞之间也流露出对此事缺乏兴趣。

第二次直奉战争后，奉天省着手落实筹办大学事务。1922 年 10 月 21 日，王永江将《东北大学组织大纲》咨送吉、黑两省，王氏称："现值三省提倡民治，需用人才之际，前项最高教育机关更属迫不容缓之图，当即遴委专门人员，组织东北大学筹备会。迭经讨论拟订计划书，以为分期进行之标准。惟兹事造端宏大，头绪纷繁，其最关切要而应提前解决者厥为经费问题。"其所附《组织大纲》规定："东北大学学额，奉天占十分之六，吉林占十分之三，黑龙江占十分之一；其开办设备费及经常费亦照此标准分任。""东北大学校务以奉天省署为主管机关，其重大者随时函知吉、江省署查核。"⑤ 王永江为政雷厉风行，但仅由奉省设立筹备委员会，制订大纲，并拟订学额与经费摊派比例，吉、黑两省难免不满。该大纲还

① 《张使捐助大学经费》，《盛京时报》1921 年 10 月 26 日，第 4 版。
② 《东北大学经费问题》，《盛京时报》1922 年 12 月 16 日，第 4 版。
③ 《王永江为请核议创办东北大学案给省议会及吉林黑龙江省长咨》（1921 年 11 月 5 日），《奉系军阀档案史料汇编》第 3 册，第 644 页。
④ 《黑龙江省长吴俊升为财力艰窘请缓办东北大学给奉天省长咨》（1922 年 1 月 19 日），《奉系军阀档案史料汇编》第 3 册，第 664 页。
⑤ 《奉天省长公署为送东北大学组织大纲给吉黑省长公署咨》（1922 年 10 月 21 日），《奉系军阀档案史料汇编》第 4 册，第 88~89 页。

规定学额和经费将以奉天省为主，并明言奉天省署为主管机关，如此则吉、黑两省徒负经费，而无参与管理之权，此种合作可谓费多而惠少。

吉林省署或则不愿为此费多惠少之事，但又不愿得罪王永江，于是迁延日久。1923 年 7 月 11 日，吉林代省长王树翰在致王永江的电文中仅提到延后了报名日期，以及报名人数不详的情形，对分摊经费问题竟未做回应。① 另一方面，吉林按计划"令教育厅招考，以便于八月一日送赴奉天，会同奉、黑两省初试学生复试"。② 然而到了 7 月 15 日，奉省已不甚客气地致电表示："咨商贵省摊款合作办法，现将召生开办，贵省意思究竟如何，若不愿合办，即可不劳招生，如愿合办，请速咨复摊款办法，兹事体大，请勿两误为要。"③ 两日后，吉林省长公署在复电中称："此案早经行厅议复，并迭次召集各主管官厅会议，迄无解决办法，以致延未咨复。来电曷胜悚歉，但吉省款既难筹，学生报名应考者又复寥寥无几，合办虑难作到，还祈鉴谅是幸。"在吉林复电旁有一批语："吉林既不愿合办，即速电其无用招生，并告大学亦不收吉省学生。"④ 此批语或即出自王永江。于是，关于两省合作办学之事最后以奉省的电文终结。在 7 月 18 日的复电中，奉天省署直截了当地表示："大学事吉省既不愿合办，即希毋庸招生。"⑤ 两省省署之间的公文，竟然一方不客气地质询，另一方满怀歉意地解释，于此亦可见奉、吉两省地位之差别与奉系内部官场生态之一斑。

实则在 1920 年代的东北三省（或四省）中，奉天为首省，经济、教育、军事等方面皆为各省之冠。在三省中，奉天财政收入居首，吉、黑两省均处于接受奉省补助的地位。"奉省素称富足，自去岁奉直战后与中央脱离关系，所有军政费用均须地方政府筹供，以致财政上不甚充裕。当道以吉、黑两省之财政素较奉天短绌，特令行吉、黑两省省长，详查财政状

---

① 参见《省议会筹建东北大学等情形》，辽宁省档案馆藏奉天省长公署档案，JC10/1/2812。

② 《东北大招生简章》，《盛京时报》1923 年 7 月 20 日，第 4 版。

③ 《奉天省长公署致吉林省长公署电》（1923 年 7 月 15 日），《奉系军阀档案史料汇编》第 4 册，第 229 页。

④ 《吉林省长公署复奉天省长公署电》（1923 年 7 月 17 日），《奉系军阀档案史料汇编》第 4 册，第 229 页。

⑤ 《奉天省长公署致吉林省长公署电》（1923 年 7 月 18 日），《奉系军阀档案史料汇编》第 4 册，第 230 页。

况，迅速具报，以资核办。"① "吉林每年约需补助一百万元，黑龙江每年约需补助二百万元。"② 王永江与当时吉林省长王树翰虽皆为代理省长，地位差别却甚大。王永江乃张作霖倚重的大吏，授以治理奉天之重任，在奉系决策中常有左右大计之作用。这些都不是王树翰所能比拟的，于是才有如同私函颐指气使般的公文。同样，张作霖在指责吉林督军孙烈臣办理省政不善时，"孙督亦诺诺"。③

尽管吉林省学生对东北大学招考新生是比较积极的。吉林省署通知长春县学生到吉林考试，长春县"转令劝学所知会各学生预备考试，于月之十九号，有学生十余名前往吉林投考"。④ 王树翰最初对经费摊派也无异议。汪兆璠"上星期来吉谒见王代省长，商请吉省应摊该大学经费及吉林招送学生等事，该校定九月初开学。现吉垣王省长已令教育厅招考，以便于八月一日送赴奉天，会同奉黑两省初试学生复试，教育厅已通告招考"。⑤ 但奉天致吉林的公函决定了此后的经费分摊与学额分配。在这种情势下，东北大学最初招生时仅有奉天和黑龙江两省学生。"唯吉林当时未能合办，亦未考送学生。"⑥ 吉林拒绝加入后，"东北大学的经费，只由辽、黑两省来负担，按辽九成黑一成的比例"。⑦ 东大学生郭民任亦提到了奉、黑两省按九比一摊款之事。⑧《盛京时报》中亦有很多奉省向黑龙江催款的报道。1927 年 4 月，奉天省署据东大报告转咨黑龙江省汇拨一成经费，奉大洋 98000 余元。⑨ 1928 年 12 月，奉省又向黑龙江催解东大协款。⑩ 在 1923~1930 年，东大经费都是按照奉九黑一的比例分摊的，吉林不分摊经费。直到 1930 年 8 月，《盛京时报》出现了向吉林、黑龙江两省

---

① 一：《电询吉江财政》，《盛京时报》1923 年 3 月 4 日，第 4 版。
② 《东省财政之状况》，《盛京时报》1924 年 1 月 11 日，第 4 版。
③ 《张司令不满意吉省军政》，《盛京时报》1923 年 3 月 11 日，第 2 版。
④ 《投考生纷纷晋省》，《盛京时报》1923 年 7 月 22 日，第 4 版。
⑤ 《东北大招生简章》，《盛京时报》1923 年 7 月 20 日，第 4 版。
⑥ 《校史》，《东北大学一览》（1926 年 12 月），辽宁省档案馆藏民国资料，JL001/01/000806。
⑦ 磐甫：《前三年的东北大学》，《东北大学六周纪念增刊》，1929 年 12 月，第 3 页。
⑧ 参见郭民任《张学良兼任东北大学校长的前前后后》，中国人民政治协商会议辽宁省委员会文史资料研究委员会编《辽宁文史资料》第 10 辑，辽宁人民出版社，1984，第 94 页。
⑨ 《咨江省汇大学费》，《盛京时报》1927 年 4 月 3 日，第 2 版。
⑩ 参见《催解东大垫款》，《盛京时报》1928 年 12 月 4 日，第 4 版。

催款的报道，"请将应摊东北大学校经费，早日汇到"。① 而是年2月，报纸还仅有黑龙江省送来应摊经费的报道。② 吉林所摊比例不详，但至少应与黑龙江省相当。除三省外，东省特别区③、日本方面以及张作霖个人都曾有经费资助，但所占比例应不大。

在九一八事变前的大部分时期，东北大学都是按照九比一之比例由奉天与黑龙江两省摊款办学，其经费收支亦被纳入奉天省财政厅的管辖下。因此，从经费摊派到校务管理，乃至学生生源方面，奉天省的首省地位都得到充分体现。黑龙江省不过扮演了一个协款的附从角色，吉林省则被完全排除在外。

二 奉天省籍的一家独大

在九一八事变前的八年间，东北大学的学额亦参照经费分摊比例，因而出现了奉天籍学生一省独大与吉林籍学生处于绝对少数的局面。

1923年，东北大学首批招生时，初试完竣后，"奉人士占三分之二"。④"江省招考东北大学新生初试计取录白日彰……苍崇忠等十七名。"⑤ 1923年12月的《东北大学各科学生履历清册》亦显示：该校是时计有学生299人，其中奉天省籍者275人，黑龙江省籍者21人，其余三人为江苏、哲里木盟、吉林籍者。⑥ 在全部学生中奉天省籍者约占91.71%，东三省籍者约占99.33%。可见，奉天省籍学生在建校伊始就已在该校中占据了绝大多数。

其后这种态势并无显著变化。至1926年底，东北大学学生共计561人，其中奉天省籍者522人，吉林省籍者11人，黑龙江省籍者22人，余下来自关内五省者仅6人。⑦ 在全部学生中，奉天省籍者约占93.05%，东三省籍者约占98.93%；吉、黑两省籍学生仅占约5.88%。从这一数据

---

① 《催东大经费》，《盛京时报》1930年8月29日，第4版。
② 参见《江省解到经常费》，《盛京时报》1930年2月8日，第4版。
③ 1926年8月，东省特别区曾资助大洋1万元。参见《东省特别区行政长官公署为请协助东北大学经费》，辽宁省档案馆藏奉天省长公署档案，JC10/1/22733。
④ 《东北大学之进行》，《盛京时报》1923年7月24日，第4版。
⑤ 《省议会筹建东北大学等情形》，辽宁省档案馆藏奉天省长公署档案，JC10/1/2812。
⑥ 《东北大学各科学生履历清册》（1923年12月27日），辽宁省档案馆藏奉天省长公署档案，JC10/1/22798。数据为笔者统计。
⑦ 《东北大学一览》（1926年12月），辽宁省档案馆藏民国资料，JL001/01/000806。数据为笔者据该刊物所载学生省籍统计而得。

来看，当时该校实际上是以奉天省籍学生为主的地方大学。至 1928 年，东北大学入学新生 537 人，其中奉天籍 505 人，约占新生总数的 94.04%；吉林籍 14 人，黑龙江籍 4 人，热河籍 3 人。以上的其时东北四省籍学生计为 526 人，约占新生学生总数的 97.95%。此外，河北籍 3 人，山东籍 2 人，江苏籍 2 人，浙江籍 1 人，福建籍 2 人，广东籍 1 人。非东北籍学生仅约占新生总数的 2.05%。[①] 1928 年以后东北大学招生规模的扩大，当与张学良长校密切相关。据东大学生李宗颖回忆，张学良"为适应当时的学制，招收高中毕业生，不再经过预科。他急于培育大批人才，虽非中学毕业生，具有同等学力者亦可报考。不分籍贯，全负学费。东北学生当然占绝对大多数，也有一些关内学生被录取者"。[②] 据 1929 年 10 月《东北大学年鉴》载，是时东北大学文、理、法、工、师范五院及附中共有学生 1456 名，除去附中六级 196 名，大学部分计有 1260 人。[③] 至 1931 年，该校在校生人数达 1910 人。[④] 但奉天籍学生为主的局面恐怕难以改变。

根据前述数据，奉天时期东北大学学生大体保持了稳定的增长态势，这也与当时高等教育的统计数据相吻合。在 1931 年全国专科以上学校学生的籍贯统计数据中，江苏以 15.1% 位列第一，其下依次为广东（13.3%）、河北（9.6）、浙江（7.7%）、辽宁（6.8%），辽宁位列第五。[⑤] 而在东北四省中，在 1931 年全国在校专科以上学生中，辽宁籍计3003 人，吉林籍 865 人，黑龙江籍 327 人，热河籍 84 人。[⑥] 可见，在全国范围内，彼时东北籍专科以上学生的主体仍然是辽宁籍学生。辽宁籍学生的人数较多，一方面当为靠近平津地区的地理优势，使得辽宁籍学生就学于平津大学十分便利。胡适曾撰文指出："北平、天津是整个北方的文化中心，尤其是北平。""北平在教育上的影响，一面远被西北，一面远被东

---

① 《东北大学十七年入学新生姓名履历清册》，辽宁省档案馆藏奉天省长公署档案，JC10/1/22770。1928 年东北易帜后，热河划入东北势力范围，此后多称"东四省"。

② 李宗颖：《略述东北大学》，中国人民政治协商会议辽宁省委员会文史资料研究委员会编《辽宁文史资料》第 8 辑，辽宁人民出版社，1984，第 72 页。

③ 《东北大学年鉴》（1929 年 10 月），辽宁省档案馆藏民国资料，JL001/01/000808。

④ 吴相湘、刘绍唐主编《第一次中国教育年鉴》第 4 册，传记文学出版社，1971，第 30 ~31、34 ~35 页。

⑤ 吴相湘、刘绍唐主编《第一次中国教育年鉴》第 4 册，第 4 页。

⑥ 吴相湘、刘绍唐主编《第一次中国教育年鉴》第 4 册，第 31 页。

北（民国初年至今，北京各大学的学生总数中，东北各省占第一第二的地位）。"① 另一方面，这一时期东北大学的创办与飞速发展，亦使得辽宁籍学生就学的概率大增。

尽管王永江曾有批示，但东北大学首批招生中还是有一名吉林学生。或许在具体招生时负责者有所松动。至 1926 年 3 月，王永江更直接通知吉、黑两省选送学生："东北大学本年添招新生五十名，曾经王永江校长通令吉、黑各送十五名，特区五名。"② 这或许是奉天省方面首次公开接受吉林学生，报纸报道时似乎也很兴奋："东北大学校原为东三省造就人才之最高学府，是以陆续添招新生，闻吉林省署现已咨送学生荣殿章等十二名于十五日来奉，愿入大校肄业。"③

奉天籍学生一省独大的局面是民国时期省立大学或国立大学中的一种普遍现象，即学校所在省份的学生在学生总数中占较高比例；但一般情况下，毗邻省份的学生也应有一定比例。东北大学位于奉天，主要面向东北三省招收学生，奉天籍学生比例较高是正常的，但吉林籍学生寥寥无几实在与一般情形不合。事实上，这种学生籍贯的比例并非东三省教育水平的实际体现。在民国初期，奉天省的师范教育远好于吉、黑两省，仅略逊色于教育发达的江浙等省（见表 1-1）。在其后的统计数据中，中学方面，辽宁发轫最早，规模较大，吉林相比逊色不少，黑龙江更为滞后。1926年，辽宁有中学 74 所，学生 13249 人；吉林有中学 22 所，学生 2754 人；是年黑龙江因中等教育不发达，数据欠缺。至 1929 年，辽宁有中学 122 所，学生 22153 人；吉林有中学 34 所，学生 4975 人；黑龙江有中学 7 所，学生计 918 名。④ 师范学校方面，1926 年，辽宁有 72 所，学生 4794 人；吉林有 7 所，学生 1166 人；黑龙江数据欠缺。至 1929 年，辽宁有学校 98 所，学生 7947 人；吉林有 6 所，1223 人；黑龙江有学校 3 所、讲习所 11 校，学生 1208 人。⑤ 小学方面，1926 年，辽宁有学校 9388 所，学生 603273 人；吉林有学校 1615 所，学生 100109 人；是年黑龙江数据欠缺。

① 胡适：《保全华北的重要》（1933 年 5 月 29 日），《独立评论》第 52、53 号合本，1933 年，第 4 页。
② 《咨送大学生就学》，《盛京时报》1926 年 3 月 26 日，第 4 版。
③ 《吉省送来大学生》，《盛京时报》1926 年 8 月 17 日，第 4 版。
④ 吴相湘、刘绍唐主编《第一次中国教育年鉴》第 2 册，第 288~290 页。
⑤ 吴相湘、刘绍唐主编《第一次中国教育年鉴》第 2 册，第 366~368 页。

至 1929 年，辽宁有学校 10115 所，学生 666459 人；吉林有学校 1575 所，学生 114846 人；黑龙江有学校 458 所，学生 23592 人。① 由上述数据可以发现，1926～1929 年，吉林在小学、中学与师范教育方面较之辽宁要逊色很多，但大体好于黑龙江。若按学生比例分配大学学额，当不致出现奉省独大而吉省学生寥寥无几的现象。

实际上，民国前期奉天的教育水准在东北三省确是居于首位的。② 苏云峰也曾指出，在东北地区，"奉天（辽宁）是本区教育最发达的省份，其初等学生人数可与江苏、浙江学生相颉颃，而吉林、黑龙江与热河三省，则非常落后，与甘肃相去无几"。③ 而东北大学奉天籍与吉林籍学生的悬殊比例主要是由摊款比例决定的。

表 1－1　民国 6 年全国师范学校一览

单位：人，元

省　别	校　数	职　员	教　员	班　数	人　数	毕业学生	经　费
直　隶	7	45	109	46	1681	250	214868
奉　天	23	54	150	59	2323	461	167524
吉　林	7	29	74	23	921	106	116747
黑龙江	2	9	24	11	461	34	72129
江　苏	17	183	288	81	3071	486	494682
浙　江	18	123	278	76	2425	279	246994

资料来源：中国第二历史档案馆编《中华民国史档案资料汇编》第 3 辑教育，江苏古籍出版社，1991，第 348 页。

三　奉天与吉林的潜在竞争

奉天籍学生在东北大学的一省独大与吉林籍学生寥寥无几的局面在更深层次上体现了东北三省内部的微妙关系。详察东北大学筹办过程中的三省互动可以发现，奉天省在创设东北大学中的主导地位在筹建时即已体现。而吉林虽处弱势地位，但也有较强的省籍意识，甚至有赶超奉天省的想法。"吉省人士，以东三省既号称自治，对于吉省地方一切事宜，应由

① 吴相湘、刘绍唐主编《第一次中国教育年鉴》第 2 册，第 470～472 页。
② 参见齐红深主编《东北地方教育史》，第 180～184 页。
③ 苏云峰：《中国新教育之萌芽与成长：1860～1928》，五南图书出版股份有限公司，2005，第 223～226 页。

吉人之自为谋。"①

对奉天的首省观念，曾任教于东大的吴宓批评道："（东北大学）省见甚深，事事以奉天为范围。奉天固一小独立国，而东北大学直省长公署附属之一机关而已。"② 东北籍国民党人齐世英对东三省内的省籍界限亦有深刻的分析："东北本只有辽宁、吉林、黑龙江三省，但界限很深：辽宁人口最多，教育程度也高，等于处于统治地位；吉林次之，也出过不少人才；黑龙江人口最少，较为落后。辽宁人至吉林有点神气，到黑龙江更不用说，黑龙江人虽较老实，也不乐意，更何况是吉林，所以吉林人与辽宁人之间的界限更深。"③

吉林大学筹设④中亦折射出类似问题。吉林未参与东大摊款与该省计划创办大学直接相关。吉林籍的法政专科学校校长刘凤竹在 1923 年初就有在该校基础上改建吉林大学之议，吉林"教育厅长对此事颇表同意，惟迩来奉天有东北大学之筹设，法校改组与东北大学之筹设有此冲突是一问题"，因而"关于此事正在考核中"。⑤ 稍后，吉林士绅梁荫曾等 100 余人上书吉林省教育会，主张免担东北大学之经费，而设立吉林单科大学。其理由为赴奉就学有经费困难以及不便，"大学设于奉天，不能迁至三省适中地点之长春，既为固定之事实，则将来吉黑子弟不能享相当之利益，亦为事有必至理有固然者。况吉林中等学校毕业生年多一年，而高级中学毕业者尤不能不立大学"。他还将张作霖曾提倡的东北自治拿来做论据。⑥吉林大学之筹办迁延日久，直至 1929 年才在吉林建立。这与吉林自身的财力及其在奉系集团中的附从地位密切相关。王永江主持的奉天省正全力创办东北大学，对建设吉林大学自然热情不会很高，缺乏奉天首省的支持，建设吉林大学的困难可想而知。这一时期东北地方创办大学的热情很高，先后出现过创办辅华大学、松江大学、俄文大学的消息，⑦ 稍后又出

---

① 《吉人士之自为谋》，《盛京时报》1923 年 8 月 26 日，第 4 版。
② 吴学昭整理注释《吴宓日记》第 2 册，三联书店，1998，第 298 页。
③ 沈云龙、林泉访问，林忠胜纪录《齐世英先生访问纪录》，中研院近代史研究所，1990，第 274 页。
④ 曲晓范对民国吉林大学的创办始末有细致的梳理，唯对奉、吉两省间的纠葛未做深究。参阅曲晓范《民国吉林大学创建始末：1929—1931》，《长白学刊》2009 年第 3 期。
⑤ 《法专改组之问题》，《盛京时报》1923 年 3 月 31 日，第 4 版。
⑥ 《公民请愿教育会》，《盛京时报》1923 年 5 月 27 日，第 4 版。
⑦ 参见《创办私立大学校》，《盛京时报》1921 年 10 月 1 日，第 4 版；《东北大学之应声》，

现了创办辽东大学、冯庸大学、女子大学的声音，① 但是除冯庸大学②外，大多并未实现。

东大学生牟金丰关于奉天、吉林两省争办东北大学的记述，亦可佐证奉、吉两省在奉系内部的地位差别及潜在竞争，并反映出奉系内部存在着不同的利益层次或圈子。牟金丰1926年考入东北大学文学院外国文学系英语组预科，"在我们英语班的55人中，有40名是从奉天省考入的，另15名是留给黑龙江省的名额，唯独没有吉林省的学生"。牟氏解释了吉林省一名也没有考中的原因："在东北大学初办时，在校址的选择上，吉林省同奉天省发生了争执。奉天省以其教学实力雄厚又兼是东北的文化中心，坚持把大学办在奉天；吉林省则以长春位于东北的地理中心，对于南北两方面学生上学都很方便，坚持把大学办在长春，双方争执不下。当时，只有黑龙江省没有参加争论，因为他们考虑到，无论怎么争，也不能把这所大学争到黑龙江省，于是，他们抱定了设在奉天或吉林都认可，要多少钱就出多少钱的主意。后因大帅府设在奉天等多种原因，吉林方面拗不过，而终把东北大学设在了奉天。吉林方面的张作相在一怒之下，退出了联合办学，不予出资，并着手筹划了单独创办吉林大学。这样一来，东北大学成了奉、黑两省联办的大学。""基于上述原因，东北大学办起来之后，在学生的收费上，对吉林省实行了不均等的政策。由奉天、黑龙江两省入学的学生，每学期收学费20元。""对吉林省的学生，则每学期收学费40元。其他一切费用，照例加倍。为此，吉林省籍的学生，多半是越过奉天去关内上大学，而不去报考东北大学。"③

吉林学生魏际昌的回忆，亦可佐证其时吉林省对奉天省的不满以及筹办吉林大学的决心。其时"奉天早已有了名贯三省的'东北大学'，人家

《盛京时报》1923年10月9日，第4版；《设立俄文大学说》，《盛京时报》1923年6月28日，第4版。

① 参见《辽东大学积极筹备》，《盛京时报》1930年1月21日，第7版；《冯庸大学招职员》，《盛京时报》1927年9月21日，第4版；《冯庸向吴督借款》，《盛京时报》1927年10月20日，第4版；《于凤至组织女大说》，《盛京时报》1930年5月15日，第7版。

② 关于冯庸及冯庸大学，可参见张文琦、冯庆祺、冯荻秋《冯庸评传》，沈阳出版社，2013。

③ 牟金丰等口述，邓小溪整理《回忆张学良将军和东北大学》，中国人民政治协商会议辽宁省委员会文史资料委员会编《九一八前学校忆顾》，辽宁人民出版社，1991，第60～61页。文中所谓"争执"恐怕应为"商量"，而"吉林方面的张作相"亦不确，彼时吉林督军为孙烈臣，张作相在孙1924年逝世后方继任。

有人［校长由张学良兼，教授都是挖的北京大学的墙角，如国学专家黄侃（季刚）、古代散文家林损（公铎）等，全是高价特聘的名教授。这还说的只是中文系的］，有钱（在沈阳北陵新建的大楼，文、法、理、工、农五个学院占地五千余亩，实习工场农场、现代化的体育馆俱全），又有学生（不限东北籍的，关内的学生也招收，待遇优厚以广招徕）"。"但是，'哀兵必胜'、'有志者事竟成'，吉林人不甘落后，管他'三七廿一'的，到底把大学办起来了。具体到这一点上说，应该算是吉林帮对奉天帮斗争的胜利，然而也煞费苦心了，首先是钻了'文教的事由吉林人自己办'的空子；其次是抬出来吉林督办兼省长张作相，让他当大学校长，'以子之矛，陷子之盾'；第三是就地取材、因陋就简，把公立法政专门学校戴上帽子，扩大一下（行政上也是旧班子，再加上一中、一师和教育厅的某些老人）便撑起了门面，挂上了招牌。学生呢？更好办了，应届毕业的吉林省中学、师范的高中和后期师范的学生，还有高等小学的教师（同等学历也行）。"①

奉天时期，东北大学中奉天籍学生一省独大与吉林籍学生寥寥无几的局面，既反映了奉天在奉系中的首省地位，又折射出奉系内部奉天与吉、黑两省之间的省籍纠葛。这种态势提示了在其时较为稳固的奉系内部亦存在着微妙的竞争关系。以吉林为代表的省籍意识的增长，意味着奉天省势力主导的奉系各省间的不平等关系已经久为其他省籍者所不满。因此，各省间相对平等的合作或许是奉系内部各省间关系在未来发展中需要达致的一个目标，而这种目标的实现过程或许仍然将伴随着各省间的竞争。

第三节　地方支持、衙门气息与学风世风

一　地方势力与校务发展

东北大学创建后即以王永江为校长，王乃东大的主要筹办者，又是奉天省代省长。以王兼任校长，在学校方面当可获得奉天地方之支持；在当局方面也体现了他们对这所学校的重视，或者希望将该大学纳入奉系发展的整体考虑之中。1926年3月，王永江辞职，莫德惠代理省长，同时兼代

---

①　魏际昌：《回忆二十年代在吉林的读书生活》，吉林市政协文史资料研究委员会编《吉林教育回忆》，吉林市政协文史资料研究委员会，1985，第11页。

东大校长。1927 年 9 月，刘尚清任代理省长兼代东大校长。1927 年 11 月，王永江病逝，刘尚清被正式推为东大校长。刘继任不到一年，张学良主政东北，张不久又以奉系首领的身份兼任东北大学校长。以奉天省长乃至奉系首领兼任校长，多不能全力于校务，因而易致校务拖沓，于是乃有指定校务代理人的做法。王永江任内后期曾以总务长吴家象总揽校务，吴乃成为东北大学首任校务代理人；刘尚清继任后，总务长由冯广民接任；张学良继任校长后，委任刘凤竹为副校长；嗣后，又废副校长之职，以宁恩承为秘书长。称谓虽不同，但作为校长代理人的身份是相同的。校长将校务委之于代理人的做法，使得实际主持校务的人对学校发展影响甚大。奉天时期的东北大学经历了四任校长和四任校务主持者，他们成为奉系与东北大学的联系纽带，他们在校务管理中的作为直接折射了东北大学与地方势力的关联。

校长由省长或奉系首领兼任，而实际政务由其代理人负责，这种体制对学校的发展是有利有弊的。由于校长有较高的政治权势和社会资源，使得东北大学在建设与延聘师资等方面都能得到地方势力的大力支持。在筹备东北大学时，教育厅长谢荫昌考虑："余以各会员虽禀承省长办事，然校长问题不解决，将来实行诸多困难，况大学风声布后，三省学界之稍有资望者，其徒党咸思拥之以发展其部分之势力，万一纷攘达于焦点之际，海城闻之，奋其独断，派一顽旧之绅任其事，吾侪之辛苦计划将悉为之毁。"[①] 谢还对某筹备委员提到王永江与校长人选的利害关系："此职非特某君不能，即其才十百倍于某君者亦不能也，苟能之王亦必摧毁之，以王之宇下不能有人森头角。"谢又进一步指出王兼任校长的好处："王自兼之如雄骥之自驾于轭，不加鞭笞而一日千里，吾辈之苦心计划者转瞬即如荼如火，焜耀天空，教育界至民国而沉黯悲惨极矣，至是放一异彩，破涕为笑，不亦可乎？"[②] 因此，谢力劝王永江出任东北大学校长，其后东大的发展也印证了谢的预测。对此，曾辅佐王永江管理东大的汪兆璠、吴家象证实道："王永江长校以后，在经营规划上煞费苦心，如大学经费之筹拨，教授薪金发给银元之规定，理工科大楼，文法科师生宿舍之修建，东北大

---

① 谢荫昌：《演苍年史》，北京图书馆编《北京图书馆藏珍本年谱丛刊》第 198 册，北京图书馆出版社，1999，第 71 页。此处"会员"指东北大学筹备委员会委员，"海城"指张作霖，张籍贯为奉天海城。

② 谢荫昌：《演苍年史》，《北京图书馆藏珍本年谱丛刊》第 198 册，第 73 页。

学工厂之兴办，以及送学生分赴英、美、德各国研究文学、教育、政经、医学、农业、机械等，皆其荦荦大端，对于本省后来的发展，实具有相当的影响。"①

东大的发展也有个过程，建校初期的东大很难令人满意。在吴宓笔下，1924年的东北大学"规模狭小，设备简陋，发展不易。为进取及树立声名计，颇不相宜"。② 这应是建校初期东大的实际情况，很多方面都有待完善。例如，筹设国学系时对于采用何种教材存在数种意见。"有主张采用旧有者，有主张采用新式者，更有主张采用由英语教授之，以期为该大学之特色。"③ 因为该校原有标本极少，"决定扩充而收有实效"。④ 甚至《盛京时报》对东北大学的称呼也很随意，如"大学""东北大""北大""华北大学"等。⑤ 地方人士对该校期望过高，不久竟出现了批评的声音，如经费紧缩、教育政治、教授参差不齐且多出自东三省等。⑥ 此君提出几点希望：扩充经费，校务公开，减轻学生负担，延揽专门学者，实行选科制。⑦ 这些问题大都是校长王永江以及校务代理人吴家象等人所努力的方向。

东北大学的创办与以王永江为首的奉系上层之励精图治是密不可分的。这在王永江为《东北大学周刊》所撰的"发刊词"中得到充分体现。王氏称："往者为政东国，建此大学，欲勤讲习，图庆商兑属，当金革不辍弦歌。夫举世皆嬉，方风雨之如晦，而硕果不食，与日月分争光。"⑧ 王永江对东北大学可谓甚为尽心。他拉来奉系要员数人作为靠山，"聘有名誉赞员四名，计吴副司令、张参谋长、于总办、杨总参议，并不开支车

---

① 汪兆璠、吴家象：《东北大学成立经过及其在九一八前的变迁情况》，中国人民政治协商会议吉林省委员会文史资料研究委员会编《吉林文史资料选辑》第4辑，吉林人民出版社，1983，第188页。

② 《吴宓日记》第2册，第274页。

③ 《北大国学系近讯》，《盛京时报》1924年3月19日，第4版。

④ 《东大学扩充标本》，《盛京时报》1924年4月23日，第4版。

⑤ 参见《华北大学之阻力》，《盛京时报》1922年3月29日，第4版；《东北大招生简章》，《盛京时报》1923年7月20日，第4版；《北大教员请假热》，《盛京时报》1923年12月16日，第4版；《大学工程之近闻》，《盛京时报》1924年7月25日，第4版；《东大学教授得人》，《盛京时报》1925年1月15日，第4版；《大学校聘定教授》，《盛京时报》1925年9月3日，第4版。

⑥ 参见佚名氏寄自熊岳《对东北大之失望与希望》，《盛京时报》1924年2月17日，第4版。

⑦ 参见佚名氏寄自熊岳《对东北大之失望与希望（续）》，《盛京时报》1924年2月19日，第4版。

⑧ 王永江：《发刊词》，《东北大学周刊》第1期，1926年10月。

马费"。① 他还亲自参与延聘教员,争取庚款以及日方的经费资助。② 王永江甚至对大学的一些枝节问题都很用心。王"以大学之中不可无校医,以专司校内之卫生设施及学生之健康事宜,是以聘定南满医学卒业之刘雨辰氏及中医某君共同担任"。③ "王省长恐各生放假后有意外举动","亲莅该校向众讲演爱国之道,须坚忍耐劳,努力教育"。④ 王永江对大学有宏大的规划,文、法、理、工之外,"王永江尚拟添设医科,以便造就医学人才"。⑤ "为扩充学务计,拟在校添设农、商、实业三科,以示提倡农商教育,而免向隅。"⑥ 王永江还曾亲临北陵参加新校址奠基礼。"除城内有省会警察加岗警护,城外由乡镇警察万所长率警沿途保卫,襄礼者除大学职员,有政教实业各厅长、省会议长、其他各机关团体首要,不下数十人,电车、马车络绎道上。"⑦ 他也曾到校视察,"并在讲堂向各职教员、学生演说所以设立该校之宗旨,及造就人才之希望"。⑧ 在王永江的主持下,东大设施逐步充实。"东北大学理工科曾于春间派于俊忱教授赴德国采购理工科机器,因为数极多,一时碍难购齐,现闻此项机器于十三四日陆续运到交校收存,以便明春该科实习之用。"⑨ "理工科孙学长为扩充该科图书馆起见,特于日前向英国定购理工科必需参考书籍数百种,不日即可运到。"⑩ 学校发展亦渐入正轨。"规模渐臻完备,各科教授必有专门学识

---

① 《东大名誉赞助员》,《盛京时报》1923年9月19日,第4版。此四人依次为东三省保安副司令吴俊升、东三省巡阅使署总参谋长张作相、东三省官银号督办于冲汉、东三省巡阅使署总参议杨宇霆。

② 参见《汪学长争到庚款》,《盛京时报》1925年7月17日,第4版;《大学校聘定教授》,《盛京时报》1925年9月3日,第4版;《汪学长奉派晋京》,《盛京时报》1924年9月4日,第4版;《派专员答谢助款》,《盛京时报》1926年1月21日,第4版。又据《1926~1935年度中基会资助各校科学讲习》的表格,1926~1931年,东北大学每年都得到三次以上之资助。截至1931年,东北大学共获资助21次,中央大学28次,北平师大26次,中山大学23次,四川大学23次,武汉大学11次。此种资助对东北大学之发展当有相当助益。转引自王东杰《国家与学术的地方互动:四川大学国立化进程(1925—1939)》,第159页。

③ 《东北大学之进行》,《盛京时报》1923年7月24日,第4版。

④ 《省长告诫大学生》,《盛京时报》1925年7月17日,第4版。

⑤ 《大学拟设医科讯》,《盛京时报》1923年7月26日,第4版。

⑥ 《东北大学增科讯》,《盛京时报》1925年2月3日,第4版。

⑦ 《大学建基典礼》,《盛京时报》1923年9月14日,第4版。

⑧ 《王省长视察大学》,《盛京时报》1925年2月20日,第4版。

⑨ 《理工科购机器到》,《盛京时报》1924年12月16日,第4版。

⑩ 《扩充工科图书馆》,《盛京时报》1927年6月29日,第4版。

者，始能应聘。"①

　　莫德惠延续了对东北大学的支持。既往关于东大校史的研究都忽略了莫德惠兼代校长的史实，莫虽未获得正式任命，但兼代时间近一年，对东大的持续发展功不可没。彼时报道在提到莫德惠时，都径称"东北大学校长"或"莫校长"。② 莫在任期间多次视察东大。③ 其间莫对东大及附中的经费都照数拨发，并未因奉军用兵关内而受影响。"东北大学校长莫德惠"为该校 1926 年 11 月经费，"特于昨咨行省署，请将奉省应摊之数救令财政厅拨发，以便开支，并请咨行黑龙江省署拨发"。④ 1927 年 3 月，东大附中校追增经费，提到"莫校长转咨省署"，"呈请莫兼校长"。⑤ 1927 年9 月 25 日刘尚清、莫德惠对调，莫转任农工总长。"该校学生于昨卅日上午请莫氏到校，开一欢迎大会，并公同撮影，以留纪念。"⑥ 这反映了东大学生对莫德惠支持学校发展的认可。

　　莫德惠去职后，刘尚清暂代校长。在 11 月王永江逝世后刘尚清被推为校长。"该校恐军界要人加入，于是公推刘海泉省长，又恐于手续上不合，乃查照原发起之筹备简章，公同署名，始将刘校长推定。"⑦ 刘尚清将东大划分为文、法、理、工四个学院，周天放、臧启芳、孙国封、高惜冰分任院长。高惜冰确定了聘请专家、厘定课程、充实设备三个步骤。在学校领导的支持下，这些设想大都得到实现，高自豪地认定："当时国内任何大学的实验室，都不能与东北大学同日而语。"⑧ 因为这些设备大多购自国外，东大"委托慎昌洋行在美国纽约代购机械两箱，以备应用，兹闻该项机械已于上月杪运奉，该校业已安置妥帖而利学子"。⑨

① 《东大学教授得人》，《盛京时报》1925 年 1 月 15 日，第 4 版。
② 参见《东北大学开学期》，《盛京时报》1927 年 2 月 24 日，第 4 版；《东北附中聘教习》，《盛京时报》1927 年 4 月 4 日，第 2 版；《莫校长准拨经费》，《盛京时报》1927 年 8 月 6 日，第 4 版。
③ 参见《莫代长视察大学》，《盛京时报》1926 年 11 月 17 日，第 4 版；《莫省长视察大学》，《盛京时报》1926 年 12 月 11 日，第 4 版；《莫省长视察东大》，《盛京时报》1927 年 9 月10 日，第 4 版。
④ 《东大校咨拨经费》，《盛京时报》1926 年 12 月 14 日，第 4 版。
⑤ 《附中校追增经费》，《盛京时报》1927 年 3 月 27 日，第 4 版。
⑥ 《大学生开欢迎会》，《盛京时报》1927 年 10 月 2 日，第 4 版。
⑦ 《东大校长已推定》，《盛京时报》1927 年 11 月 12 日，第 4 版。
⑧ 高惜冰：《四十五年前我的教书生活》，《东北文献》创刊号，1970 年 6 月，第 38～39 页。这些设备中当有相当数量是王永江时代购置的。
⑨ 《东大校购到机械》，《盛京时报》1928 年 5 月 4 日，第 4 版。

　　1928 年 8 月，张学良继任校长。张学良对东大的支持力度更大。当张学良"第一次召集东大副校长各院长开校务会议时候，就宣布他愿捐家产三百万银元添建东北大学校舍，原来东大理工两学院是在沈阳北陵，文法两学院是在沈阳大南关两级师范的旧址，现决定以一年时间，在北陵添建新校舍，于十八年秋季不但要将文法两学院迁移过去，更增设教育学院，农学院，同时于十八年秋季招收新生。东大常年经费自十七年七月至十八年六月的一年已增至一百零八万银元之多，十八年至十九年的一年又增至一百卅万元，在当时虽南京中央大学的经费也没有这么多，张汉卿对教育的热心与重视确实值得称道"。"因此在十七、十八两年间，东北大学的发展真是一日千里。"[①] 东大学生何秀阁亦证实，1928 年入校时，"已琼楼栉比，各院林立，规模粗备矣，而建设犹在方兴未艾中，常觉每隔半月或兼旬不散步，即有新工程破土，建设如春笋，诚空前盛况也"。[②]

　　至 1929 年，东大学生三畏写道："三年前的我校，乃是褪褓时期的婴儿，看不出来其所以然。及到现在，却已入了童年。"[③] 至 1930 年，教育部仍将东北大学划入省立大学中。[④] 是时，国立大学多处在国民政府控制的东南地区和文化发达的华北地区，例外者是成都的两所学校。而省立大学多为地方势力控制地区的大学，如东北大学、山西大学、广西大学等。但是时东北大学的综合实力在省立大学中遥遥领先，甚至与几所实力较强的国立大学比肩。据 1931 年的高等教育统计资料，是时的东北大学在教员、学生数量与设备、图书方面已经具备了一所国立大学的规模，很多方面甚至超过了一些有影响的国立大学。是年，东北大学的岁出与清华大学相当；学校的规模、课程、周课时量和学生人数在全国亦堪称前列，教员数却远少于著名国立大学，这种现象既反映了这所新兴大学的强劲发展势头，又折射出该校教学方面的不足，而后者当更能体现一所学校的办学

① 臧启芳：《回忆》，反攻出版社，1953，第 44 页。张学良，字汉卿。
② 何秀阁：《九一八前的东北大学琐忆》，《传记文学》第 34 卷第 4 期，1979 年 4 月，第 103 页。
③ 三畏：《近三年的东北大学》，《东北大学六周纪念增刊》，1929 年 12 月，第 7 页。
④ 参见《教育部成立二年来的工作概况》（1930 年），中国第二历史档案馆编《中华民国史档案资料汇编》第 5 辑第 1 编教育（一），江苏古籍出版社，1994，第 128 页。

水准。①

　　兼任校长王永江、张学良等人皆从政或从军多年，并非专门办教育者，这势必影响他们的治校理念与风格。王永江治校秉持其事必躬亲的为政之风，这种做法使得东北大学有效地获得了奉系官方的支持。但另一方面，这种做法又容易使校务为烦琐的政务程序所羁绊，从而导致行政效率低下。吴宓就抱怨道：校中特别委员会"所议之事，均琐屑毫无关系者。而众议纷纷，持久不决。如（一）筹备追悼工科学长赵君事。（二）学分制，或参用选课制。（三）记分法。竟讨论至数次，每次历二小时以上。每星期开委员会二次，有时更开教授会，费时可谓甚多，予殊厌之"。②并且王永江的教育理念似乎又有些急功近利，除东北大学外，"其他中小学或专门学校，扩充却稍有逊色，中小学尤差。王永江视中等以下学校为无用，因此对教育经费屡至减抽，每况愈下，有时竟摆升中等学校校长为县知事，影响各校职教员存有五日京兆之心。学校职教人员薪金更低于洋车夫之日中收入，致使一些人欲为谋生而奔走权门"。③王永江轻视中等以下教育之做法对高等教育的发展十分不利，事实上初等教育与中等教育是高等教育的基础，若没有扎实、完善的基础教育，高等教育的发展必然受到制约。

　　理学院长孙国封在学校六周年校庆时对张学良称颂有加，"今校长张长官汉卿，以军事政治之暇，兼及教育，体大思精，规模益远"。④但这多半是恭维话而已。张学良接任校长后的演讲颇能反映其治校理念。他表示："现在敝人在名义上虽然是大学校长，然而我的学问方面，非常的幼稚，尚未受过大学教育。在年龄方面与诸同学相仿，所以，我对于大学校长的位置，很有抱愧的地方。而保安委员会曾以余之地位，推以本大学校长的重任，这不过勉强而已。"这表明他十分清楚自己不是校长的合适人选。他的大学认识也比较简单，仅强调体育和学问的重要；而关于读书与政治的关系，他则认为："现在是为国家而求学的，所以必须持谨谨慎慎的态度，不要因金钱的引诱，失去了自己的人格，抛开学业而去干涉社会

---

① 参见《民国二十年度全国高等教育概况统计表》（1931 年），《中华民国史档案资料汇编》第 5 辑第 1 编教育（一），第 252～255 页。
② 《吴宓日记》第 2 册，第 285～286 页。
③ 《某老教育家口中之莫德惠与奉天教育》，《盛京时报》1927 年 10 月 4 日，第 4 版。
④ 孙国封：《六周年纪念日感言》，《东北大学六周纪念增刊》，1929 年 12 月，第 19 页。

的政治与其他的机关。然而我不是说禁止大家关心政治，是使大家对于国家政治，应说则说，不然则不必去管，最好是安心读书。"① 张学良的说教反映了当局对读书与政治的态度，在张学良眼中，学生的本职就是读书。②

二　官方背景与衙门气息

因为东北大学由奉系官方创办，所以该校职员与地方官员间经常相互流动。首先，从校务代理人的履历与地位看，首任校务代理人为吴家象，吴卸任后，曾任辽宁省教育厅长，后成为张学良的重要幕僚，直至西安事变。第二任校务代理人冯广民卸任后，1927 年前后任盘山县县长，1929 年任西丰县县长。③ 副校长刘凤竹，曾任职于北京政府教育部多年。④ 宁恩承 1933年卸任后，改任河北财政特派员。⑤ 其次，一些职员也在官员与学校职员间不断转换身份。建校初期，王永江曾将发明品发交东北大学理工科考验，因"往来需费时日"，遂委理工科学长赵厚达"兼充省署技正"。⑥ 而为促使奉天兵工厂的左耀先调任东北大学，王永江特致函杨宇霆请其劝导："伊对于兄之待遇优厚，颇为依依，兄申以造就人才之大义，亦难久

---

① 《张汉卿之东北大学训话词》，《盛京时报》1928 年 9 月 18 日，第 4 版。张学良对大学的态度亦可参考其兼任北京民国大学校长时的讲话，张 1927～1928 年担任这一职务，他曾在该校表示："我是来当会计的！拿钱办学校，聘请著名的教授，培养人才。"参见陶德魁《"我是来当会计的！"——记少帅张学良在北京民国大学的一次讲话》，政协吉林市委员会文史资料研究委员会编《吉林市文史资料》第 5 辑，编者印行，1986，第 141 页。关于张学良担任东大校长时的风貌，还可参见马加《北国风云录》，中国青年出版社，1983，第 71～75 页。马著是一部以九一八事变前后东北农民与学生生态为主要内容的长篇小说，该书在描述东大校长张学良时，展现了张提倡体育的一面，同时也反映了其轻率、冲动的性格。作者称该书素材多为作者及其同代人亲身经历，因而具有一定的史料价值。关于马加创作素材的史料特点，可参见宝藏《马加及其创作》，相树春、张振鹤、李格政主编《我们走过的路》（繁），今日中国出版社，1993，第 60～66 页。该书编者以同一书号编辑出版了同名的两本书，虽然分别为繁体版和简体版，但内容完全不同。
② 有学者专门探讨过张学良的教育思想，参见邱秀华、章毛平《张学良教育思想研究》，东北大学出版社，2006。
③ 参见冯国成《忆父亲的一生》，政协铁岭县文史资料委员会编《铁岭文史资料汇编》第 3 辑，编者印行，1987，第 119 页。
④ 参见郭民任《张学良兼任东北大学校长的前前后后》，《辽宁文史资料》第 10 辑，第 98 页。
⑤ 宁恩承：《百年回首》，东北大学出版社，1999，第 259 页。
⑥ 《赵学长兼充技正》，《盛京时报》1924 年 2 月 2 日，第 4 版。

就学校之职矣，明日即令学校以办公事，请准其辞职来校任事。"① 左耀先在东大任工科学长不到一年，1925 年 5 月改充金沟煤矿公司经理。② 这些职员职位的迁转，反映了该校职员与地方官员间流动态势之一斑。

东北大学校务人员的频繁更动对该校教学的发展十分不利。一方面，这使得学校的发展与否取决于校务代理人的贤或不肖；另一方面，校长离职，校务代理人及校务人员亦随之更动，这会影响学校的稳定。宁恩承评价他的前任刘凤竹"是位好好先生，长于仪表，短于应事及管理能力"。宁氏还称刘的办公室杂乱脏污，校园环境亦如其办公室，最能说明其处事能力的是刘氏牌示开除农学院院长柳国明一事。③ 宁恩承所言并非一面之词，曾任教于该校的张忠绂亦指出学校毫无行政效率，而最显著的是图书馆。张忠绂记述道："图书既未分类，乱堆在一起。编号的数字不贴在空白的地方，而贴在书名或作者人名上。馆长本是内行（武昌文华专科毕业），但他只能叹气。原来图书馆职员全是副校长刘凤竹派来的，有出身工友、警察等类职务而一字不识的。这批人不是副校长的内亲，就是东北要人姨太太的弟弟或侄儿。"④ 张忠绂还进一步论述了刘凤竹的治校风格："不仅将学校当作他私人的财产，且以校中若干职位应酬东北要人，更利用行政权力与各学院院长作难。"⑤ 刘凤竹的做法表明：副校长之职在其眼中，官僚角色远多于办教育者之角色。然而，刘凤竹假公济私的做法不过是其时奉系官场风气的一个代表。1925 年 5 月 24 日，刚刚迁任吉林长春电灯厂厂长的金毓黻在日记中记述了类似的情形："吾人作一局面之事，不论大小，荐人者必纷至沓来，无法应付，此真无可如何之事也。近日余应付此事深感困难。"⑥

在宁恩承主持校务时期的一份按照官阶大小排列的《辽宁省县长以上官吏名单》中，东北大学秘书长在辽宁省政府官员官阶体系中的地位清晰

---

① 《王永江为准左耀先辞职到东北大学任职致杨宇霆函》（1924 年 8 月），《奉系军阀档案史料汇编》第 4 册，第 407 页。

② 参见《校史》，《东北大学一览》（1926 年 12 月），辽宁省档案馆藏民国资料，JL001/01/000806。

③ 刘凤竹与柳国明两人因农学院经费问题结成私怨，刘凤竹一怒之下采用牌示办法开除柳国明，张学良得知后亦认为刘凤竹太过荒唐。参见宁恩承《东北大学话沧桑》（上），《传记文学》第 55 卷第 1 期，1989 年 7 月，第 46 页。

④ 张忠绂：《迷惘集》，文海出版社，1978，第 90 页。

⑤ 张忠绂：《迷惘集》，第 90~91 页。

⑥ 《金毓黻文集》编辑整理组校点《静晤室日记》第 2 册，辽沈书社，1993，第 1377 页。

地展现出来。① 相当于代理校长的东北大学秘书长在辽宁省的官吏中处于较显赫的地位，仅排在作为肥差的沈阳关监督和省烟酒事务局局长之后，而高于沈阳市长。又据1926年《东北大学一览》记载，王永江在设立大学筹备委员会时，"于省署选富于教育学识经验者为筹备员，前省议会议长李树滋、范先炬，前交涉署长佟兆元，清丈局坐办林成秀，前奉天关监督关海清，前教育厅长谢荫昌，政务厅长王镜寰，前高师校长莫贵恒，前省署四科主任恩格，二科主任兼高师教授吴家象，前高师教授汪兆璠、王之吉皆在选焉"。② 由列名的筹备委员中可以发现，筹备委员非仅"教育学识经验者"，更多的是奉天省政府的各方大员。在13名筹备员中，直接与教育有关者仅谢荫昌等5人，可见该大学之创建乃基于奉天省各方之支持，非仅教育问题。宁恩承主持校务时期创建的东北大学大学委员会的名单也出现了类似的现象，其中既有张伯苓、章士钊等社会名流，又有本地有权有势的官员，如臧式毅、王树翰等权要，宁称之为"知识与权力配合"。③ 这或许是地方势力创设大学的题中应有之义，但是与权力的过度结合，使得该校的运作过多地沾染了官场习气。这种氛围使得东北大学难以像一般大学那样发展，而是只能在王永江、张学良等奉系首脑的认识范畴和驱动下运行。

　　奉系官方创办的背景，也使奉系官场政治文化被不自觉地移入该校中。因此，该校在创建之初与其后的发展中都具有较强的官方色彩，而这种官方色彩将制约作为学术机构的东北大学的正常发展。教员吴宓在日记中曾慨叹："予到奉之时，所怀抱之理想与希望，已尽成泡影。盖不惟不能望此校之如意发展；且欲求此间为政简刑清，事少人和，俾予得闲居息影之地，而不可得焉。其故由办学者如汪悉鋮学长，全不思大处落墨，目光及远，使东北大学成为全国之名校。而但知趋承上官，奔走逢迎省长（校长）。以办学为作官，视教员如僚属。虽一钱之微，或教员请假一二日之琐事，亦以请命省长为词。况其大者乎？故在此无所谓意见与主张，亦

---

① 参见《辽宁省县长以上官吏名单》（1931年6月），《奉系军阀档案史料汇编》第11册，第725页。

② 《校史》,《东北大学一览》（1926年12月），辽宁省档案馆藏民国资料，JL001/01/000806。又据东北大学筹备会的公文署名，该《校史》列名官员其时皆为实任。参见《东北大学筹备会通告开成立会》，辽宁省档案馆藏奉天省长公署档案，JC10/1/2812。

③ 宁恩承：《东北大学话沧桑》（上），《传记文学》第55卷第1期，1989年7月，第47页。

无处可容提议也。"① 吴宓这一番评语较深刻地揭示了东北大学校务代理人沦为幕僚之弊病。对此，《盛京时报》1924 年 2 月 17 日、19 日曾连载一篇名为《对东北大之失望与希望》的文章，评论东北大学创建后的种种弊端及解决办法。其中有批评指出："东北大学重要职教员多由官吏或公吏兼充，时人亦深致不满。诚以中国政界之'无事'忙，足使兼职者敷衍了事。"② 显然，时人对以官吏兼任教员的做法亦持否定态度。但东北大学的"附属机关"角色并非独有，其时奉天省教育厅亦有类似作风。1923年的《盛京时报》评价说：年来奉天之教育当局，执行的是"以当差为本位之教育方针是也，计划之得失非所计，唯长官之颜色是瞻"，并列举了因受王省长的指摘，教育厅长竟然无端撤换十余名校长的荒谬事件。③可见，东北大学校务代理人之幕僚角色实在是其时奉系官场的通病。

学校的官方背景也容易滋生校务人员的衙门习气。这一时期，办事人员多来自奉系政府中，官府习气亦随之弥漫。曾任教于此的萧公权回忆道："文学院和法学院两位院长的政治色彩似乎比较浓厚。整个大学好像都带着一点官府的气息。"他还记述了在报到时遭到的冷遇："我在天津动身以前曾电知法学院长臧哲轩（启芳）先生我到校的日期。到校的那天我去到法学院和总务处的办公室去接洽，都不得要领。最妙的是，当我说明来历并表示想见院长时，一个职员说：'拿名片来。'我把名片递给他，一看上面只印有我的姓名，并无显赫的头衔，便把名片往桌上一扔，说'院长不见'。最后我到工学院找着了惜冰兄，经他派员陪着我去见了法学院长，一切问题才迅速而顺利地解决了。"④ 事件虽不大，但显然令其产生不良印象。张忠绂任教东北大学时也有过与萧公权类似的遭遇。⑤ 张忠绂还进一步分析了东北大学官僚作风的原因："从一个大学的立场讲，真正业务方面的职权属于各学院院长，但在东北大学内，事务以及用人行政的权力却完全在副校长及其属下职员（非教员）的手中，诸如会计庶务等等。这般人若与院长作难，则院长的设施必将受其阻碍。换言之，业务的

---

① 《吴宓日记》第 2 册，第 298 页。汪兆璠，字悉铖。

② 逸名氏寄自熊岳：《对东北大之失望与希望》，《盛京时报》1924 年 2 月 17 日，第 4 版。

③ 《王省长指摘教育》，《盛京时报》1923 年 3 月 13 日，第 4 版。

④ 萧公权：《问学谏往录》，传记文学出版社，1972，第 95 页。"文学院长"为周天放，"法学院长"为臧启芳，"惜冰"即工学院长高惜冰。

⑤ 参见张忠绂《迷惘集》，第 92 页。

发展有赖于事务方面的合作。当日东北大学主持业务方面的院长都想将学校办好，但事务方面的主持人既无效率，又贪财好货，因之而各院院长无法作事，终被迫于一九二九年冬联袂辞职。这是主管长官（副校长）与事务人员不肖而影响到业务无法进展的一个好例子。"最后他失望地认定："东北大学校内的'政治'实象征全中国的政治。"①

　　一个高等教育机构有其特有的运行规则，而相对独立的办学权力是必不可少的。在其时较为著名的大学中，清华、北大、东南等学校的主持者皆有较独立的办学权，因而他们可以按照大学的运行规律推进学校的发展。但如东北大学这种地方势力创办的大学，其办学机构已沦为地方势力之幕僚，因而该大学之运作将只能在地方势力对大学的认识范畴内进行，大学发展的固有规律被置于一旁，因而形成了东北大学的迥异于平津大学的校风。

三　勤奋的学风与萎靡的世风

　　在东北大学历任校长王永江、刘尚清、张学良的督导下，该校形成了踏实、勤奋的学风。学生李宗颖记述了该校教学的严格情形："'东大'历届的入学考试和学期、学年考试，都能郑重其事，要求较严，尤以王永江兼任校长时抓得更紧，他以宁缺勿滥为原则，令各科学长贯彻执行。刘尚清兼任校长，率由旧章。"此外，负责教学者亦颇有勤勉用心者。学长"汪兆璠、赵厚达、孙国封等办学也很认真，经常举行月考，以促进学生的钻研，无论月考，期考，或学年考试，都亲到考场监视，严禁交头接耳，传递小草（解答的小纸条）和偷看书本。如有发觉，轻者记过扣分，重者记大过，或剥夺该门试卷的整个成绩。凡是年考在九十分以上者，称为超等生，均予发给奖励证书，以资鼓励。成绩不及格（六十分为及格）者，一律牌示降级，如无衔接的班次可降，即予开除学籍"。② 对此，吴宓证实道："汪君一切异常认真，故此间教员率皆勤慎。"③

　　1929 年《东北大学年鉴》亦可佐证该校这一时期的学风。政治学系级史记载："我班同学入校之初都凡四十六名，乃星霜六易，迄今仅余十六人，良以往者学校标的严峻，每试以不入彀而离校者十四人，以冠弱罔

---

① 张忠绂：《迷惘集》，第91页。
② 李宗颖：《略述东北大学》，《辽宁文史资料》第8辑，第73~74页。
③ 《吴宓日记》第2册，第276页。"汪君"指汪兆璠。

任攻苦因而休学者十六人。"机械学系级史记载："民十二秋入校，开班之始，同学三十九人，数字为理工学院之冠，嗣亦留学东西洋者，去其泰半，而中途辍学者，又居十之一二，自今得以成业者亦仅十有五人耳。"物理学系级史亦记载："当预科时期，均在南校受课时，主持者非理科人材，未免有轻忽之憾。"同学"多散去，余者无几"。"迨十四年春，现院长孙献庭博士长理科，一方规划一切，一方鼓励同学，预科毕业时尚有十二人者，乃孙先生一人之功。不数月，理科大见起色，同学莫不奋发……"① 综合各系级史，1920 年代东北大学学生的学习生活受各种因素影响甚大，最后能在校顺利毕业者仅有 121 人，与最初招生的 310 余人相对照，仅约占三分之一略强。其中，不能承受教学之苦退学者有之，不能通过考试被迫退学者亦有之，两者大体可归为一类。此外，留学国外与转学他校亦不在少数，受学校管理影响而去者亦为一重要原因，此三者乃不满于现状而追求更好求学环境者。

在校方的督促下，学生们大都用功学习，读书问学的氛围颇浓。学生姚文林回忆："东北大学设立较晚，学生年龄，比较略高，但均守规矩，肯用功，生活安定，不闹风潮，蔚成一种教学相长的风气，所以各方面进步很快，二三年间，声誉鹊起。可以说当局是努力办学校，教授是安心教功课，学生也在专心一意的求学问。"② 学生何秀阁亦记录了同学间认真读书、心无旁骛的风气："预科之二年中，教学最严格，所有课程……悉采用英美原文之最善本。""习题作业之严，无不心怀畏惧与压迫感，校方立意，盖欲尽二年时间内，逼使学生扎下坚实基础也，且同学咸来自东北之老四省，率出身农乡，纯如稚子，惟知苦读是务（按当年亦乏康乐去处），循规蹈矩，互相竞争，而养成只尊高材、鄙视财势之风气。"③ 何秀阁还提到化学系教授陈行可的话，亦可作为学生好学的旁证，陈表示："同学们又如此纯朴，一心读书，此更非关内各校，动则闹学潮可比。"九一八事变后，化学系毕业生在南京与原系主任庄长恭相会，庄声泪俱下曰："东北失地，固为可痛，然更值深痛者，厥为余已再无淳朴善良学品

---

① 《东北大学年鉴》（1929 年 10 月），辽宁省档案馆藏民国资料，JL001/01/000808。"孙献庭"即孙国封。

② 姚文林：《怀念东北大学》，国立东北大学校友会编《国立东北大学四十周年纪念特刊》，国立东北大学校友会，1963，第 17 页。

③ 何秀阁：《九一八前的东北大学琐忆》，《传记文学》第 34 卷第 4 期，1979 年 4 月，第 104 页。

俱优拼力读书如汝辈之东大学生矣。"① 可见，沈阳时期东北大学学生之学风淳厚，深为该校教员所赞赏。

梁思成亦满含感情地记述了同人的共同努力："那时我的心情，正如看见一个小弟弟刚学会走路，在旁边扶持他，保护他，引导他，鼓励他，惟恐不周密。""后来林先生来了，我们一同看护小弟弟，过了他们的襁褓时期，那是我们的第一年。""以后陈先生，童先生和蔡先生相继都来了，小弟弟一天一天长大了，我们的建筑系才算发育到青年时期，你们已由二年级而三年级，而在这几年内，建筑系已无形中型成了我们独有的一种Tradition，在东北大学成为最健全，最用功，最和谐的一系。"② 在东大上下的共同努力下，东大吸引了很多师生慕名前来。"教授阵容，焕然一新；学生额数也与日俱增。理学院约一百五十余人；文学院约二百七八十人；法学院三百余人；而工学院达二十七班，学生七百有奇。其中由京沪平津远道来学的，亦大有人在。"学校的教学也取得了很大的发展："工学院则完全以美国麻省理工的课程标准为蓝本，而严格施行。三年后，毕业生如李西山、王文华、刘景异、金锡如、王际强等，只凭成绩报告，顺利进入美国麻省理工和普渡大学，读硕士学位，良非偶然。"③

而东大在国内学界的口碑也颇佳。1931年，时任四川大学文学院长的向楚对东北大学之学风亦很推崇，他表示："中央大学、东北大学等校则以研求本国学术为主脑，至于北京大学、清华大学等校则以研求纯文艺以期创造此时代之新文学为主脑。关于外国文学，在东北大学则偏重在造成实用人才，以为东北政治上、外交上之用，清华则首重在造成博雅之士。历史系一为偏重历史整理方面，北平各大学每系如此；一为注重历史智识之研究，中央大学、东北大学即系如此。"④ 由向楚的分析可以得出两个结论：第一，东北大学以研究本国学问为主；第二，东北大学治学以实用为方向。这再次凸显了该校的务实学风。同时，向楚对北平各大学之学风并不欣赏，而北平学者高阆仙则更直接地指出："前者文化中心在北

---

① 何秀阁：《九一八前的东北大学琐忆》，《传记文学》第34卷第4期，1979年4月，第106页。

② 《祝东北大学建筑系第一班毕业生》（1932年7月），《梁思成全集》第1卷，中国建筑工业出版社，2001，第311页。林、陈、童、蔡四位先生依次指林徽因、陈植、童寯、蔡方荫。

③ 高惜冰：《四十五年前我的教书生活》，《东北文献》创刊号，1970年6月，第39页。"刘景异"即刘树勋。

④ 王东杰：《国家与学术的地方互动：四川大学国立化进程（1925—1939）》，第133页。

平，今已渐有转移之势。东北虽不必为文化中心，而由学者努力之结果，亦可有构成文化中心之希望。讲学问须以诚字为本，能诚始无客气，无成见，亦不随时势为转移。观于北平各学校之现状，说务新奇，言人所不敢言，杂之以客气，存之以成见，不谓之流弊不得也。"① 高氏演讲的对象是东北学社的学者，但所论学风演变及缘由乃不易之理，与前述东北大学学生的学风相对照，是时东北大学学风较之北平各校当更加踏实。

但踏实用功之外，东大学生在广博与精深方面似较欠缺。吴宓认为："此间学生大皆用功，惟思想枯窘，智识隘陋。教科书以外，不读他书，专务功课及分数。"② 吴虽认同东大的学生较用功读书，但又指出了其程度与治学路径方面的欠缺。吴还不无意气地批评道："学生英文程度，有如沪上之中学，焉能语于高深文学？"③ 教员萧公权亦直率地指出："东北学生的程度与上海'野鸡大学'的学生相比，可以说是难分轩轾。他们似乎还能用心听讲。"④ 但吴、萧二人所论似与前述陈行可、庄长恭等人的言说相矛盾。笔者认为其原因有二。第一，吴宓任教于 1924 年 8 月到 1925 年 1 月，萧公权任教于 1929 年 9 月到 1930 年夏，学校初建，学风尚在形成中；而陈、庄两人入校稍晚，学风当有所改善。第二，这或许是文科与理科的认识角度与治学路径差异所致。理工科较重视学生的刻苦务实之风，而文科在用功之外，尚须广博精深、思维灵动方可有成。何秀阁记述了一个同学转学的事例，恰可反映这种差异。该同学以关内大学优于东北大学，遂于一年后入读同济，但一年后即返，并曰："若言学社会科学，不妨进关求深造，若言学理工，窃关内各地，则绝无如我东大者，故余迅回归，幸同学勿于余言为河汉也。"⑤ 可见，与关内相比，东北大学理工科较强，社会科学较弱，加之治学路径的差异，因而导致了教员间的认识差异。

除了踏实、勤奋的学风，地方社会的风气亦弥漫于学校之中。东大教员多有受地方影响而萎靡怠惰者。该校创办之初，教员待遇优厚，但他们

---

① 《静晤室日记》第 4 册，第 2503 页。
② 《吴宓日记》第 2 册，第 284 页。
③ 《吴宓日记》第 2 册，第 274 页。
④ 萧公权：《问学谏往录》，第 95 页。
⑤ 何秀阁：《九一八前的东北大学琐忆》，《传记文学》第 34 卷第 4 期，1979 年 4 月，第 106 页。

却"抱有一种请假热者，每日必有请假一二小时"。《盛京时报》慨叹道："未悉是何要事，何不于课外行之。"① 吴宓也十分厌恶东大教员日常生活中的不良习气。此间"暇时极多，而所有各教员（除缪、景二君，及一二在此住家者外）均毫不读书，亦不务他事。惟以赌博（麻雀，有通宵不眠者）及狎妓（且多住宿者）为乐。平日相见，寒暄而外，亦只谈此二事（再则饮馔之事）。不及其他。旧有教员既皆如此，新来者亦俯就随和，同流合污"。② 教员黄侃亦含蓄地表达了与吴宓相似的情感："辽海近状诚有可欣，但疽食浸淫亦堪悲侧，居贤善俗我则未能，远想幼安只令神往耳。"③ 黄侃的信写得很客气，谦和的文字后面反映了其不愿同流合污的态度。此风在彼时东北社会似较为平常，但在校园里就显得不甚庄重。宁恩承代理校长时亦存在此种问题。教育学院院长"行为荒唐，常常偷偷摸摸到校外宿娼聚赌"，"在校内聚赌通宵达旦，劈劈啪啪的麻将牌声音妨碍临近教授，妨碍学生晚间作业"。他甚至拿教授的薪水还赌债。④

东大校内的萎靡之风亦折射了东北教育界的怠惰习气。《盛京时报》曾载有一篇文章分析东北教育进步慢的原因。东北"因时势逼迫，不得不偏重政治。可是大众都行一辙，就把教育精神弃得不振，政治界兴盛起来，若能走进，不怕你目不识丁，便可升官发财。学生们看这种情形，念书无用，渐渐地把猛进之性消减殆尽，不知不觉的被恶势力所化了，教员们看看也喜心往政治界活动，不愿再作此无味之事，这一弄乱七八糟"。⑤教育风气败坏，教育发展也就自然缓慢了。这种态势彰显了彼时东北教育环境的恶劣，这势必影响该校之长远发展。

东北大学部分教员的不学无术、怠惰散漫也是东北社会面貌的一种影像。在该校中，不同学风、世风的对立并存表明，东北大学是新旧因素混合的机构，其高等教育的发达、进取一面是植根于奉系东北的政治和社会背景下的。两者之间颇有些教育与世俗的对立，因而不免有些不谐。部分东大学生也对内外的局势和氛围感到不满，他们立志改变这种局面："第一，能具改造的精神去对付以往的丑恶的社会。第二，须有无畏的精神去对

---

① 《北大教员请假热》，《盛京时报》1923 年 12 月 16 日，第 4 版。
② 《吴宓日记》第 2 册，第 285 页。"缪、景二君"指缪凤林、景昌极。
③ 《黄侃致金毓黻》（1928 年 2 月 15 日），《静晗室日记》第 3 册，第 2029 页。
④ 宁恩承：《东北大学话沧桑》（上），《传记文学》第 55 卷第 1 期，1989 年 7 月，第 47 页。
⑤ 小梦：《东省教育进步慢的原因》，《盛京时报》1927 年 1 月 1 日，第 1 版。

付南北的寇盗式的敌人。第三，应有建设的才干去担负未来的东北的责任。
看看东北之为东北，正在东北大学的学生努力，以挽救将来的东北。"①

第四节　校务、党派与人事：1929 年东北大学改组风潮

张学良长校后，东大进入了快速发展时期。这期间《盛京时报》也多
次出现内容相近的东大"计划扩充"的报道，其主要内容为添设法、医两
科，添修大礼堂，增聘教授，选送学生留学。② 1929 年 7 月，农学院开始
筹建。③ 1931 年 4 月，医学院开始筹建。④ 在公务繁忙的间隙，张学良也
曾前往东大视察，或者参加毕业典礼。⑤ 但学校在快速发展的同时，经费
的使用似乎不无问题。⑥ 在张学良长校时期，东北大学先后发生了两次风
潮。风潮的起因、参与者以及校方的处理都有相似之处。而张学良、宁恩
承等当事人又多将 1929 年和 1931 年东北大学的两次风潮混淆，⑦ 因而有
必要对两次风潮的差异做些考辨。通过风潮中地方势力、学校当局、教务

① 杨予秀：《东北学风之现在与将来》，《东北大学六周纪念增刊》，1929 年 12 月，第 71 页。
② 参见《东大扩充计划》，《盛京时报》1929 年 2 月 7 日，第 4 版；《东北大学议定扩充办
法》，《盛京时报》1929 年 4 月 27 日，第 4 版；《东大计划扩充》，《盛京时报》1929 年 7
月 6 日，第 4 版；《东大议定新计划》，《盛京时报》1929 年 8 月 16 日，第 4 版；《东大计
划扩充》，《盛京时报》1931 年 1 月 25 日，第 4 版；《东大计划扩充》，《盛京时报》1931
年 7 月 6 日，第 2 版。
③ 参见《东大扩编农学院》，《盛京时报》1929 年 7 月 18 日，第 4 版。
④ 参见《东大医学院以医专代用》，《盛京时报》1931 年 4 月 15 日，第 4 版；《市医院将归
并东大医学院》，《盛京时报》1931 年 4 月 29 日，第 4 版；《私立医专校改组》，《盛京时
报》1931 年 7 月 12 日，第 4 版。
⑤ 参见《张校长视（亲）自视察》，《盛京时报》1928 年 9 月 27 日，第 4 版；《张汉卿视察
大学》，《盛京时报》1929 年 3 月 17 日，第 4 版；《东北大学举行第一届毕业式》，《盛京时
报》1929 年 7 月 2 日，第 4 版；应德田《张学良与西安事变》，中华书局，1980，第 7
页；《东大毕业志盛》，《盛京时报》1930 年 7 月 2 日，第 4 版。1929 年 9 月 10 日，东大
文法学院迁往北陵校区。参见《东北大南校迁往北陵新舍》，《盛京时报》1929 年 9 月 13
日，第 4 版。
⑥ 参见《东北大学增筑费一百八十四万》，《盛京时报》1930 年 1 月 10 日，第 7 版；《东北
大学校募款建筑》，《盛京时报》1930 年 4 月 14 日，第 2 版；《东大请增经费不准》，《盛京
时报》1930 年 6 月 29 日，第 7 版；《东北大学减政出卖所有汽车》，《盛京时报》1930 年
8 月 27 日，第 4 版；《东大增预算省府函复不准》，《盛京时报》1930 年 9 月 29 日，第 2
版；《东大增预算省府函复不准》，《盛京时报》1931 年 7 月 22 日，第 4 版。
⑦ 一些当事学生亦将两件事记混，参见张兴唐《东大杂忆》，赵雱文《我与东大》，东北大
学旅台校友会编《国立东北大学六十周年纪念特刊》，编者印行，1983，第 79～80、
116～117 页。

人员与学生的反应与互动，东北大学的衙门化等特点都得到生动地呈现。

一　副校长与院长之争：从校务分歧到人事改组

1928 年 7 月，张学良就任东北保安总司令，旋即被推为东北大学校长。张学良委任刘凤竹为副校长，代理校长职务。此前的院长都继续留任，其中文学院长为周天放，法学院长为臧启芳，工学院长为高惜冰，理学院长为孙国封。

刘凤竹与几位院长之间很快发生了矛盾，李宗颖写道："刘凤竹到校后，秉承张学良将军意旨，掌握全面，遂与四个院长相互之间，都有着程度不同的摩擦。周天放、臧启芳、高惜冰三位一体，拉拢孙国封对抗刘凤竹。孙国封专心办学，芥蒂不大，刘和周、臧、高互相倾轧，有增无已。"① 李的记述尚算持平，在中共党员王振乾笔下，问题主要出在臧启芳等人的身上。"东北易帜以后，周守一、臧启芳、高惜冰等国民党分子很嚣张，他们结伙反对领导。"② 在倾向中共的学生陈彦之眼中，臧启芳等国民党人的确很活跃。"周天放、臧启芳和高惜冰，虽然都在充任教授，但是企图干预东大的未来校政，是有野心的。他们曾组成了周臧高三人小集团。为了在教授和学生中间建立群众基础，他们以研究学术为名，吸收一些教授和高年级的学生参加，组成'六一学会'。在开成立大会那天，为了扩大影响，利用晚会的机会，非会员学生也被允许参加，在大会上，他们提出了'师生打成一片'的口号。""这个'学会'，虽然在学术研究方面没有作过多少工作，但对周、臧、高三人在教授和学生中所散布的影响，却起了很大的作用。"③

萧公权也强调了周天放和臧启芳的政治味道，"文学院和法学院两位院长的政治色彩似乎比较浓厚"。④ 而臧启芳则坦承他们是倾向国民党的团体，政治立场很明确。1927 年夏，臧启芳与孙禹珊、孙国封、周天放、姬振铎、高惜冰等六人组成"一六学术研究会"，该会名"含着六个人一

①　李宗颖：《略述东北大学》，《辽宁文史资料》第 8 辑，第 67 页。
②　王振乾：《记东北大学》，政协沈阳市委员会文史资料研究委员会、辽宁社会科学院历史研究所合编《沈阳文史资料》第 1 辑，政协沈阳市委员会文史资料研究委员会，1981，第 7 页。周守一，字天放。
③　陈彦之：《"九一八"事变前后的东北大学》，政协沈阳市委员会文史资料研究委员会编《沈阳文史资料》第 4 辑，编者印行，1983，第 34~35 页。
④　萧公权：《问学谏往录》，1972，第 95 页。

个心的意思，在当时除我们六个人自己而外，任何人是不会这样想的。孙禹珊在这以前早就入了国民党，我们五个人虽然尚未入党，大家的思想主张和孙君完全一样。东北大学的学生在那时也有不少入国民党的，行动自然全是秘密的。有时入党的学生有了问题，我们便设法维护他们"。① 对于国民党人来说，这是正常的组织发展。②

但在教学上臧启芳等人锐意革新，对教导青年、扫除弊政确有很多想法。周天放认为："大学当前的使命，是在培养挽救国家，改造社会的人才。"其方法是"创造发挥及光大'东北'精神"。而东北精神则包含崇实、自重、同情、奋斗四种元素。其目标是"使这种精神由近而远，由少数而普及到大多数，不但成为吾校的精神，而且成为'东北'青年的精神，不但成为吾校的学风，而且成为东北地方的风气"。③ 臧启芳也指出了东北大学的急务，第一，尚无支持东北大学长期发展的基金；第二，学科不尽完善；第三，一些重要建筑还未建设；第四，尚无适合学生的中文教材；第五，学生彷徨歧路，莫知所从。④ 高惜冰文章更加直白，"校中无固定基金，每年预算之成立，须受计臣之裁定。而为计臣者，又须兼顾各方情况，调剂增删，致令急待举行之事，亦有时因之停滞"。"办学本为百年事业，其计划原应高瞻远瞩，始终一贯，方能将其整个的使命，实现于人群。如枝枝节节为之，是乃所谓头痛医头，脚痛医脚。非不收一时局部之效，以云全体成功，则负乎远矣"。⑤ 周、臧、高三人言论似皆有所指，臧、高二人更直指校务。署名"偶然"的作者的观点与臧启芳、高惜冰十分接近，显然是同道。他在文末甚至露骨地号召道："我们的同学们要群起努力，向现在正富裕的省库和校长的私产要求得一大部分的基金！"⑥

---

① 臧启芳：《回忆》，第41页。臧启芳提到彼与周天放、高惜冰等建立的组织为"一六学术研究会"，与王振乾和陈彦之的说法不同。考虑到臧为当事人，而王、陈二人所记又无"学术研究"字样，笔者认为臧启芳的说法较可信。《盛京时报》在报道该会成立事时亦称之为"一六研究会"，参见《一六研究会余波》，《盛京时报》1927年11月9日，第4版。
② 参见沈云龙、林泉访问，林忠胜纪录《齐世英先生访问纪录》，第130~131页。
③ 周守一：《"东北"精神》，《东北大学六周纪念增刊》，1929年12月，第15~18页。
④ 臧启芳：《我对于本校六周纪念的感想》，《东北大学六周纪念增刊》，1929年12月，第21~22页。
⑤ 高惜冰：《为本校一件要事请大家留神——基金》，《东北大学六周纪念增刊》，1929年12月，第26~27页。
⑥ 偶然：《东北大学的基金问题》，《东北大学六周纪念增刊》，1929年12月，第43页。

　　而彼时校方确实存在管理松散等问题。东大学生就编了些歌谣嘲讽事务方面的问题，并附有说明。"东北真露脸，好大图书馆，去借一本书，茫然！""馆长李小缘走去，图书馆黑暗已极，借书竟半日不可得，内中景况之劣，几难道出。""巍巍一座楼，里装几百头，若遇大小便，发愁。""文法院宿舍厕所开学后已届满月，尚不能用，住楼上同学竟须与屎尿作气，非三催不去，盖一行几须半里始可得一行方便也。"① 张忠绂也指出了饮食与交通上的弊端："文法学院没有单身教员宿舍，也没有餐馆或饮食的地方。单身教员每四人住一栋房，联合起来请厨师烧饭。理工学院虽有餐厅，但与文法学院相距甚远，中间隔一大操场，步行最快也得半小时。沈阳郊外冬天极冷，黄昏以后治安也有问题。风雪之夕，倘无交通工具，步行实不可能。"②

　　而东大的经费使用也存在弊端，何秀阁表示："查母校经费，似无预算，无论前校长之王岷源，继校长之张汉卿，对校院用款，皆予取予求，有求必应，毫无限制也。"何秀阁还提到，1929 年华北运动会上，孙国封决定由院方拨钱为该院啦啦队做制服，"报名者得二百人，各发四十元，队长之衣绣五彩，付八十元，按当时西服一套，不过二三十元，可见学校用钱之如水也"。"时物理、数学、生物、天文各系被视为冷门，少者每班恒三五人，甚至有一二人者，一流设备，一流教授，今日视之，无乃浪费矣。"③ 何氏回忆表明东大经费使用的弊端甚大，靡费巨而收效不宏，安能久持？如此使用经费实非办学之正途。

　　刘凤竹与院长们的矛盾因财务问题而激化。1929 年夏，周天放、臧启芳等四院长刊登启事，说明并无告发刘校长以及被监禁之事。④ 此报道有些蹊跷，当非空穴来风。其后，东北因中东路事件而军费吃紧，东大奉命削减经费。臧启芳回忆道："当时各院长的意思此项缩减大部须由总务方面设法，即缩减事务费、杂费及职员工友，教务方面不论那院那系既已招生，聘了教授，于势不能中途变更，就是设备费图书仪器已向外国订购的也不能半道上打退堂鼓。但副校长一口咬定总务费无法减少，必须缩减院系的经费。""慢慢的我们查出了原因。在事务费、杂费方面每月预算两

---

① 《记东北大学最近流行之歌谣（续）》，《盛京时报》1930 年 5 月 1 日，第 5 版。

② 张忠绂：《迷惘集》，第 85 页。

③ 何秀阁：《九一八前的东北大学琐忆》，《传记文学》第 34 卷第 4 期，1979 年 4 月，第 104 页。

④ 《东北大学周臧高李四院长启事》，《盛京时报》1929 年 7 月 22 日，第 1 版。

三万元之巨，冬季因消耗煤量甚大，开支尤多，就在这里边，副校长至少有十分之二的油水。"① 刘凤竹与臧启芳等人对峙之时，报纸已将刘的贪污等问题曝光出来，这或许经过臧启芳等人的授意。东大"用款之道实多含混，即以本年新预算而论，关于办公杂费一项全年为现洋廿四万元，所有修缮、购置、旅行、调查、讲演、交际、体育、讲义、图书、仪器等费均不在此数之内，而办公费所包含者为煤火电灯笔墨纸张零星等费用而已。按东北大学全年用煤充其量至多不过四千吨，实则三千吨有奇，即是煤价最高额购上等煤不过四万余元，而电灯费每月不过一千余元。踪此两大宗而言，至多每年不过六万元，其余十八万元只用之于笔墨纸张及一切零用未知"。"如此不明条款之消耗约有二十余项，现在各方面正从事调查。"②

对于是否告发刘凤竹，院长们内部有不同意见。臧启芳"主张向张校长和盘托出，要求改组总务人事，其余几位院长也颇赞成，惟独孙国封特别主张慎重，不肯同意。我们一蹉跎，刘凤竹晓得了，立刻于夜间派人故意将校中一个小草房子点火烧了，第二天他到张校长那里报说我与高、周两院长有鼓动学生滋事的企图，所以学校里才发生火灾，如不撤换我们三个人，恐怕东大前途不堪设想"。③ 1929 年 12 月 25 日，东北大学突然进行人事改组，周天放、臧启芳、高惜冰 3 人被免职，文、法两学院合为文法学院，由汪兆璠任院长；理、工两学院合为理工学院，由孙国封任院长，周、臧、高 3 人调为边署机要秘书。改组的理由是"节省经费"，然而这种说法不过是掩人耳目。臧启芳分析道："那时张氏急于缩减东大经费，他知道我们三个人反对缩减经费，就顺便以归并院系为名，即日下条子。"④ 陈彦之证实，周天放和臧启芳"为了准备进一步染指校政，以副校长刘凤竹贪吞校款为由，联名向校长张学良提出控告。那时张学良正在北戴河休假，刘凤竹乃多方奔走，托人说情，得到了张学良的谅解；因而周天放和臧启芳不但未把刘凤竹告倒，反被张学良以校长的名义，在文、法学院用挂牌的形式，把他二人宣告撤职了。参加'三人小组'的高惜冰也被迫离职"。⑤ 除去党派色彩，臧启芳等人的指控显然有所依据，但他

---

① 臧启芳：《回忆》，第 47 页。

② 《东北大学出纳见疑》，《盛京时报》1929 年 12 月 20 日，第 7 版。

③ 臧启芳：《回忆》，第 47 页。

④ 臧启芳：《回忆》，第 47~48 页。

⑤ 陈彦之：《"九一八"事变前后的东北大学》，《沈阳文史资料》第 4 辑，第 36~37 页。

们仍在刘凤竹的运作下遭到解职。

　　此次风潮的真相逐渐为外界所知。东北大学"因财政不能公开，虚
靡浪费，一般关心乡邦人士对之极不满意，而副校长某之欲纵横如意，
亦大有中央集权淘汰改造之思。自该校财政用途不明传出外间后，副校
长某曾招集学生训话一次，语中对校内学长数人似极不满，并慰其安心
向学，最后谓倘余有舞弊情事，张司令长官当有一番惩治，而其他不良
分子在余管辖下者，余亦当能予以相当应付云云。可见，该校暗潮或非
一日，至当局前日裁却周守一、臧启芳、高惜冰三院长，殆为此次暗潮
之牺牲品，亦未可知也"。① 报道已颇为清楚，副校长与几位院长因财务
问题发生矛盾，结果几位院长被解职。东大学生"谁集"也寄来了该校当
时流行的一些歌谣，对刘凤竹极尽挖苦之能事。"风竹叫风烛，功德一点
无。要说搂公款，没足。""此诗倡行于去年冬季，刘氏搂款声浪很高，更
兼臧、周、高三院长之因，□□而去，则刘氏之搂款事实，愈如堕身五里
雾中，莫知真相，风烛取烛在风中之意，与斯日曷丧前后意义相同，实怨
恨之写真画也。"②

　　张学良的任命是通过下属执行的，"这条子是由长官公署秘书长吴家
象在第二天早晨送给我们三个人看的"。"当天下午吴家象又奉张汉卿之命
邀我们晚餐，席间向我们说，张司令长官盼望我们留在沈阳，不必往南边
去。这时我们一面觉得去父母之邦是人所难舍的，一面也觉得张汉卿有反
日精神，比他父亲根本不同，东大的事情早晚自有公论，暂时应该忍耐下
去，看看情形再说。"张学良还亲自安抚说："因为你们几位和冬轩（刘
凤竹字）处不来，所以我请你们暂时来帮帮我的忙，大学的事让他一个人
办办看，将来我请你们帮忙的事还多呢。"③

二　"开倒车"：人事改组后的东北大学

　　在风潮中，张学良位高权重，但未免有些偏听偏信，人事调整有些轻
率。因为臧启芳等人在教学等方面还是较为尽心的，梁思成在回忆组建东
大建筑系时写道："我在西班牙京城，忽然接到一封电报，正是高惜冰先
生发的，叫我回来组织东北大学的建筑系，我那时还没有预备回来，但是

---

①　《东北大学突然改组》，《盛京时报》1929 年 12 月 28 日，第 5 版。

②　《记东北大学最近流行之歌谣》，《盛京时报》1930 年 4 月 29 日，第 6 版。

③　臧启芳：《回忆》，第 48 页。

往返电商几次，到底回来了，我在八月中由西伯利亚回国，路过沈阳，与高院长一度磋商，将我在欧洲归途上拟好的草案讨论之后，就决定了建筑系的组织和课程。"① 可见，彼时高惜冰对梁思成很尊重，也反映了两人的务实作风。学生郭民任亦提到了周天放在国际会议上揭露日本侵略行为的爱国之举。1929 年 6 月，王卓然"与东北大学文学院院长周天放教授去日本出席第七届太平洋问题国际讨论会。会上他们无情地揭露日本侵略者在华贩卖人口、贩卖毒品、窝藏盗匪等罪行，使日本代表十分难堪和恼火"。②

臧启芳等任边署秘书不过是个过渡，很快他们就被外放任职了，这是奉系官场的惯例。"彼时张少帅任用一大群秘书，办文墨内政者有吴家象、金毓黻、周达夫等，以王树翰为秘书长，每日到大帅府办公，其他一大群外交秘书和打杂的秘书在大帅府中没有固定的座位，不是每日按时到班，仅是随传随到，办理专案专差。这一群散仙各有专行各有所司。"还有的"是为政治上的拉拢"。③ 类似的处置，如 1929 年 10 月 15 日，钱公来"以国民党人下奉天监狱二年，昨年释出，予以边署秘书之职"。④ 但臧启芳等人同张学良的关系却逐渐疏远。"自此以后，周天放、臧启芳和高惜冰等，已不能再在张学良的直属部门中找到官当，这就造成了后来他们在政治恩怨上坚决反对张学良的思想根源。"⑤ 张学良也证实，臧启芳"后来反对我反对很厉害"。⑥

事实上，臧启芳等人深受打击，臧启芳表示："离开东北大学实在是我极痛心的事。我的看法是东北外患既深，内政又很难进步，前途至堪忧虑，惟一挽救的办法是从教育下手。""用我所长最好还是尽力于教育事业。"但他仍毅然表示："我个人在东大之去留与东大前途自然毫无关系，我想东大的前途应该光明的。但是，不论在甚么时候，如东大发生存亡的问题，我必不顾一切困难出而维护其存在。"⑦ 高惜冰在回顾东大生活时

① 《祝东北大学建筑系第一班毕业生》（1932 年 7 月），《梁思成全集》第 1 卷，第 311 页。
② 郭民任：《回忆王卓然老师》，《王卓然史料集》，第 95 页。
③ 宁恩承：《百年回首》，第 422～423 页。
④ 《静晤室日记》第 4 册，第 2347 页。
⑤ 陈彦之：《"九一八"事变前后的东北大学》，《沈阳文史资料》第 4 辑，第 37 页。
⑥ 张学良口述，张之丙、张之宇访谈，张学良口述历史编辑委员会整理《张学良口述历史（访谈实录）》第 1 册，当代中国出版社，2014，第 35 页。
⑦ 臧启芳：《回忆》，第 49 页。

多谈论充实、惬意的一面，"在此期内，曾参观国内各大学之工学院，以资借镜。经四年之努力，为工学院搜集有关书籍近万卷，延聘国内第一流工程专家亦十余人，担任教授，设备机械、电工、土木、水力、采冶、纺织试验室，搜集中外有关建筑之模型，遂使东北大学工学院，跻于全国黉教之林，而负盛誉。惜冰深悉强国必先强种，并于斯时，提倡体育，负责训练田径及球类之运动。集东北一时隽秀，磨练身手，殊为盛况。经三年之努力，而第十四届华北运动会及杭州全国运动会，东北大学皆获首选"。① "公余之暇，便在岷源路、海泉路、汉卿路上踱来踱去；每晚默默中照自己的规定，分别访问工学院教授，征询改进意见；每年寒暑假，则奔驰于大连、八道壕、北票、铁岭、西安、长春、吉林、奶子山和哈尔滨各地，生活虽然过分紧张，然自有乐在其中。"② 但实际上高惜冰对被免职一事始终耿耿于怀，他在十多年后的私函里感慨道："回忆惜冰长东大工学院时，声誉震动全国，张汉卿一时失慎，将惜冰调动，学校因之一蹶不振，至今思之，犹为惋惜。"③

人事改组后，东北大学校务基本上停滞不前。前任院长汪兆璠重返东大，④ 校内外舆论却对其并无好感。"王永江办理东北大学时代之最红人物汪兆璠，自被挤下台，颇多抑郁。此番值周守一等被革，卷土重来，大有为所欲为之势。汪氏头脑古老，极反对学生时髦，尤为反对新文学者。"汪莅任之后，即禁止学生使用白话文。⑤ 东大学生用歌谣嘲讽道："周臧打一片，老汪打一面。这样开倒车，玩蛋。"所附说明云："周、臧两前院长抱师生打成一片之精神，去矣。来矣，汪氏又将片面矣。汪氏行政大纲，多近专制意味。听说某某学生，竟因细故而开除，似此权出自我，则东大之所为东大，将为一二人或少数人之东大矣。"⑥ 而刘凤竹在财务上的问题仍然存在。时论指出："东北大学校经司令长官张汉卿捐助现洋一

---

① 高惜冰：《中央训练团学员自传》，台北"国史馆"藏军事委员会委员长侍从室档案，129000101233A。
② 高惜冰：《四十五年前我的教书生活》，《东北文献》创刊号，1970年6月，第41页。王永江字岷源，刘尚清字海泉。
③ 《高惜冰致朱家骅函》（1945年7月2日），中研院近代史研究所档案馆藏朱家骅档案，301/01/23/522。
④ 1929年3月，张学良任命汪兆璠为锦县交通大学副校长，张为校长。参见《委交大副校长》，《盛京时报》1929年3月17日，第4版。
⑤ 《记汪兆璠之崇文布告》，《盛京时报》1930年4月4日，第5版。
⑥ 《记东北大学最近流行之歌谣》，《盛京时报》1930年4月29日，第6版。

百五十万元，增筑文法学院、图书馆及教授住宅并附属各工程等，现经结算，共费现洋一百八十四万九千余元，除司令长官捐助外，尚亏三十四万九千余元。"① 该报进而提到校内的派系之争："因内部职员植势结党，互相倾轧，前此乃有刘副校长吞款舞弊之谣言发生，而周、张、高三前院长亦被挤下台而去。"② 臧启芳离职后，与臧有关的教员亦受到牵连，可见主持事务者之荒唐。张忠绂云："东北大学聘我任教，原系法学院院长臧启芳（哲宣）所决定。我返国时，曾请学校垫借路费一千银元，言明分十个月自薪金中扣还。臧启芳去职时，尚仅扣还四个月，我忽接会计课通知说，奉副校长谕，在垫款未扣清前，不再发薪。我与臧启芳在事前并非素识，且无一面缘。他代表学校聘请，条件既已商定，如何能因校方人事变更，而使教师蒙其不利？我力争的结果，虽获得胜利，但我认为东北大学已不可以再留。"张忠绂失望地感叹："这是我返国后第一次服务社会，即已感觉到一切公事有如儿戏。"③

继续留任的刘凤竹在校内更加跋扈。他完全以学校为牟利之工具，副校长如此，他又如何能约束其他人。张忠绂论定了刘凤竹的治校风格："中国官场有一个致命伤而难以救药的毛病，任何长官都习于将他主管的机关当作私人财产，而一般官员又喜欢假公济私，以公家的职位，作私人的酬应，或取媚于有权势的人。校长张学良是不管事的。东北大学负责行政的人正犯这种毛病。"④ 刘凤竹最终因牌示开除柳国明一事而去职。

在刘凤竹去职后，报纸再次将 1929 年改组风潮的原委"翻"出来，力图将刘的财务问题坐实。刘凤竹"前岁曾传因办理校务，诸多舞弊，为前任该校各学院院长所发觉，乃有查账之举，旋以刘氏向当局申辩，当局立将院长周守一、臧启芳、高惜冰三人革职，其事始罢"。"而刘氏现卒不免辞职，是亦东北最高学府前岁暗潮最后之澄歇。"⑤ 在刘被撤职后，因账目不清，东北政委会财务处对其实行了查账。⑥

① 《东北大学增筑费一百八十四万》，《盛京时报》1930 年 1 月 10 日，第 7 版。
② 《教授打教授》，《盛京时报》1930 年 4 月 18 日，第 7 版。
③ 张忠绂：《迷惘集》，第 92～93 页。"哲宣"应为哲轩，臧启芳，字哲轩。
④ 张忠绂：《迷惘集》，第 90 页。
⑤ 《东大暗潮今已告一段落》，《盛京时报》1931 年 3 月 3 日，第 4 版。
⑥ 参见《政委会财务处仍查刘凤竹账》，《盛京时报》1931 年 4 月 19 日，第 4 版。

张学良为东北地方势力的首领，政务、军务繁多。东大虽深受其重视，但他更多地只能给予经费上的支持。对于该校内部之矛盾纠葛，张既无精力调查，又无适当的措置以消弭融合，仅能采取改组人事的方式来调整。张学良的这种措置仅是治标之策，风潮虽然暂时结束，但问题没有根本解决。这彰显了张学良作为一个地方势力首领而非教育家的身份及其居高临下的姿态。张学良留用刘凤竹而免去臧启芳等人表明，他似乎更信任较听话的下属，而不是具有国民党背景而锐意办学的学者。

第五节　1931 年辽宁国民会议代表选举风潮

1931 年辽宁国民会议代表选举风潮较之 1929 年底的风潮对校内外影响更大，对东大师生打击亦更大。这一事件更能彰显张学良、校方与教员、学生间的微妙关系，以及张学良对高等教育的认识与态度。

1931 年 2 月的汤山事件①后，南京国民政府即开始筹备国民会议，并饬令各地方选举代表。是时正是蒋介石与张学良东北势力的"蜜月期"，张学良拟派出能代表他的人士参加会议。在东北大学选区，张授意校当局按其意图进行选举，东大师生却坚持选出自己的代表，因而酿成风潮。目前学界对 1931 年国民会议的关注多集中于全国层面，② 东大选举事件可反映地方当局及民众对于国民会议的反应，揭示东北当局、国民党分子以及东大师生之间的矛盾纠葛，进而可管窥东北当局的政治生态与应变能力。

一　国民会议代表选举的备受关注

汤山事件的发生使国民会议"减色"不少，因而某些舆论在会前即对该会的意义有所怀疑。3 月 7 日，《盛京时报》"社论"指出："国民会议，迫在目睫，而突以胡被监禁闻，此非对于国民会议之深刻威胁而何？非其

---

① 1931 年 2 月 28 日，蒋介石与胡汉民的约法之争激化，胡遭到软禁。关于该事件的研究，可参见李黎明《蒋胡约法之争初探》，《史学月刊》1996 年第 2 期；杨天石《"约法"之争与蒋介石软禁胡汉民事件》，《中国社会科学》2000 年第 1 期。

② 可参见徐立刚《一九三一年的南京国民会议》，《钟山风雨》2002 年第 1 期；柳镛泰《从国民会议到国民参政会——职业代表制的持续与变化》，《南京大学学报》（哲学·人文科学·社会科学）2006 年第 3 期；周鹏林《1930～1931 年中间势力对国民会议的主张》，《首都师范大学学报》（社会科学版）2009 年增刊。

武断政策未曾放弃之表现而何？非党国军阀化之觌面暴露而何？不能容多年患难与共之党内同志者，能容党外之国民代表乎？不能待党国领袖政府大官以合法的手段者，能待专政下之国民会议以合法手段乎？不能使一胡汉民言其所欲言者，能对于数百代表使其尽所欲言乎？"① 与"怀疑"论调相反，天津《大公报》"社论"则审慎地提出了希望。它首先明确指出：民国以来从无真正的选举。而后它分析了假选举的危害："政治上所最不堪者，不在于陋而在于伪，最虑者为主管人员徒以粉饰敷衍为事，选册不求其实，投票不求其确，甚或预定当选人，但形式上制造投票，以为当选，一电呈报，即行了事。不幸如此，则失选举精神，误国家大事。其为害且甚于不会议不选举也。"它还强调选举的关键是信用："是以自选举起，即须昭人民以信，庶几会议之结果，能取得人民之信仰，不然，选举若成具文，会议立失重量，人民难缄默不言，而党国之损失大矣。至当选者人才如何，尚为第二义也。"②

　　尽管有对于选举的种种犹疑，三四月间，东北各界仍热烈地关注着国民会议代表的选举问题。各方面的人士或暗中活动，或跃跃欲试，多欲在选举中有所作为。根据国民会议代表推选程序，地方团体应重新组织并推选代表参加会议。"辽宁商、工、教育、农务、律师各人民团体组织，均不合现制，在国民会议代表选举前，须遵照法令改组，但副司令核定各会改组，应由党务指导委员会指导组织，已令指导委员朱光沐、彭济群，组设党指委会负责办理。""商工两会分组消息，宣传已久，兹闻国民会议开幕在即，各法团机关，均限期改组成立，是以本城商工，决案照国府商工条例改组，实行分立，金哲忱为商会长，卢乃庚为工会会长，不日即可改组成立。"③ 各团体的重组等活动使人们对选举的热情更加高涨。

　　关于会议代表的选举办法，中央的规定可谓公平、民主。3 月 21 日《盛京时报》载："现经中央第一二四次会通过人民团体职员选举通则一种。"其中，第三条规定："各地人民团体职员之选举须用直接选举制，以记名连选法选出之。"第八条规定："各地人民团体职员之选举，以得票较

① 傲霜庵：《对于国民会议之威胁》，《盛京时报》1931 年 3 月 7 日，第 1 版。
② 《国民会议代表之选举》，天津《大公报》1931 年 4 月 10 日，第 2 版。
③ 《民会选举伊迩各团亟亟改组》，《盛京时报》1931 年 3 月 6 日，第 4 版。"副司令"指张学良，张时任中华民国陆海空军副司令。"卢乃庚"即下文的卢广绩。

多者为当选，票多者为候补当选，票数相同时由抽签法决定之。"① 但东北当局如何执行未有定论。4 月 3 日，《盛京时报》载："陈文学总监督，已定在月十一日，开始选举本省民会代表，惟其选举之内容，系不由各法团任便选举，系遵党委指导原则，由党委指定被选人约三十余名，辽省定额十五名，即由有选权之各法团及自由职业团体，照此指定之被选人各中（中各）自由过（选）举，闻此项规定被选之名单，定于选期前三日先行公布，以便周知。……闻吉、黑二省亦照辽省办法，同日开办选举。"② 可见，此时辽宁之选举办法似已大体确定，即指定人选与自由选举相结合的方式。

但其后关于选举办法的传闻仍然不断，事实如何，姑且不论，这种现象当可反映辽宁各界对于选举之重视以及参与热情。至选举前，《盛京时报》仍报道说："对民会代表之选举，见明文规定者仅有受党部指导之一项，至指导之内容仍在五里雾中。日来对选举前途亦有二说，一说本民党训政之原则，指定为其当然，不过在指定之名单中，任选民之择选而已，所以前此乃有指定四五十名名单之说也。一说当局（党委会）对于民会代表之选举，则不指定，惟以党权作严厉之监视，在不违反党政之下，准其自由选举。以上二说相传不已，虽遍询各方，咸莫能决，而选期已迫，希冀者对此闷葫芦无不焦灼，正不知此新胎，作如何之产生。"③ 民众的参与热情如此高涨，地方当局的措置就显得极为重要。是时东北虽表面上统一于国民政府，当局却仍然习惯于旧有的指派做法。而这种做法是违背国民党公布的选举办法的。

二　东北大学选举风潮及当局的强硬处置

4 月 15 日为选举日，东北大学、省教育会与自由职业团体在选举中作为一类团体合并推选代表。张学良事前指令东大秘书长宁恩承，该校应选王卓然等 3 人为代表。宁恩承回忆道："事前张学良请我去帅府，交给我一张名单。列有赵雨时、卢广绩、王化一、金哲忱、杜重远、阎宝航等十余人为代表。他告诉我转告东大先生们及学生们，按照单上所列人名选出国民会议代表。名单中并没有我在内，也没有东大各院院长在内。他说：

---

① 《人民团体职员选举经中执委会通过通则》，《盛京时报》1931 年 3 月 21 日，第 1 版。
② 《民选乃系指定式》，《盛京时报》1931 年 4 月 3 日，第 4 版。
③ 《团选手续自由欤指定欤》，《盛京时报》1931 年 4 月 14 日，第 4 版。

'你们事忙，离不开沈阳，不必参加这种形式会议。'我欣然接受。回校后召集各院院长交给他们那张名单，请他们转达学生照单选举。""名单传下之后，六院院长也没反应，没说有什么不妥。"对于张学良的做法，宁恩承评价道："张学良以为这种选举只是形式，作个样子就算了。没考虑到学生们是天真的，教授们教给他们是真理、正义，选举就是选举，要凭良心正义投票。"①

选举当日，宁恩承又向学生们做了一番训示，却激怒了学生。选举"前一时由秘书长宁恩承招集各级级长训话，大意谓为此中选举之方略，并规定王卓然、赵雨时、王化一三人为候选人。级长将此意代达各级后，群众哗然，以为以大学生初次从事公民权一部之选举权，选举一位较为纯正一些之喉舌，又受意志上之压迫、制度上之包办，是可忍孰不可忍，苟有一点忠诚，亦断不能合污同流"。②

对于学生的反应，亲历风潮的陈彦之记道："班长们离开宁恩承后，便找到一个教室继续开会。法学院政治第二班的班长解茂棣（国民党员）首先发言，他发言激烈，指责校长指定候选人，是不民主，是无视东大师生的选举权。还说：'这是我们第一次获有的选举权，我们必须尊重它，我们应该选举我们自己所爱戴和所乐于选举的人。我建议以我们的两位老院长，文法院长汪兆璠和理工院长孙国封，作为我们的候选人。即请大家商讨一下。'解茂棣发言之后，经过大家短时间的争论和讨论，一致反对校长张学良指定的'二王'作为候选人，并决定回班后，以班长会议的名义，向同学们推荐，以文法院长汪兆璠和理工院长孙国封，作为东北大学选区的候选人。"③可见，国民党分子的鼓动是一重要因素，但其以民主相号召名正言顺。此外，学生们对相关人等的好恶亦影响了选举的结果，郭民任记道："学生对王卓然老师最满意，认为王老师最能代表学生的利益，对其余两人不满意，尤其是对赵雨时，认为他是记者，不报道学生的问题和困难。学生还对宁恩承秘书长砍掉了学校大量的学术刊物而修马路表示不满，一时关系紧张。有的学生还主张罢课。"④而个别教员也有意参选。据李宗颖回忆："注册部主任夏博泉也为自己积极活动竞选，一部

①　宁恩承：《东北大学话沧桑》（上），《传记文学》第55卷第1期，1989年7月，第48页。

②　《秘书长训话无端引起学生愤慨》，《盛京时报》1931年4月17日，第4版。

③　陈彦之：《"九·一八"事变前后的东北大学》，《沈阳文史资料》第4辑，第40~41页。

④　郭民任：《回忆王卓然老师》，《王卓然史料集》，第97页。

分学生愿予支持。"①

选举在学生的计议后开始了，"公式面上之节目奏完后，遂开始投票，先为文法学院，次为理工学院及教育学院。文法学院投票甫及三分之一后，选举监督李毅，见诸学生所选者非其人，所选者非其所办，遂不觉失望，时以'怎么好，有无救济办法'叩诸其所熟习之学生，而诸学生亦咸以一笑还之，所以里出外进，不知其所以也"。②

为了向上司交差，选举监督想尽办法掩盖投票结果。宁恩承记道："李监督慌了手足，不知所措。不按张少帅的名单，他交不了差。"他和院长们商议，请"院长们转告学生按单选举，院长们理直气壮说'选举自由'，学生们他们管不了"。③ 投票结束后，"监选方面职员，主张于选举后，将投票箱带至民政厅，会同其他一齐开票，众学生咸以按国民会议代表选举法三十四条规定，投票后当场开票发表，结果因为学生们不知他们的鬼诈，所以群众力持反对，相持有五小时之久"。④ 其间，"理工学院院长孙国封先生，带着极度慌惑的神情，登上讲台，向全场的同学，大声疾呼地说：'同学们！你们让他们抬走吧！'并指着票箱说：'你们看！那是票箱吗？那是棺材呀！'群情激愤，哪管许多，仍然坚持，非得开箱不可"。⑤ "最后监选人死无可耐，遂将千呼万唤始出来之选举监督代表张公安局长监视开票，并有其他监查员、开票员从事唱票，直至下半夜三点四十五分始宣告完毕，于是诸学生以为公理战胜，齐唱凯旋，得意扬扬共同反（返）回学生宿舍。"最后的选举结果为：汪兆璠，935 票；王卓然，742 票；孙国封，660 票。而指定的候选人中，王化一，130 票；赵雨时，90 票。⑥ 两人与汪、孙票数相差甚远。

东大选举风潮波及面较广，"一时外间谣诼繁兴，满城风雨，而东大方面尤堪注目。因选潮之故，闻东大、教育会、沈阳县政府、选举总监督事务所，以上各方面，足足一日一夜，均未得闲，眠食俱废"。⑦

选举结果也被立即报告给张学良，宁恩承记道，李毅"见了张少帅，

① 李宗颖：《略述东北大学》，《辽宁文史资料》第 8 辑，第 80 页。
② 《秘书长训话无端引起学生愤慨》，《盛京时报》1931 年 4 月 17 日，第 4 版。
③ 宁恩承：《东北大学话沧桑》（上），《传记文学》第 55 卷第 1 期，1989 年 7 月，第 49 页。
④ 《午夜沉沉开票毕》，《盛京时报》1931 年 4 月 17 日，第 4 版。
⑤ 陈彦之：《"九·一八"事变前后的东北大学》，《沈阳文史资料》第 4 辑，第 41 页。
⑥ 《午夜沉沉开票毕》，《盛京时报》1931 年 4 月 17 日，第 4 版。
⑦ 《司选机关善后忙》，《盛京时报》1931 年 4 月 18 日，第 4 版。

报告选举经过。他加油加醋说四位院长自己要当代表，让学生们选他们四人，所以学生全没照名单选举"。① 李宗颖则指明是宁恩承向张告状，宁恩承"未完成任务，在向张复命时，推诿责任于汪、孙、夏三人的操纵与破坏，因与汪兆璠积不相能，对之又多攻讦"。张找来三人，责汪不应包办选举，还威胁要枪毙汪，汪不屈服，事情遂陷入僵局。② 宁恩承描述了张学良训斥几位院长的情景，张学良大声说："东北大学是我的学校。你们要当代表和我说，我派你们就得了。你们鼓动学生选你们自己，你们和我开玩笑，我也和你们开玩笑，我枪毙你们。现有纸笔，你们写遗嘱吧。"宁解释道："军中无戏言。帅府中枪毙人有时是真的。"③ 后经王树翰等缓颊，汪等被押往沈阳县署。

16日，东大学生以罢课声援汪等，张学良乃亲到该校巡视，并向学生训话。天津《大公报》记道，他先表示"我们同是愿欲把东北大学办得好的"；继而澄清说，昨天的事，"就私的方面说，竞选中人，都是我的朋友，自然我不能希望某人成功，而同时希望某人失败的；掉过头来，照公的方面说，选举权乃五权之一，大家都有自由选举权，本人绝无参加意见之余地"。最后他号召道："我们应该共同爱护东北大学，保护东北大学的校誉，要维持好的校风，同时要铲除不良的习惯，因为一个大学的名誉好坏，很有关系，假如坏了的时候，甚至好的教授，好的学生，都不肯来。"他还提醒学生们对于闹学潮"要考虑值得不值得"。④ 张学良的讲话彰显了其在事件中的"中立"立场和温和态度。对于张学良与学生的"对话"，东大学生郭民任记道："学生向张将军说明了原委，张将军立即召集学生开会，他发表了简要讲话。他说办东北大学是在非常困难的情况下办的，我在路上一看见戴着东北大学校徽（校徽是盾形的，图案是白山黑水）的学生心里非常高兴，但你们要体谅我的困难，不要闹事。我过几天就要去南京开会了，你们不要让我在南京坐不住。"⑤ 话语之间仍反映了张学良"温和说教"的一面。对此，《东北大学史稿》则记道，张学良

① 宁恩承：《东北大学话沧桑》（上），《传记文学》第55卷第1期，1989年7月，第49页。
② 李宗颖：《略述东北大学》，《辽宁文史资料》第8辑，第80~81页。此点与宁恩承的回忆不符，但宁为执行张学良命令的当事人，其回忆录不可过于采信。并且无论告状者为谁，宁在风潮中的"帮凶"角色已经定型。
③ 宁恩承：《东北大学话沧桑》（上），《传记文学》第55卷第1期，1989年7月，第49页。
④ 《张离沈前在东北大学训话》，天津《大公报》1931年4月20日，第5版。
⑤ 郭民任：《回忆王卓然老师》，《王卓然史料集》，第97页。

"对学生们讲话时说：'说好，我是你们的领导；说不好，你们摊着我这个领导就算倒霉了。'同学们听后，很气愤，仍坚持罢课"。① 而张学良本人则回忆道："我凶得很呐，就到学校去。""我到东北大学跟学生们说，我这个东北大学的校长，不是运动来的，是你们把我请来的，我今天也有权，你们闹吧。你要再闹啊，我说我有两个手段：一个是我把东北大学解散关门，我告诉你们个明白，你们随便，你们自己决定；第二呀，我告诉你们，你们再闹，我可派军队来啊，军队把你们包围了，我要使用武装力量。你们自个儿决定。那学生立刻就老实了，都服气了。"②

四种关于张学良讲话的内容及态度有很大的差别，第一种为天津报纸的记录，语言圆滑周到，却可能是经过加工或删减的讲话。第二种与第一种论调相近，但作者撰稿时张学良的"千古功臣"形象已经定型了，其文字或许受之影响而发生变异。第三种是校史类的记述，语言简单生硬，可见，张学良的这句话令作者印象深刻而反感较大。第四种为张学良的回忆，应有较大的可信性，其语言强硬粗暴。前两种当属于"为尊者讳"的有选择性的记述，后两种则为重点陈述，对他们而言"强硬"是张学良在事件中呈现的主要面相。因此，笔者认为，张学良在训话中应是软硬兼施、以硬为主的风格，在这种高压下东大师生只有顺从。③

张学良训话后，当日又重新进行了选举，张的意图终于实现。"因第一日（即十五日）之燃然大波，此日遂尔风平浪静，非常顺利，在急转直下之情势下，遂尔产出代表三名，计教育会方面王化一当选，东北大学之方面王卓然当选，自由职业团体方面赵雨时当选。"④

张学良以如此粗暴的做法打击该大学中勤勉有加的汪兆璠、孙国封等人，对该校师生之负面影响甚大。据金毓黻日记记载，4月16日，"汪悉铖、孙献廷、夏清溥、曹仲珊四君因受窒误，几遭不测。余骤闻之，不觉

---

① 王振乾、丘琴、姜克夫编著《东北大学史稿》，第30页。

② 张学良口述，唐德刚撰写《张学良口述历史》，中国档案出版社，2007，第91~92页。而亲历其事的教员李先闻则对张学良来去的排场印象深刻，具体内容却全然忘记了。这折射了张学良位高权重的气势，学生们没有更多的选择。参见李先闻《李先闻自述》，湖南教育出版社，2009，第65页。

③ 参见李宗颖《略述东北大学》，《辽宁文史资料》第8辑，第81页。

④ 《长官对学生训话》，《盛京时报》1931年4月18日，第4版。

出涕，午间往视清溥，晚间往视汪、孙二君"。① 金氏与汪、孙、夏过从甚密，闻汪等之遭遇，尚有兔死狐悲之感，当事之汪氏诸人对张学良的做法做何感想，可以想见。

在臧式毅、袁金铠等人的缓颊下，4月17日，汪、孙两君释出，"夏曹二君亦恢复自由，并均派在边署任事"。② 但这种处置令汪等颇感难堪，"闻汪等拜到新命后，均未表示意见，以辞却既不可，就任亦不便，惟进退维谷"。③

选举后张学良即前往北平，但东大等处的风潮并未止息。"学生与教授方面，因无人主宰，乃无形怠业，群对宁恩承视如仇敌。"18日，宁"往东大招集学生训话。及至，东大全体学生蜂拥其后，竭力叫嚣，并鼓掌踏足，大呼打倒宁某，拥护选举权等语。及宁登礼堂讲台，学生一呼散席，均行散去"。宁亦觉委屈，而打算辞职。"东大几乎无人主持，致令全体学生益形不安。"④

4月26日是东大成立八周年纪念日，该校原计划"举行盛大纪念式，除行典礼外，并举办游艺会，表演新旧剧、跳舞、魔术等"。⑤ 但当日甚为冷清，"教授均未与会，学生亦系少数，草草举行，殊不壮观"。⑥ 东大师生皆不满于张学良对于选举之措置，因而大多未参加八周年纪念。

得悉东大情形后，张学良不得不邀请张伯苓等人协助平复风潮。张伯苓"亦系东大校委之一，张衔副座之命，于廿二日晨莅沈"。不久，东大即"拟定组织考察委员会，考察各院及附属中学校务，邀请罗文干、胡刚复、胡庶华、张伯苓等为视察员，执行视察，均已来省，经一次讨论后，即定期开始办理。又传前教育总长章士钊，亦将担任该校重要职责"。⑦ "校务经张、罗等先后考核完毕，均拟定整理办法，预定下学期实行。"⑧ 此时东大不过勉力维持，"内部重要职员，几乎各有主张，是以改组之传，

---

① 《静晤室日记》第4册，第2600页。"孙献廷、夏清溥"即孙国封、夏博泉，"曹仲珊"为省教育会职员。

② 《静晤室日记》第4册，第2601页。"边署"即张学良的东北边防司令长官公署。

③ 《选潮四主角收场》，《盛京时报》1931年4月20日，第2版。

④ 《选潮余波仍低迷陵畔》，《盛京时报》1931年4月19日，第4版。

⑤ 《东大八周纪念》，《盛京时报》1931年4月25日，第4版。

⑥ 《静晤室日记》第4册，第2603页。

⑦ 《选潮后宁恩承懊丧赴津筹组东大考委会》，《盛京时报》1931年4月24日，第4版。

⑧ 《下学期即可实行整理》，《盛京时报》1931年5月17日，第4版。

迄未中断"。① 但改组大计需张学良决定，"适副座染病在平，更无人堪此重任，兹又届暑假"，乃决定暂缓改组。② 8月26日，报纸还报道了宁恩承辞职以及由王卓然接任的消息，③ 恐怕不是空穴来风。

关于风潮的起因，陈彦之分析道："总括这次选举风潮发生的主要原因有：1.当时张学良虽已宣布在东北挂了青天白日旗，并表示了拥护国民政府，国民党可以公开进行活动；但在这次张学良所指定的'候选人'中，并没有国民党人，所以便引起了国民党方面的不满。当时在学校各院班级的班长，特别是文、法学院的同学，多是国民党员，因而他们便乘机煽动，掀起了这次选举风潮。""2.当年东北大学的教授，多系由欧美留学归国的资产阶级知识分子，在教学中所散布的，自然是欧美资产阶级的所谓的民主思想。对张学良指定候选人的作法，认为是侵犯了东大师生的选举权力。这就更有利于国民党分子乘机煽风点火了。""3.'张伯苓的学生宁恩承作了东大的秘书长，张伯苓本人又作了'大学委员会'的委员"，因而有了一些两人将东大校产私相授受的传闻，从而引起了东大学生对宁的不满。④

可见，除去对宁恩承个人的不满外，国民党的挑动是此次风潮的重要原因。而东北的国民党组织已经有了一定的发展，齐世英回忆道："自从我负责东北党部以来，为谋东北党务的真正开展，我秘密指派一些同志在各省展开组织工作。""他们的对象主要是教育界，尤其以东北大学、吉林大学，以及各中学为核心，尽量吸收教授、教员和学生，培植党的干部，注入新的血轮。"⑤ 这一力量显然是东北当局不愿看到的，也令地方当局颇为反感。《盛京时报》报道："闻当局对此意外风波，极为注意，正谋以善其后，……据消息，东大干部数人因参加此番选举，引人疑虑，又某党党员及其他数人竞选越轨，亦为当局所最不满，是以乃有加以裁制之传说。"⑥ 这种国民党的活动彰显了东北地方当局与国民政府关系的另一面相：在合作的外衣下，国民党势力亦在有目的地向东北地方渗透。而张学

① 《东大现正积极整理》，《盛京时报》1931年6月23日，第4版。
② 《东大改组暂缓》，《盛京时报》1931年7月7日，第4版。
③ 《东北大学校宁秘书长辞职》，《盛京时报》1931年8月26日，第4版。
④ 陈彦之：《"九·一八"事变前后的东北大学》，《沈阳文史资料》第4辑，第39~40页。
⑤ 沈云龙、林泉访问，林忠胜纪录《齐世英先生访问纪录》，第130~131页。
⑥ 《外间谣诼频闻》，《盛京时报》1931年4月17日，第4版。

良在风潮之后邀请张伯苓等人与辽宁当局共同考察和整顿东大，除加强管理、杜绝风潮之外，或则不无清除国民党分子影响之考虑。

东北易帜后，张学良虽表面上归顺国民政府，但对东北政务的处理仍有相当的自主权。齐世英回忆道："当时中央对东北采怀柔政策，与张学良达成协议：国民党在辽宁、吉林、黑龙江三省成立省党部，由各省省长兼主任委员（如辽宁由张学良、吉林由张作相兼），委员由在东北做事的、从地下变为半公开的几个国民党党员担任，这种安排事实上是为应付当时东北特殊的政治环境。"①

国民会议涉及东北的权益，因而张学良希望由能代表其势力的人士参加会议。事实上，张学良不过是想走一下选举的形式罢了，但东大师生较为认真。对此，时人激愤地嘲讽道："在东北今日还讲得上民众团体吗？直是痴人谈梦！人家费九牛二虎之力，亲手剥夺来民脂民膏中，提出千万分之一，来豢养你们求富于服从性的学问，装饰他们的文化的门面，你们不知感恩知己，去照人家指定美国文学博士去投票，不是太忘恩负义了吗？加（如）此讲求民权太岂有此理了！"话锋一转，作者又赞扬风潮道："（这次风潮）是为东北知识阶级争人格！为东北人士雪从前之种种落伍之奇耻大辱，明知其不可，而故挠之！以为久睡不醒之东北人士作一个当头棒！如比（此）是被看管者有了代价了！东北已死之民气上，打了一针强心剂，我反为我东北贺，我反心悦诚服的崇拜我东北的青年了。"②

民国时期的学潮多为学生与政府或校方之间的纠葛，但在此事件中校方完全为张学良的僚属，张学良兼具地方当局与校长的身份。他的双重身份使得这一事件弹性较大，该事件既是反对校方压制民主的做法，又是与地方当局的对抗，二者其实都指向张学良一人。张学良最后以"免职他调"的方式处置了汪兆璠等人，并且按照自己的想法重新选举了代表。这些举措是直接地践踏民意，做法亦甚粗暴，事件的解决仅是在其威权下的一种表面的缓和。宁恩承评论道，整个事件如同闹剧。"这玩笑的后遗症却落在我的身上了。"因为"这不是简单问题，合格充任大学学院院长的人不多"。③ 宁氏不得不请来杨毓桢、刘百昭等分别专任或兼任院长。宁

---

① 沈云龙、林泉访问，林忠胜纪录《齐世英先生访问纪录》，第130页。
② 《敬告竞争选举者》，《盛京时报》1931年4月19日，第4版。"美国文学博士"指王卓然。
③ 宁恩承：《东北大学话沧桑》（上），《传记文学》第55卷第1期，1989年7月，第49页。

氏记述虽然略有谬误，但张氏擅用威权于学校，以致影响学校的正常运行是事实。张学良"以东北王的口吻把学生痛斥一顿。当时，他大概忘了，他还是兼校长。在这种情形下，同学们只好以沉默相向"。①

张学良在风潮前后的举措是颇值得商榷的。他的授意令东大师生难以接受，而他的应对又显得简单粗暴，完全是旧式的军阀作风，因而从宁恩承到东大师生，再到一般社会人士对其皆有微词。可见，当时的东北社会已非旧时可比，西方民主制度与国民政府的体制、做法已经为东北社会所熟稔。在这种情势下，东北当局的施政方式亦应有所调整了。

张学良与宁恩承都将1929年改组风潮与1931年选举风潮误记为一件事。张学良是两事件的当事人，宁恩承是1931年事件的当事人，并作为继任者接替1929年当事人的刘凤竹主持东大。两事件都是围绕张学良、东北大学当局与院长之间的利益纠葛，其中都涉及了孙国封和汪兆璠，又因为彼时东大院长的撤换确实较为频繁，因而导致了张学良与宁恩承的同时误记。但两人的同时误记又说明两次风潮在内容和实质上有很大的相似性。张学良叙述时仅提到臧启芳，但事件经过完全是1931年风潮。② 因此，张学良对臧启芳应怀有与1931年风潮主角汪兆璠或孙国封相近的反感情绪。这或许是刘凤竹攻击臧启芳等人发展国民党组织，企图掌握东大的缘故。刘凤竹的攻击奏效说明，这是此时的张学良较为忌惮的。

第六节　教员的嬗变态势

在奉系地方势力支持下，东北大学呈现出强劲的发展势头，吸引了大量关内教员前来。教员是学校的重要组成部分，他们与校方、学生和地方当局都有着紧密的联系。教员阵容与教学生态从一个侧面反映了其时的东北士风，并折射出东北社会的风貌。

一　教员的嬗变态势

在1923～1931年，东北大学的教员阵容处在不断的变化中。1923年

① 赵腼文：《我与东大》，《国立东北大学六十周年纪念特刊》，第117页。
② 《张学良口述历史（访谈实录）》第1册，第34～35页。

东北大学初创时，其教员以原来沈阳高等师范学校和文学专门学校的教员为主。是时共有"教职员50余人"，[①] 其中教员当在30人左右。其后，该校多方延聘国内与海外归国学者，教员人数不断增长。至1925年底，东大共有教员38人。[②] 根据1926年出版的《东北大学一览》，是时东大共有教员58名。[③] 其中，教授46人，讲师8人，助教2人，教员2人。在全部教员中，除4名外籍学者外，奉天省籍者23人，吉林省籍者2人；其余29人皆为关内各省学者。而关内籍贯的学者又以来自江浙与两湖之教育发达省份为主。教员的籍贯比例，既反映了该大学地方大学的特点，又表现了该大学延聘省外学者的开放精神。

据1927年11月的《本大学职教员履历》，是时东大共有教员76人。[④] 再据1929年10月出版的《东北大学年鉴》，是时该校共有教职员191名。[⑤] 在136名教员中，计有臧启芳以下教授98人，讲师12人，助教6人，教员5人，其他职员15人。其中，外籍学者仍为4人。与1926年之教员规模相比，可谓迅猛增长。并且教员多有留学背景。加之三年间尚有众多教员因故去职，东大教员规模在此数年间之急剧扩大，令人惊叹。至1931年，该校教员仍为98人。[⑥] 可见，1923～1931年东大教员人数大体保持了稳定的递增态势。

民国时期的教员流动是十分频繁的，并且手续很简单，一纸辞呈或聘书就能解除或确定与某大学之服务关系。1923～1926年，东北大学每年都有新教员加入，其中1925年8月，新到教员13人；1926年9月，新到教员16人。[⑦] 教员人数的迅速增长反映了新建学校的扩张趋势。而截至1926年，东北大学去任的教员计26人，其中包括柳诒徵、吴宓等人。[⑧] 相对而言，教员流入多而流出少，这表明初创时期的东北大学对新到教员有较大的吸引力。

① 董守义、王贵忠：《黑土乡邦育英才：辽河流域教育事业》，辽海出版社，2000，第170页。
② 《本大学职教员履历》，辽宁省档案馆藏奉天省长公署档案，JC10/1/22786。
③ 参见《东北大学一览》（1926年12月），辽宁省档案馆藏民国资料，JL001/01/000806。
④ 《东北大学送新生名额及职教员履历清册》，辽宁省档案馆藏奉天省长公署档案，JC10/1/22781。
⑤ 《东北大学年鉴》（1929年10月），辽宁省档案馆藏民国资料，JL001/01/000808。
⑥ 吴相湘、刘绍唐主编《第一次中国教育年鉴》第4册，第72页。
⑦ 参见《东北大学一览》（1926年12月），辽宁省档案馆藏民国资料，JL001/01/000806。
⑧ 参见《东北大学一览》（1926年12月），辽宁省档案馆藏民国资料，JL001/01/000806。

东大教员的流动亦呈现关内教员人数逐渐增加，东北籍教员人数递减之势。在金毓黻1930年7月31日的日记中，录有《东北讲学之今昔》一文，将东北大学历次礼聘之著名教授表列出来。计有陈鼎忠、曾运乾、黄侃、刘永济、吴贯因、宗威、钟建闳、萧纯锦、章士钊、傅岳棻、刘异、龙志潭、李毅灼、王治燕共14人，他们几乎全是三江两湖的著名学者。因而金氏称赞说："观右表所列，可知该校礼聘之殷，搜罗之广，并世国内诸大学，几无出其右者。然则今日东北讲学之中心，盖非该校莫属矣。"[1] 宁恩承亦记道："东北是新开辟地区，文化落后，文人学者不如三江、两湖、四川之多，学贯中西者较少，因此在大学有求人难之苦。东北大学教授300人中，东北籍的教授只十余人，东大大多数教授是三江、两湖、福建、四川人，本地人士比例很小。"[2] 宁所述数据未必准确，却反映了东大对关内教员的礼聘力度。

二　教员流动之原因

东大教员的频繁流动，提示了东北教育环境中存在着较为吸引他们的方面，同时似乎亦存在着使部分教员无法安心教学的因素。东大教员的嬗变就是这两种因素综合作用的结果，而这两种因素亦可细分为多种不同的情形。

（一）来奉动机

第一，久慕关外风情。应聘东北大学的教员中，大都对关东风貌好奇，这是促使他们任教于斯的原因之一。黄侃可为一例，黄氏1927年9月到1928年1月任教于东北大学。他称赞东北说："微闾之美，先正屈原之所欲临，今我来思，可无所恨。"[3] 萧公权回忆录中亦表示："我本来也想到关外去看一看。"[4]

第二，姑且就任。吴宓可为代表。吴氏之来本不情愿，他原本任教于东南大学，1924年8月应聘东北大学。他详细记载了离开东南之无奈："本年四五月之交，校中宣布裁并西洋文学系。"于是诸同道均散之四方。

---

① 《静晗室日记》第4册，第2475~2476页。
② 宁恩承：《东北大学话沧桑》（上），《传记文学》第55卷第1期，1989年7月，第45页。
③ 《黄侃复金毓黻》（1927年11月2日），《静晗室日记》第3册，第1964页。
④ 萧公权：《问学谏往录》，第91页。

"予亦处不可留之势。一再审思计议，卒于五月底，决然就奉天东北大学之聘。""然去南京而之他所，实非本志。"① 吴氏之离南京，实在是依依不舍。8 月 2 日，因"觉在家异常快乐"，"今且几欲不赴奉天，而在宁另谋职业焉"。② 吴宓所入为沈阳大南关之东大最初校址。吴氏初来即有去意，每遇不遂，即思南返。8 月 29 日，吴氏为是否就清华而去东大颇为踌躇。其知交缪凤林以为汪兆璠待吴甚厚，中途而去信义有亏。景昌极亦认为"为事功及个人安全自由计，不宜轻弃东北大学而去之也"。吴氏乃认为"似以寒假时转至清华，为适宜之中道"。③ 9 月 3 日，吴更致函清华校长，"决于明年二月到清华任事"。④ 其后吴宓仍难免有些情绪化，时时想念南京的好处。在编理《学衡》的一篇文章时，无代书之人，不得不亲自抄誊。他因而感叹道："在时（是）办事，但凭己力，此外无法可施。远不如在南京之指挥如意，种种利便也。"⑤ 这番感慨过于书生气了。吴宓此前任教东南大学三年，环境熟稔，体制亦较完备。与之相比，东北大学在教学各方面皆有相当差距。

第三，宏图壮志。张忠绂在应聘东北大学时可谓踌躇满志。他 1929 年 9～12 月任教于东大，他认为："东北大学新成立不久，经费充足，规模宏大，由张学良自兼校长，似颇能有所作为。我既专修远东关系，远东问题以中国为主，中国问题以东北为重。我当学生时，行踪只达到长城和居庸关，长城以北我迄未去过。倘若到东北大学教书，我可以亲身考察并研究问题。"⑥ 张忠绂从发展势头与研究方向认定他在东北大学将大有可为，其间亦有关外风情吸引的因素。李先闻亦满怀抱负前往东北："那时时局混乱，日本人势力大，去东北相当危险。""但我觉得东北是我们国家的地方，应该去开发，而且同事们都是有干劲、意气相投的年轻人，将来一定会有成就的。"⑦

梁思成之任教东北大学亦可归入此列。梁思成 1928 年 9 月到 1931 年初任教于此，但梁之任教实际上出自乃父梁启超之筹划。梁启超几乎自始

---

① 《吴宓日记》第 2 册，第 265 页。
② 《吴宓日记》第 2 册，第 271 页。
③ 《吴宓日记》第 2 册，第 281～282 页。
④ 《吴宓日记》第 2 册，第 283 页。
⑤ 《吴宓日记》第 2 册，第 296 页。
⑥ 张忠绂：《迷惘集》，第 83 页。
⑦ 李先闻：《李先闻自述》，第 67 页。

就在东北大学与清华学校之间选择。1928 年 4 月 26 日，梁启超在信中说："你们回来的职业，正在向各方面筹划进行，一是东北大学教授，一是清华学校教授。"并指出："东北为势最顺，但你们去也有许多不方便处，若你能得清华，徽因能得燕京，那是最好不过了。"① 从梁的分析来看，梁思成夫妇留在北京是首选。在 5 月 4 日的信中，梁又指出："论理学了工程回来当教书匠是一件极不经济的事，尤其是清华园，生活太舒服，容易消磨志气。"而东北大学"那边却比不上清华的舒服（徽因觅职较难），却有一样好处——那边是未开发的地方，在那边几年情形熟悉后，将来或可辟一新路。只是目前要捱相当的苦。还有一样——政局不定（这一着虽得清华也同有一样的危险），或者到那边后不到几个月便根本要将计划取消"。② 梁氏的话貌似自相矛盾，实则是全面分析了两校的环境，指出了各自的利弊以及前途。在稍后的信中，梁启超又介绍了东大建筑系的情形："昨日杨廷宝来，言东北大学事，该大学理科学长高介清亦清华旧同学，该大学有建筑专系，学生约五十人，秋后要成立本科（前是预科）。曾欲聘廷宝，渠不能往（渠在基泰公司），荐汝自代，薪俸月二百八十元，总算甚优。廷宝谓奉天建筑事业极发达，而工程师无一人，汝在彼任教授，同时可以组织一营业公事房，立此基础前途发展不可限量。""清华事亦已提出评议会，惟两事比较，似东北前途开展之路更大。"③ 杨廷宝的说辞显然坚定了梁启超的决定。在 6 月 10 日致梁思成的信中，梁启超已明确表示倾向于受聘东北大学。"前在清华提议请你，本来是带几分勉强的。""而东北大学交涉已渐成熟。我觉得为你前途立身计，东北确比清华好（所差者只是参考书不如北京之多），况且东北相需甚殷。"而是时北伐军已占领平津地区，梁启超认为，清华"为党人所必争，不久必将全体改组，你安能插足其间？"④ 梁启超力主儿子往东北大学，尽管东北形势

---

① 《致梁思成、林徽因》（1928 年 4 月 26 日），张品兴编《梁启超家书》，中国文联出版社，2000，第 530～531 页。

② 《致梁思成》（1928 年 5 月 4 日），张品兴编《梁启超家书》，第 535～536 页。

③ 《致梁思成》（1928 年 5 月 8 日），张品兴编《梁启超家书》，第 539 页。杨廷宝与梁思成系清华同学，高介清即高惜冰。清华或欧美同学的关系也是促使教员前来的重要因素，李先闻也曾提到"教授、系主任等都是欧美回国学人，清华同学很多"。参见李先闻《李先闻口述》，第 63 页。

④ 《致梁思成》（1928 年 6 月 10 日），张品兴编《梁启超家书》，第 546 页。

尚未明朗，但他认为"东北大学决不至受影响"。① 从梁启超所做的筹划来看，其主要着眼于梁思成的发展前途，即认为东北是个创业的好地方。

第四，重金罗致。张学良主政后曾大力招徕关内学者、名流来东大。东大学生牟金丰记道："为招募关内的学者名流到东北大学任教，张学良将军曾不惜重金，保证应聘教授的月薪在 500 元现大洋以上，几乎居全国之首。因此，在国内享有盛誉的专家教授，顿时云集到东北大学。"② 王振乾亦细数各学院招徕的著名学者："文法学院计有黄侃（季刚）、林某（公绰）、李光忠（笑同）、章士钊（行严）、罗文干、梁漱溟、余启昌、（戟门）等；理工学院有冯祖荀、刘仙洲、梁思成、林徽因等；体育方面有郝更生、吴蕴瑞、申国权和宋君复；甚至把来华表演的德国人——步起，也留下来任教练。"③ 甚至梁启超也在东大争取之列。梁启超在致梁思顺的信中提到："奉天又打我的主意，想设一个国学研究院（规模比清华大多了）找我主办，可惜我现在的身体是不能答应的。"④ 东大的重金礼聘恰与是时关内高校的经费拮据形成鲜明对照，因此也成为吸引教员前来的重要原因。高惜冰写道："东北虽属文化落后地区，但教育经费非常充足，不惜重金礼聘名师。当时正值国内各大学大半欠薪，少则欠薪数月，多者或达一年以上。因之在极短期内，我们便延聘到了许多国内知名之士。"⑤ 宁恩承也夸赞道："当时国内荒乱，北京、南京均不安定，北京各校教授欠薪、减薪；而东北地方安定已久，教育经费充足，东北大学教授月薪三百六十元，天津南开大学二百四十元，北大、清华三百元，重赏之下必有勇夫，关内许多名人学者联袂出关不是无因的。"⑥ 东大还对外省籍教授颇为优待。"例如东北籍教授的修金是发奉票，外省籍的都发现大洋，两者差额相当之大。"⑦

东大罗致的教员有些是其时的著名学者，如黄侃、冯祖荀等；此外，尚有众多教员在后来成就斐然。在 1948 年中央研究院的第一届院士 81 人中，曾在 1923~1931 年任教于东大的有庄长恭、柳诒徵、梁思成、萧公

---

① 《致梁思顺》（1928 年 6 月 19 日），张品兴编《梁启超家书》，第 549 页。
② 牟金丰等口述《回忆张学良将军和东北大学》，《"九·一八"前学校忆顾》，第 59 页。
③ 王振乾：《记东北大学》，《沈阳文史资料》第 1 辑，第 6 页。
④ 《致梁思顺》（1928 年 9 月 2 日），张品兴编《梁启超家书》，第 555 页。
⑤ 高惜冰：《四十五年前我的教书生活》，《东北文献》创刊号，1970 年 6 月，第 39 页。
⑥ 宁恩承：《东北大学话沧桑》（上），《传记文学》第 55 卷第 1 期，1989 年 7 月，第 45 页。
⑦ 姚文林：《怀念东北大学》，《国立东北大学四十周年纪念特刊》，第 17 页。

权 4 人。① 中华人民共和国成立后，任院士的有刘崇乐、刘仙洲等。但后类学者在东大任教期间，大多是初涉学界，声望与成绩都远非数十年后负大家之名可比。

（二）去奉原因

第一，不胜东北风习。吴宓就很反感教员们日常嗜好赌博与狎妓的风习。② 似此教员之风于教学、学术确是毫无助益，但毕竟属于私德，与东大长远发展关联不大。除此之外，黄侃还提到气候与寂寞。他在致金毓黻的信中说："兄以苦寒兼之岑寂，今已携眷端返故都。"③ 这当是其去沈的重要原因。黄氏在日记"天气"处多次记"甚寒""尚暖""颇寒"等语。其女婴不堪寒冷，曾大病一场，黄氏为此亦颇为忧心。④

第二，不满学校之衙门气息。东北大学的衙门气息是令众多教员转投他处的重要原因。除前文之论述外，吴宓还记述了其办理前往大连满蒙文化协会演讲时所经历的烦琐手续。事先他已征得汪兆璠与王永江允许，后汪氏索大连方面正式邀请函，并呈报省长王永江。呈文中表示"该教员等品学端正，决不至于题外发言"。又将演讲题目内容上呈，最后方批准前往。吴氏对此大为不满，认为："言论自由，学士资格，剥夺尽矣！独怪彼综理全省政务者，琐细如此，何其劳不惮烦哉！"⑤ 更有甚者，教员的通信自由亦受到侵犯。吴宓记道："汪、左两学长召集各教员，宣布现以戒严之故，制定学校检查信件之法。嗣后予等发出之信件，均须持至该科之学长（汪君）处，由学长阅过，认为无关时局，不涉嫌疑，即由学长盖'检查迄'之章，代为送出。"⑥ 可见，校方对教员之管理确实有些粗暴无礼。

第三，战乱之影响。东北处于日俄环伺的环境，奉系集团又不断加入关内的内战，这使得东大的发展始终受内外纷争的影响。两次直奉战争、郭松龄反奉战争、中东路事件等都很大程度上影响着东大的校内教学与生

---

① 参见关国煊《中央研究院第一届院士当选四十周年》，《传记文学》第 53 卷第 6 期，1988 年 12 月，第 28 ~ 31 页。

② 参见《吴宓日记》第 2 册，第 285 页。

③ 《黄侃致金毓黻》（1928 年 2 月 15 日），《静晤室日记》第 3 册，第 2029 页。

④ 参见《黄侃日记》上册，中华书局，2007，第 284 ~ 285 页。

⑤ 《吴宓日记》第 2 册，第 303 页。

⑥ 《吴宓日记》第 2 册，第 295 页。

活。1924 年 9 月，第二次直奉战争爆发。吴宓甚为担忧。9 月 18 日，吴氏"以学校前途询汪君悉铭。汪君谓一星期内，奉直之战当可见胜负。奉胜固佳，奉败则学校自然瓦解"。① 吴因而离东大就清华之意更强。而对东大影响最大的当为九一八事变。九一八事变后，东大师生大部流失。国文系教师"曾运乾、缪凤林等，于东北失守后，或在中央大学，或在中山大学执教"。② 四川大学文学院长向楚也提出可乘东大迁平招徕其教员。他表示："目下若就国内其他大学中之教授，择别聘请，恐不免困难。好在东北大学停顿后，其中教授多走北平，建议若在省外聘请教授，宜注意于此。"③

一般来看，教员的流动对于学术的交流、学风的传播、教员的合理分布是有利的，这种态势可以使教员向较好的大学集中，使大学与教员自行解决分配问题。但对某一大学而言，教员的频繁流动使得教学环境始终处在不稳定状态，教育秩序难以保持连续性，进而影响到教学的正常进行。教员的流动，既有社会动荡、战争频发、文化氛围等因素，又有校内的风潮、学校管理之优劣，甚至教员个人的好恶等因素。因此，这一现象事实上是较为复杂的，大多数教员的去留应当是综合考虑几种因素的结果，有时某方面因素或许起着主要作用。

从民国时期的学术地域来看，北京（北平）、天津、南京、上海是高等教育最为发达的地区，东北要远落后于上述地区。大量教员的流入表明，东大教学环境等方面要优于很多关内大学，因而才出现了这种违反常规的现象。东北的自然风貌、相对安定的社会环境、广阔的发展前途以及地方的大力支持使该校可以吸引国内著名学者前来，然而上述条件多属"硬件"方面，并且亦不是绝对的优越。同时，该校在校园人文气息、校务管理、政治环境上亦存在着不足。因而，该校的教学环境是有"瓶颈"的，这些条件制约着东大向更高层次的大学发展。地方的控制、内外的战乱等因素使其教学环境较为压抑和脆弱，因而极易受到地方发展态势的影响。

---

① 《吴宓日记》第 2 册，第 289 页。
② 罗巨峰：《我所知道的东大文法学院》，《"九·一八"前学校忆顾》，第 72 页。
③ 《文学院二十年度第一学期第一次教务会议录》，转引自王东杰《国家与学术的地方互动：四川大学国立化进程（1925—1939）》，第 133 页。

小　结

1920 年代初的东北教育界，日俄力量居于主导，中国创办者处于弱势地位。[①] 因而，东北大学之创办，当有隐与日俄争教育权之意。东北大学初创时，时人即指出："东三省之有纯粹中国人办的大学，东北大学即其破天荒之产儿。"[②] 东大的发展历程与日本的侵略密切相关。东大本为自强而设立，但九一八事变打断了它的正常发展进程。"东大先为预防日本之侵略而创立，后竟因日本之侵略而一再播迁，备受损害。"[③]

东北大学是由奉系在 1920 年代创办的，该校筹建之议一起，东北三省内部就形成了以各自利益为主导的不同"方案"，奉天省在东北大学中主导地位的形成与延续，是各省之间博弈竞争的结果。奉天作为东北首省的地位是决定性因素。吉林省被排除在外，一方面表明了吉林在奉系内部尚无法撼动奉天省的强势地位。另一方面，吉林自办大学等作为则表明：吉林省的省籍意识已日渐增长，吉林的力量已经发展到不愿为奉天附从之程度，在事关东北发展的问题中他们也要求有相当的"发言权"。

另一方面，东北大学的衙门化体现了奉系政治文化在该校中的延伸，这是地方势力创办教育的必然结果。在这一时期，国家处在军阀混战之中，奉系在参与关内争夺的同时对其地盘的发展亦有全盘的考虑，但其发展模式则带有明显的地方色彩。地方势力为谋长远发展方筹设大学，其治校之理念自然以其自身发展为依归，其所用人员亦当以信任之僚属为主，这些措置无可厚非。因地方势力与教育家创办大学有本质不同，其所着眼者主要在地方之发展，而办教育者所着眼者在人才之培养。

九一八事变前的东北大学表现出强劲的发展势头。孙国封称赞道："我校以六年最短时期，三省有限物力，勃勃蓬蓬，日以千里，准此不懈，则一二十年后，焉知不与欧美东瀛各大学相颉颃，甚或驾而上之。凡此希望，又安能不黾勉以求者乎。"[④] 李先闻亦指出："东北大学办得有生气，

---

① 参见《教育状况》，《盛京时报》1924 年 1 月 22 日，第 1 版。

② 怀：《勉励东北大学》，《盛京时报》1923 年 11 月 21 日，第 1 版。

③ 臧启芳：《国立东北大学》，中国新闻出版公司编辑《中华民国大学志》，编者印行，1953，第 124 页。

④ 孙国封：《六周年纪念日感言》，《东北大学六周纪念增刊》，1929 年 12 月，第 19 页。

文、理、法、医、工、农、教育各院都由年轻人负责。倘若没有九一八事变的话，一定会有辉煌的发展。"①

同时，东大的衙门化又是制约其发展的瓶颈。萧公权曾评价东大"建筑尚属壮丽，内容却有待充实"。② 这句评语亦可谓中肯，创建仅 5 年的东北大学得到这种评价实属情理之中。"建筑壮丽"反映了王永江、张学良等奉系要人的支持使得该校拥有较好的办学环境，"内容有待充实"表明该校内在方面有很多需要提升的地方，而这种不足当与地方势力的浸染关联甚大。臧启芳对东大亦有类似的评价："本校物质方面的发达虽去理想大学远甚，总算是很快，至于精神方面，行为与思想方面尤当特别注意，才可以免挽了畸形的进步。"③

1929 年东大改组风潮与 1931 年东大选举风潮前后承接，两次事件的发动者中都有国民党人。相比之下 1929 年风潮中国民党人的势力尚较弱，而 1931 年风潮中国民党员鼓动了全校的罢课风潮。因此，两次风潮有着一定的预演和重演关系，从表象和结果看也很相似。但背后折射的则是国民党势力在东北大学的发展。可以想见，假使不发生九一八事变，国民党势力与东北地方势力在东北大学会有更进一步的矛盾纠葛，这是彼时双方博弈竞争的一个侧面。④

张作霖、王永江等人创办东北大学都有为东北培养人才之目的，亦有发展奉天省、壮大奉系进而与关内争衡的目的。但落实到大学中，学校之主要任务还是培养人才、贡献国家。因为学校设于东北，东北学生钻研学术、建设东北的思想自然是主要的。正如孙国封所论："东北大学所负之使命，小则系东省安危，大且关神州治乱，而于世界和平，要亦有相当责任焉。"⑤ 但此时东北大学的使命感并不强烈，地域色彩则更浓。

---

① 李先闻：《李先闻自述》，第 64 页。

② 萧公权：《问学谏往录》，第 94 页。

③ 臧启芳：《我对于本校六周纪念的感想》，《东北大学六周纪念增刊》，1929 年 12 月，第 24 页。

④ 参见佟德元《转型、博弈与政治空间诉求：1928—1933 年奉系地方政权研究》。

⑤ 孙国封：《六周年纪念日感言》，《东北大学六周纪念增刊》，1929 年 12 月，第 20 页。

第二章 九一八事变后东北大学的嬗变及改组

九一八事变后，东北大学流亡北平，成为东北流亡势力的一个重要部分。东北大学在艰难的情势下勉力维持，国破家亡、流亡关内的刺激使该校的校风发生激变，他们遂积极参与到收复东北以及救亡图存的运动中。

第一节 "活的国难纪念"：九一八事变后东北大学的流亡与嬗变

一 流亡境遇

事变爆发后，东北大学"即日处于狂风骤雨之状态中，粮食缺乏，经济断绝，胡匪与朝鲜浪人又时窥伺于侧"，全体教授及其家属乃逃亡关内。[①] 部分学生辗转前往北平，大部分学生回到城里或乡间，等待时局的安定。[②] 九一八事变使东北大学尽失所有，近十年的辛苦经营付诸东流。"校中档卷、图书、仪器，以及所有公私器物，皆未能迁运，损失殆难计数。语其大者，建筑值八百余万元，图书仪器值六百余万元，工厂资产及流动金亦六百余万元，总计逾两千万元。"[③]

这时流亡学生的首要问题是食宿。[④] 9 月 25 日，负责安置的王化一写道："张副司令嘱我主其事，临时找到奉天会馆、江西会馆、习艺所等地为男生收容所，红十字会为女生收容所，湖广会馆为普通民众收容地点。

---

① 《东北大学暂告解散》，天津《大公报》1931 年 9 月 26 日，第 4 版。
② 参见《沈变中之东北大学》，天津《大公报》1931 年 10 月 2 日，第 4 版。
③ 臧启芳：《国立东北大学》，《中华民国大学志》，第 122 页。
④ 参见徐景明《开始流亡的东北大学》，齐红深编《流亡——抗战时期东北流亡学生口述》，大象出版社，2008，第 68 页。

张副司令每名学生发给救济费三元，普通民众由北平市政府账（赈）灾款内拨出一万元应用，另要求汉公由行营发出一百五十套棉衣分发穷苦学生，带来奉天省钞者代为兑换。"① 这种临时的安置生活较为清苦。学生徐景明"住在江西会馆里，睡在楼上走廊的地板上，没有被褥，都枕胳膊和衣而睡。吃的是大锅粥，事先把流亡学生分成许多队，每天按每队人数发给定量的小米和咸菜"。② 彰仪门古物陈列所也曾被用作收容所，"地上搭起了板铺，铺上了谷草口袋，显得格外狼狈。同乡们有的丢掉了行李，有的忘记带了衣裳，也有光着脑袋的，缺东少西的，生活非常困难"。③

张学良因事变一时难以解决，"决定在平觅校址，召集学生开学"。④ 临时成立的东北大学教职员执行委员会，讨论了维持学生学业办法，"张氏允拨款三万元，作为恢复开办费用，并拟借用阜成门外成城中学校址为临时校址，以洵贝勒府作教职员宿舍，学校当局现正与各方接洽，双十节前后可正式开课，该校学生原有二千余名，来平者已六七百名"，"开课后将全部移住成城中学校，惟以一千名为限，将来维持费定每月三万五千元，亦由张氏按月拨付"。此时教员们还冀望时局安定后即返回沈阳。"某教授谈称，上述办法，系临时性质，只在维持学校团体生活，为期至多亦不过三四月，开课后拟采道尔顿制授课，从利用图书馆方面做去，至专门技术学问，则由学校方面与平市各大学或学院接洽，协定附学办法，将来考试，仍由本校负责，其将毕业者，亦由本校审查成绩，授以证书。至普通学班之本学期学课，将如何规定，当另行规定。"⑤ 因设校困难，不久校方又决定"中止设校，所有在平学生，均转学北平大学及清华大学"。⑥但转学又须缴纳全费，此时的学生大都无力负担。⑦

10 月 18 日，东北大学在北平西直门前陆军大学校址复校。但此时的复校不过勉强维持。宁恩承承认："东大在流亡之中，支离破碎、设备奇

---

① 《王化一日记选摘》，王驹、邵宇春：《东北民众抗日救国会》，辽宁大学出版社，1991，第 144 页。"汉公"指张学良。

② 徐景明：《开始流亡的东北大学》，齐红深编《流亡——抗战时期东北流亡学生口述》，第 68 页。

③ 马加：《北国风云录》，第 149 页。

④ 《东北大学校将在北平开学》，《盛京时报》1931 年 10 月 6 日，第 4 版。

⑤ 《东北大学将在平复课》，天津《大公报》1931 年 10 月 5 日，第 4 版。

⑥ 《东北大在平不设校》，《盛京时报》1931 年 10 月 16 日，第 4 版。

⑦ 《东北大学生一部回沈》，《盛京时报》1931 年 10 月 18 日，第 4 版。

缺、图书不全、教授不齐。"① 当局的临时措置与流亡的艰苦令有些学生颇为灰心，"大批学生都无所事事，只好游大街，逛小巷"。"在北平一个多月以后，看到复学无望，军训不成，天气渐冷，衣着单薄，因此，有不少学生便返回东北。"② 此时，返回"舒适"的沈阳也是很诱人的。"该生等以沈阳平静，归来者甚多。"③ 因而在流亡初期，东北大学教员和学生人数都大为缩减。一方面，"外国教授纷纷离去"。④ 另一方面，"该校因经费困难，教授职员一律停发薪金，只发教授生活费百元，职员五十或三十元"。⑤ 这种情势自然很难留住原有的教员。

流亡境遇使东北大学的发展空间受到限制。为了维持教学的正常进行，校方不得不采取措施，缩小办学规模，如借读他校、裁撤院系等。⑥ 政经学系"在校本部法学院上课。该址原系逊清一家王府，占地不够广大，作为大学校园，只能算作因陋就简和勉为其难而已。除了教室尚可及够用之外，其他教学设备多付阙如。例如图书设备有限，很多同学甚至不知道图书馆在哪里。反倒因为时局不安，以致阅报室拥挤不堪"。⑦ 学生刘靖表示："东北大学是当时北平聚集东北学生最多的单位。"但是迫于办学困难，校当局不得不"决定以后学生数目不超过一千人"。⑧ 直到1936年，东北大学图书数量虽有所恢复，但仍然不多。⑨

东北大学的维持主要取决于校舍与经费。在东北地方与国民政府的支持下，这些困难逐渐被克服。张学良表示："开始时和冯庸大学同用前陆军大学西直门大街的旧址，后来冯大停办，我们的校本部就用这个地方，

① 宁恩承：《东北大学话沧桑》（下），《传记文学》第55卷第2期，1989年8月，第85页。
② 徐景明：《开始流亡的东北大学》，齐红深编《流亡——抗战时期东北流亡学生口述》，第68页。
③ 《滞平学生多转学　回沈者亦属不少》，《盛京时报》1931年11月4日，第4版。
④ 李宗颖：《略述东北大学》，《辽宁文史资料》第8辑，第77页。
⑤ 《东北大学教职员停薪》，天津《大公报》1932年2月10日，第5版。
⑥ 参见宁恩承《东北大学话沧桑》（下），《传记文学》第55卷第2期，1989年8月，第84~85页。
⑦ 杨承厚：《东大四年的校园生活》，东北大学旅台校友会编《国立东北大学七十周年纪念特刊》，第151页。
⑧ 刘靖：《回忆"九·一八"后东北留平学生抗日救亡运动》，《社会科学战线》1983年第2期，第221页。
⑨ 《全国各大学民国二十五年度图书册数分类统计表》，《中华民国史档案资料汇编》第5辑第1编教育（一），第324页。

文学院利用彰仪门前众议院的旧址，还租了兵马司一所院子办家政系，现在变成了难民学校。经费由教育部津贴一部分，我自筹一部分。"① 东大遂形成了东校、南校、北校三处校址。

其间，各界对东北学生的救济也逐渐形成规制，其一来自"东北流亡势力"，其二来自国民政府。1932 年冬，东北民众抗日救国会负责人阎宝航询问学生方庆瑛"海城流亡同学生活有何困难"。"不久阎先生便按我开列的名单给每人一件棉衣和被子。"阎还表示："同学们生活有何困难随时转告他，他尽可能帮助解决。"② 1933 年，教育部为救济东北流亡学生特设立东北青年教育救济处，该处主要面向流亡关内的东北大、中、小学生，负责东北流亡学生救济的资格甄别、款项发放等事宜，该处之设立与运行对东北学生的求学生活给予了一定的经济保障。1935 年秋入学的杨承厚表示："多数学生享受公费待遇，除学杂费外，尚免费供给膳宿；对于经济来源断绝或不继的东北籍同学来说，是促使他们能够继续求学的主要支持力量。""虽然饱受颠沛流离和生活拮据之苦，但是在节约自励的努力下，终能坚强的渡过难关，并且有时会有怡然自得的感觉。"③

流亡北平时期，东大的招生颇为艰难。因经费困难，1932 年夏东大并未招收新生。"第四届学生毕业者，三百余人，暑中未招新生，资送毕业生留学事亦寝。"④ 1933 年夏，东大才开始招生，但招生并不理想。7 月 21 日，东北大学开始招生，报名日期从 7 月 22 日到 8 月 12 日，考试 8 月 14 日起。⑤ 因招生不足，东大决定招生延期，报名延至 8 月 25 日，8 月 28 日、29 日考试。⑥ 这期间，东大仍以招收东北籍学生为主。以 1935 年为例，在是年 7 月 31 日的东北大学招生广告中并无籍贯要求。⑦ 在预期招收结束后，东北大学续招新生的广告中才特意标明"不分省籍"。⑧ 可见，东大还是优先招收东北籍学生，而一般学生或民众也都了解这一情

---

① 《周鲸文回忆录》手稿复印件，东北大学校史志办公室藏，第 931~932 页。
② 方庆瑛：《阎玉衡先生百年祭》，《阎宝航纪念文集》编委会编《阎宝航纪念文集》，辽宁人民出版社，1995，第 63 页。
③ 杨承厚：《东大四年的校园生活》，《国立东北大学七十周年纪念特刊》，第 151 页。
④ 夏雨田：《国立东北大学校史概述》，《东北文献》第 1 卷第 4 期，1971 年 5 月，第 16 页。
⑤ 《东北大学招生》，天津《大公报》1933 年 7 月 21 日，第 5 版。
⑥ 《东北大学招生延期》，天津《大公报》1933 年 8 月 15 日，第 1 版。
⑦ 《东北大学招生》《东北大学续招新生》，天津《大公报》1935 年 7 月 31 日，第 1 版。
⑧ 《东北大学续招新生》，天津《大公报》1935 年 8 月 27 日，第 2 版。

况。而在东大续招新生时，武汉大学、中央大学和山东大学已经公布了新生名单。① 所以，东大续招的多半是这些学校的落榜生。因为在北平办学，东大学生的省籍亦有些变化："学生几乎全部为东北各省市的流亡学生；因在关内公开招生，其他省籍学生渐有增加。"②

共同的流亡背景使得东北师生表现出较强的凝聚力和互助精神。复校初期，东北大学资送海外的留学生金锡如、应德田等 12 人，因为经费断绝回到北平。宁恩承"把他们安置在校中，请他们帮助教学，这些人义愤填膺，热情万丈，极力要帮助母校"。"东大流亡时代的第一、第二年很得力于这些人维持残局。"③ 1934 年流亡北平的王成福在沈阳同学的帮助下解决了住宿问题，他感叹："在流亡当中这种社会力量给我的动力是无穷的。"④

东北大学的流亡情怀在一些非东北籍教员中也很普遍，他们一定程度上也是流亡者。教员刘永济"因东北沦陷而南迁，内心是怀着极深切的痛楚的。这种心境在他当时的词《惜秋华·任武汉大学教授》中有真挚的流露"。他"在这首词中，并未抒写自己就任武大教授的任何欣慰之情，而是倾诉了对东北失地的怀念，对神州危殆的忧惧，对广大民众（包括他自己）漂泊流离，苦难深重的哀惋"。⑤ 1932 年 7 月，已离开东大的梁思成受邀前往上海参加东大建筑系的毕业典礼，他沉痛地写道："正想再等一年，便可看他们出来到社会上做一分子健全的国民，岂料不久竟来了蛮暴的强盗，使我们国家破亡，弦歌中辍！幸而这时有一线曙光，就是在童先生领导之下，暂立偏安之局，得以赓续工作。"⑥

流亡学生的到来使国难真切地呈现在北平民众面前，也给他们带来了困扰。民国前期，奉系部队曾多次入关参与军阀混战，其间给华北民众留下的印象似乎很差。⑦ 流亡北平初期，东北学生因为衣食无着，亦有过一

① 《国立武汉大学榜示》，天津《大公报》1935 年 8 月 17 日，第 5 版；《国立中央大学录取新生通告》，天津《大公报》1935 年 8 月 25 日，第 2 版；《国立山东大学通告》，天津《大公报》1935 年 8 月 27 日，第 2 版。

② 杨承厚：《东大四年的校园生活》，《国立东北大学七十周年纪念特刊》，第 151 页。

③ 宁恩承：《东北大学话沧桑》（下），《传记文学》第 55 卷第 2 期，1989 年 8 月，第 85 页。

④ 王成福：《敢问路在何方》，齐红深编《流亡——抗战时期东北流亡学生口述》，第 88 页。

⑤ 金绍先：《九死未悔爱国心——记先师刘永济》，《文史杂志》1991 年第 6 期，第 6 页。

⑥ 《祝东北大学建筑系第一班毕业生》（1932 年 7 月），《梁思成全集》第 1 卷，第 311 ~ 312 页。"童先生"指童寯。

⑦ 参见林语堂《京华烟云》，群言出版社，2009，第 391 ~ 435 页。

些蛮横做法。"有的学生喝大锅粥没吃饱，进饭馆吃一顿后，掏出'奉票'付钱时，饭馆主人才'傻眼'了，弄得哭笑不得。'奉票'在北平早已不用了。但'免费进餐'只能享受一次，不到3天，所有的饭馆都不谋而合，不再接待东北学生了。"① 因此，北平社会与东北学生之间潜藏着一种敌对情绪。彼时在知行小学读书的东北学生李梅林写道："那时我很淘气，经常与北平的娃娃打架。这是因为他们常叫我们东北孩子是'亡国奴'，使我十分生气。"② 这种敌对情绪在西安事变时达到高潮，"'双十二事件'后，东北人在关内处境更加困难，常常听到'张学良王八蛋，东北人不是好人'的诟骂"。③

二 "抗日复土"的教育

九一八事变后，国民政府的教育方针也向"发扬民族精神"等国难教育方向转变。④ 而东大当局的教育方针与校长张学良的抗日认识是密切相关的。流亡北平初期，张学良对复土还乡尚无明确的规划，此时张对学生的抗日诉求主要采取疏导的办法。他表示："大规模军事行动有个时机问题、策略问题、全面部署问题，需要从长计议。抗日救国渠道很多，需要有武人，也要有文人，更要有文武全才之人。我们将改进复校工作，为同学们继续学习创造较好条件，若有的同学想转到其它学校，学校也可以介绍。"⑤ 其后校方收复失地的目标逐渐明确。1932年7月的东北大学毕业典礼上，理工学院院长杨毓桢表示："将来的工作，就是归还亏空，也就是收复失土，希望大家切实做去，必期其成功。"张学良亦反复强调这一目标："我们要时时刻刻不要忘记，将已失的东北夺回来。""我们以师生的关系而言，希望你们亦不要忘记收复家乡的东北。"⑥ 1933年初张学良出洋前，其办学方针更为明晰，即为"复土还乡"培养人才："我们的宗

① 徐景明：《开始流亡的东北大学》，齐红深编《流亡——抗战时期东北流亡学生口述》，第68页。
② 李梅林：《随东北中山中学流亡记》，齐红深编《流亡——抗战时期东北流亡学生口述》，第69页。
③ 赵明：《我的同学与老师》，齐红深编《流亡——抗战时期东北流亡学生口述》，第85页。
④ 参见陈能治《战前十年中国的大学教育（1927~1937）》，台湾商务印书馆，1990，第30~44页。
⑤ 董树屏：《"九一八事变"前后在东大》，东北大学北京校友会、沈阳校友会合编《东北大学建校65周年纪念专刊》，编者印行，1988，第176~177页。
⑥ 《东北大学举行毕业典礼》，天津《大公报》1932年7月2日，第4版。

旨在训练复土还乡的干部，管训上要超党派，不论学生的思想是左是右，要一视同仁，启发大家的团结力与爱国心；注重学术、注重军训，要学生能拿笔也能拿枪，要在复土还乡目标下作忘我的团结。"① 1936 年 8 月，张学良在任命周鲸文时亦强调："我们这个学校的特殊性，不是一般的大学，而是为抗日造就干部，也可说我们要办抗日的大学。"②

同时，流亡境遇也使东大踏实用功的校风逐渐向激进彪悍的风气转变。九一八事变后，学生的救国热情高涨。东大的逃难学生表示："我们不是为避难而来的，我们是不愿白白的死于日人炮火之下，逃出虎口，计议再回去和日本人拼命！"③ 学生石光亦回忆道："学生们在过着流亡的生活中，日夜不忘抗日，打回老家去的思想心切，为此，爱国思想更加浓厚，所以在北平的学生运动中，他们多数是积极分子。"④ 同时，华北局势日益严峻，校园内外都处在动荡之中。借读南通大学的何秀阁写道："时值一二八沪战方终，热河长城之战又起，吾流亡同学，直如丧家犬，悲怀前途，不知所终，中心无主之余，已无复昔日北陵时代读书之精神矣。"⑤ 杨承厚亦写道："我们虽然热心向学，但当时政治环境日非，使我们实在无法安下心来。"⑥

在这种情势下，校方一方面尽力恢复正常的教学。因为法学院长曹国卿主持有方，"所以东大当时的课程安排和教师阵容都相当令人满意。其时北平大学林立，教学人才荟萃，东大参考他校经验，及利用优良兼任教师，故在课程及师资方面均可达到适当水准，足以弥补前述设备简陋等项缺点"。⑦ 同时，校方亦有意在教学中增加激发学生救国热情的内容。1932 年冬，东北大学体育系师生成立东北体育促进协会，培育东北体育人才，代表东北参加国内外体育比赛。"东北代表队的出现，唤起人们不忘九一八，不忘日寇侵占我东北神圣领土，造成东北家破人亡的悲惨情

---

① 王卓然：《自传》，《王卓然史料集》，第 44～45 页。1933 年 3 月，宁恩承去职，王卓然继任。

② 《周鲸文回忆录》手稿复印件，第 934 页。

③ 隽冬：《含泪说》，《生活周刊》第 6 卷第 43 期，1931 年 10 月，第 957 页。

④ 石光：《怀念我们的老校长——张学良将军》（1986 年 5 月 20 日），刘敬之主编《石光诗文纪念集》，吉林省新闻出版局，1993，第 255 页。

⑤ 何秀阁：《九一八前的东北大学琐忆》，《传记文学》第 34 卷第 4 期，1979 年 4 月，第 106 页。

⑥ 杨承厚：《东大四年的校园生活》，《国立东北大学七十周年纪念特刊》，第 152 页。

⑦ 杨承厚：《东大四年的校园生活》，《国立东北大学七十周年纪念特刊》，第 152 页。

景"，因而"起到了一定的政治宣传作用"。① 1933 年东大又增设家政专修科和边政系，"家政专修科特请校医刚斯伦大夫任课，教授护理学、救护学、绷带学及一般医药常识，等于间接培养救护人员"。边政系"日俄两组人才之培养，在抗战军兴之际更为急需和重要，此种措施均系为配合国家全面抗战之需要而设"。② 左派教授许德珩也写道："我当时也应东北大学之聘，讲了一门时事课，目的在于鼓舞抗日救亡，每当课后唱起'我的家在东北松花江上……'这首歌时，血泪凝成的歌声，撼动着师生们的心弦。这歌声是对日本帝国主义侵略罪行的控诉，是对蒋介石政府不抵抗政策的抗议。"③ 此外，军事训练在东大也异常受到重视。1934 年 4 月 17日，北平市专科以上各校学生军检阅，"各校学生精神松弛不振"，惟"以东北大学精神为佳"。④ 东大学生认为："他们是负有特殊使命的。""在将来，东大的学生，无疑地要担负起来复土的先锋。"⑤

　　事实上，抗日复土的教育在学生日常生活中时时存在。清华学生冯夷看到东大食堂"墙上贴着五个大字'打回老家去'"，使他"感动得战栗起来"。⑥ 与东北大学有着相似流亡经历的东北中学学生郎人骏写道："全体师生是在驱逐日寇、收复失地、打回老家去的同仇敌忾的氛围中学习和生活的，学校校纪较严，所开课程除按教育部规定外，还设有军训课，由原东北讲武堂教官任课，按步兵操典训练学生。""学生的课外活动是丰富多彩的，同样是渗透着驱逐日寇、收复失地、光复故土的精神教育。"⑦张学良任校长的背景也使东北大学在华北抗日救亡活动中表现得较激进。"东大成为了抗日大学，在华北是突出的，其他学校的学生虽也主张抗日，

① 刘长春：《旧中国东北体育活动的点滴回忆》，政协辽宁省委员会文史资料研究委员会编《辽宁文史资料》第 7 辑，辽宁人民出版社，1983，第 127～129 页。
② 方永蒸：《我在东北大学任职期间的几件事》，《国立东北大学七十周年纪念特刊》，第 60～61 页。
③ 许德珩：《我所经历的一段往事》，全国政协文史资料研究委员会编《革命史资料》(3)，文史资料出版社，1981，第 23 页。
④ 《平市学生军训检阅》，天津《大公报》1934 年 4 月 18 日，第 4 版。
⑤ 司徒健德：《国难家愁交织下的东北大学学生生活》(1936 年 5 月 3 日)，《青年月刊》第 2 卷第 3 期，1936 年 6 月，第 42 页。
⑥ 冯夷：《我们又示威了》，孙敦恒等编《一二九运动资料》第 2 辑，人民出版社，1982，第 170 页。
⑦ 郎人骏：《流亡的东北中学》，齐红深编《流亡——抗战时期东北流亡学生口述》，第 116～117 页。

如北大、师大，因为学校当局防范学生活动，怕出事，怕地方当局干涉，他们没有东大学生那种公开活动的方便。"①

陈能治在考察东北大学在北平时期的经费情况后指出："东北大学之经费在民国二十一年度锐减，此后国库款额则日趋增加，民国二十三年度完全由国库负担。总括来看，国库负担之经费是不足的。以民国二十二年度言，其学生总数与省立勷勤大学及国立暨南大学相当，然勷大之经费为其一点八倍，暨大之经费为其二倍，经费不敷使用由此可见。东北大学在关内学风恶劣，国难之外，经费不足是原因之一。"② 陈氏所言虽不无道理，然而学风演变之根本原因当为东北沦陷、流落异乡之惨痛境遇以及"抗日复土"办学方针的确立。

三　党派活动

流亡北平初期，"东北流亡势力"在学校的影响还是很大的，中共和国民党组织在学生中是逐渐发展起来的。中共党员、东大学生郑洪轩写道，1931 年 9 月至年底，"当时尚无中国共产党的组织活动"。1932 年春，"我正式参加了党领导的反帝大同盟组织。当我向南城东大反帝大同盟支部汇报了东北救国会的情况后，支部分配我利用在东北救国会的有利条件，对东北抗日义勇军进行革命宣传组织工作"。③

九一八事变后，各党派都注意在东北流亡学生中吸纳人才，这最初就为"东北流亡势力"所注意，而其最为敌视的则是国民党。齐世英、梅公任等国民党人"先后设立'知行中学'及'念一中学'，由梅公任、周天放分别主持"。东北青年教育救济处"以周天放、李锡恩为正、副主任，并由该处直接办一国立东北中山中学，以李锡恩兼任校长。当时中山中学、知行中学、念一中学收容从东北进关、食宿无着落的青年学生为数不少，显然与东北民众抗日救国会所领导的东北中学和在平复校的东北大学相对立"。④ 流亡学生"靖"亦指出，东北留平学生"内部也存在着矛盾

---

① 《周鲸文回忆录》手稿复印件，第 962～963 页。
② 陈能治：《战前十年中国的大学教育（1927～1937）》，第 228 页。
③ 郑洪轩：《回忆东北民众抗日救国会》，《沈阳文史资料》第 13 辑，第 31 页。"东北救国会"即东北民众抗日救国会，1931 年 9 月 27 日成立，委员多为东北各界爱国人士。参见王驹、邵宇春《东北民众抗日救国会》。
④ 阎宝航：《流亡关内东北民众的抗日复土斗争》（1960 年），《阎宝航纪念文集》，第 350 页。

和斗争。就其政治派别和思想倾向看，主要有三派：一是国家主义派，以东北上层政界人士王化一、冯庸、鲍毓麟等为主；二是共产主义派，以共产党员、共青团员及进步青年学生为主；三是政（府）国民党派，以国民党员和东北籍 CC 派特务分子为主。其余大多数是无党派人士。由于国民党府不抵抗政策，遭到国内舆论的谴责，所以，国民党员和倾向国民党的少数学生还不能公开活动。当时影响较大的主要是共产党和国家主义派"。① 是时，包括东北大学学生、东北军官兵在内的众多东北青年曾受中国青年党的抗日号召出关杀敌。② 这样就形成了关内各党派与"东北流亡势力"争夺东北学生的态势。党派纷争有时是很激烈的，"1932 年将放暑假之前，北平东北大学彰仪门校舍饭厅中，左右两派同学热战；碗碟飞抛，右派主将苗可秀举一叠粗瓷大碗抛向滑倒的左派某君头部"。③

国民党的某些派别对东北大学也确有觊觎之心。据齐世英回忆，张学良出洋后，东北大学不少国民党籍教授与学生"建议我把东北大学改为国立。我商请果夫、立夫兄弟，他们极表赞同，但须请示蒋先生，蒋表同意，写信要我去见北平政整会委员长黄膺白。黄膺白说：'这点人情我不能卖，北平这个地方现在东北残余势力很大，如果把东北大学拿走了，他们恐怕会找麻烦，顶好算了吧！我也会致电蒋先生，你回去跟他商量商量再说。'我回到庐山见蒋先生，转达黄膺白的意思，并且告诉他黄也会有电报来。蒋先生说'那就暂时缓缓'"。④ 此事由该校的国民党员提出，表明该校国民党分子急于将学校划归中央，但未必合乎众意。按照齐世英的说法，是时"改组国立"的提议因为黄郛对东北势力的忌惮而流产，这较符合其时盘踞华北的东北地方势力与国民政府间的微妙态势。其间黄郛致蒋介石的往来电文亦可反映各方之态度。黄向蒋报告了齐世英的说辞："本晨齐世英君由京来平，带到果夫兄手书，嘱齐担任东北大学校长。齐君并称，在牯岭谒时，吾弟曾面询及该大学内容，并嘱其设法力谋整顿等语。兄因未接弟电，尚未确答。查东北大学校长名义，现仍为汉卿，由该

---

① 靖：《回忆"九·一八"后东北留平学生抗日救亡运动》，《社会科学战线》1983 年第 2 期，第 219 页。

② 周淑真：《中国青年党在大陆和台湾》，中国人民大学出版社，1993，第 118～132 页。

③ 王庆吉：《苗可秀烈士及其两封遗书》，相树春、张振鹤、李格政主编《我们走过的路》（繁），第 31 页。

④ 沈云龙、林泉访问，林忠胜纪录《齐世英先生访问纪录》，第 173～174 页。"果夫、立夫"指陈果夫、陈立夫，"黄膺白"即黄郛。

校秘长王卓然代理，内部确有整顿之必要。惟时机是否适宜，亦一问题，尊意如果欲齐君继任，兄当设法促成。"蒋在电文上批示"弟并无此意"。①

而齐世英等觊觎的尚不只东北大学。1933年5月4日，东北中学校长王化一记道："10点，在来今雨轩和臧哲轩、齐铁生谈合作问题，不能开诚布公，意见当然不一致，救国会负责人均出席，无结果而散。两人之来，系陈立夫所指使，别有用意，同人存戒心。"②尽管臧、齐两人皆为东北人士，但是时二人皆已投靠CC系，并负责救济与吸收东北青年。这实际上是与东北地方势力争夺东北青年的活动，因而张学良之救国会等组织对之戒心很深。其后齐世英仍垂涎东北大学和东北中学两校，是年底他又在给蒋介石的电文中攻击道："（它们）虽由中央拨给经费，但事实上已成为国社党之大本营。现屡有诋毁本党及钧座之宣传，该党复极力向军队活动，对于何王两军进行尤力。"③

1934年3月，回到国内的张学良在武汉组织了"四维学会"，主张拥护蒋介石为领袖，以领导全国抗日。张学良对国民党也由"敌视"转向"合作"态度。张学良嘱咐王卓然道："我们拥蒋是诚意的，是为的团结抗日，心诚意坚的做一段看看，对于学生也要这样训练，告诉他们拥蒋是为的抗日，不是为个人的私利。"张学良还表示"为使蒋信而不疑，对于学生间若有反政府的空气，必须设法取缔"。④此时王卓然成为执行张学良政策的代理人，"在王卓然担任东大秘书长时，事无大小，他都请示张先生，几乎王是常常挟着皮包在张先生的候客室里等待召见"。⑤但很多学生对王卓然的做法颇为反感。以创建边政系为例，学生就存在不同的认识和应对。时为中共外围党组织成员的关山复写道："我们这个班上的同学大多是倾向革命的和进步的，想要把我们变成对付苏联的'人材'，这是一种妄想。""我们商议出两个办法：第一是要聘请一些进步的左翼教

①《黄郛致蒋介石电》（1933年7月28日），台北"国史馆"藏"蒋中正总统文物"，002/080200/00109/090。

②《王化一日记摘抄》，李剑白主编《流亡青年的脚步》，中国大百科全书出版社，1995，第328页。"臧哲轩、齐铁生"即臧启芳、齐世英。

③《齐世英致蒋介石电》（1933年12月5日），台北"国史馆"藏"蒋中正总统文物"，002/080200/00136/153。"何王"应指东北军的两个军长何柱国、王以哲。

④《王卓然史料集》，第47页。

⑤《周鲸文回忆录》手稿复印件，第934页。

授。第二是尽量订购苏联出版的革命报刊和书籍。"① 而国民党分子亦曾公开致电国民政府，要求改组学校。"该校近忽有发生风潮酝酿，并有署名'东北大学学生靖校团'者，发出快邮代电，列举现任校长六大罪状，并声言驱逐校长及其党羽，东北大学收归国立等项，该校当局昨亦有函致各方，申述此事完全由一二恶劣份子捏造'东北大学靖校团'名义，散发传单，虚构事实。"②

东北流亡作家中亦有许多东北学生，③ 他们也积极参加党派团体。曾一度回到东北的马加亲身体验了伪满的白色恐怖和沉重的枷锁，1934 年春再度流亡北平的马加靠创作做着唤起民众的工作。他写道："我有多少苦难的生活需要表现，有多少被压抑的感情需要发泄，我不能耐心地构思描写，需要赤裸裸的控诉。我参加了东大南校反帝大同盟的读书会，读了列宁的《国家与革命》，明白了现存的国家机器必须打碎。1935 年，我参加了清华园的左联组织，参加集会，撒传单，做救亡工作，搞文艺创作。"④ 雷加亦写道："这些东北青年，他们是抗战意识最强的了。""回忆在北平，各种报刊和救亡活动十分活跃。石光和马加都是东北大学的同学，石光在《东方快报》当编辑，马加主持'文学青年写作会'，我就是在这里认识他们两个人的。"⑤

党派势力进入东北大学其实并不复杂，只是契合了流亡学生的"抗日复土"诉求。时人指出，东北青年"一方面既感受亡国失家之痛；一方面更受国内纷扰混乱局面之刺激；同时因东北沦陷之故，经济上更感到过苛的压迫。在政治和经济两层压制下，遂使我无依无靠之东北青年，发生一种极端愤懑和打破现状的要求，而不能不在政治上谋求出路"。因而"一部分走向了布尔雪维克的道路；一部分走向了国家社会党的途径；至于意志薄弱的则干脆的回到'伪满洲国'，以受日人的驱使或统治"。⑥ 时为燕

---

① 《"洁比水仙幽比菊，梅香暗动骨弥坚"——怀念曹靖华诗翁》，关山复：《风云瞬息》，辽宁大学出版社，1994，第 38~39 页。

② 《东北大学风波》，天津《大公报》1934 年 5 月 17 日，第 4 版。

③ 参见孙中田、逄增玉、黄万华、刘爱华《镣铐下的缪斯——东北沦陷区文学史纲》，吉林大学出版社，1999，第 183~210 页。

④ 《写在前头》，《马加文集》（一），春风文艺出版社，1986，第 3 页。

⑤ 雷加：《从一个时代看一个人——悼念石光同志》，刘敬之主编《石光诗文纪念集》，第 382 页。

⑥ 惟愚：《东北青年往那里去？》，《东北青年》第 1 卷第 2 期，1933 年 11 月，第 2 页。

京大学学生的黄华亦写道:"我熟悉的年轻人中有许多东北人。他们背井离乡,身受漂泊流浪之痛苦,反对国民党的不抵抗政策,要求打回老家去的情绪非常强烈。我同北平的东北同学思想接近,往来密切。我们在一起讨论进步书刊,特别是讨论抗日救亡问题。"①

而在张学良转向联共抗日后,东大代理校长周鲸文则执行了联合左派的策略。"北京教育界人士,其中比较突出的一些进步教授及主张抗日的先生们更觉亲切的常常聚会,大约有五十多位左派教授。"他们还"在我们那里教课,例如许德珩、杨秀峰、张友渔"等人。② 在这期间,中共地下党组织亦逐步在东北大学发展壮大。"一二·九"运动后,东北大学校内学运已经如火如荼,国共两派势如水火。关山复回忆道:"1936年早春,东北大学建立了共青团和共产党的支部,就是从我们这个班上开始的。我是东北大学党支部书记。我们这个班参加革命的人最多。"③

而不同党派在"抗日复土"等主张上是相近的。1936年底,东北中山中学"学生们即便政治立场不同,但全都主张抗日救国,希望西安事变和平解决,枪口一致对外,打回老家去"。④ 在学生眼中,时任东北中山中学校长的老国民党员王宇章,"出于浓厚的乡土观念,他内心也是很爱护东北子弟的。但他是站在国民党立场上来爱护的"。⑤ 东大学生思想的繁杂由来已久,但张学良长校时各方不便置喙,至西安事变善后阶段则成为改组该校的重要理由。甚至负责整顿东北军的陈诚也向蒋介石建议:"东北大学教职学生之思想,左倾右倾极不一致,亟应调整组织,统一思想。惟兹事复杂异常,拟请乘召集教育界及名流谈话之便,分别听取意见,同时对东北较负责人员,亦应征询,以俾裁决。"⑥

---

① 黄华:《黄华回忆录:亲历与见闻》,世界知识出版社,2007,第3页。
② 《周鲸文回忆录》手稿复印件,第961页。1936年8月,王卓然去职,周鲸文任东大秘书主任。
③ 关山复:《曹靖华在北平东北大学》,中国人民政治协商会议河南省委员会文史资料委员会编《河南文史资料》第46辑,编者印行,1993,第24页。
④ 李梅林:《随东北中山中学流亡记》,齐红深编《流亡——抗战时期东北流亡学生口述》,第72页。
⑤ 赵明:《我的同学与老师》,齐红深编《流亡——抗战时期东北流亡学生口述》,第85页。
⑥ 《电呈整理东北军及处理东北大学意见》(1937年6月),何智霖编辑《陈诚先生书信集——与蒋中正先生往来函电》(上),台北"国史馆",2007,第280页。

四　"一二·九"运动的主力之一

1935 年"一二·九"运动前，东北大学校内的左派力量已经较为强势。姚依林表示："当时在北平各校学生会中，我们党取得学生会领导权的有清华大学、燕京大学和东北大学。"① 在讨论发起"一二·九"运动时，中共北平学联的彭涛就提出"让那些力量大的学校先出来，然后再到那些力量较小的学校去呼口号，这样必有内应"。"例如清华大学进城之后就可以和东北大学汇合，然后清华、东大又可去志成中学和女附中等。"②

12 月 8 日，北平学联召开各校代表大会，决定 9 日在天安门广场集合请愿。③ "东北大学参加市学联会议的两位代表郑洪轩、邹素寒回到学校后，于八日晚在俄三班宿舍召开的秘密会议上，向我和关山复等十几个同学传达了请愿的决定。大家听后十分兴奋，立即分头发动群众。"④

12 月 9 日当天，原定进城的燕京大学、清华大学等校学生因西直门关闭被挡在城外，他们只能在城下开了群众大会。⑤ 因此，东北大学不得不独自行动。东大"一百五十余人，约九时出发。过西四牌楼时，为警察阻止，发生冲突。学生被打伤数人，被捕者共廿七人"。⑥ 某外国记者目睹了东北学生和警察的斗争。东大学生在西四牌楼"等待燕京清华的加入。同时新添来的警察在设法解散东北学生。但他们一面拒绝，一面却以爱国心来鼓动警察，请他们加入这次学生运动。警察的反应是用武，学生们与之抵抗"。⑦ 宋黎写道："东大和东北中山中学的学生都是流亡子弟，他们抗日复土还乡的斗争精神顽强，集体冲出了军警的封锁线。"陆续会集到

---

① 姚依林：《一二九运动回忆》，清华大学校史编研组《战斗在一二九运动的前列》，清华大学出版社，1985，第 98 页。

② 郭明秋：《回忆"一二·九"运动的党的领导》，宋黎等：《一二九运动回忆录》第 1 集，人民出版社，1982，第 64 页。

③ 关于中国共产党在一二九运动中的领导作用，参见孙敬文《一二九运动中党的领导问题》，《党的文献》1998 年第 6 期。

④ 宋黎：《中国学生革命运动的来潮——回忆一二九运动》，宋黎等：《一二九运动回忆录》第 1 集，第 5 页。

⑤ 黄华：《黄华回忆录：亲历与见闻》，第 8~9 页。

⑥ 方本裕编记《全国学生反对华北"自治"运动前后记》，孙敦恒等编《一二九运动资料》第 1 辑，人民出版社，1981，第 310 页。

⑦ 冀新译《和平而有力的示威游行》，孙敦恒等编《一二九运动资料》第 1 辑，第 139 页。

新华门前，"至十时半各学生陆续集合达六七百人"。① 在何应钦拒绝接见请愿学生后，宋黎"代表东北大学与其他学校代表紧急商量，当机立断，决定改为游行示威。由于东北大学参加的人数最多，整个游行队伍的总指挥便由东北大学担任了"。② 斯诺夫人指出，在发动"一二·九"运动的五个主要领导者中，宋黎"是东北的代表，精神饱满，大胆无畏，双目有神，机警得像松鼠，他在街头领导了一二九游行示威，带队直向武装警察冲去"。③ 参加游行的人数"几达一千"。④

　　而城内的北大亦是在东大号召下行动起来的。时为北大学生代表的陆平指出："'一二九'运动确实是由东北大学、清华、燕京首先高举义旗干起来的，北大当时很被动。"同为北大学生代表的朱穆之亦表示："北大学生会是'一二九'第二天成立的，但在这之前，各班就开始选学生代表，活动起来了。'一二九'那天校园里打钟，东大的同学在外面叫，大家才出去的，是临时组织的。"⑤ 宋黎也写道："那天，虽然北大有的同学参加了游行，但事先全校没有总动员。"东大宣传员呼喊口号后，北大"同学们奔走相告，纷纷集合在校门前，以战斗的姿态加入到游行行列"。⑥

　　"一二·九"请愿游行后，北平各校即开始罢课。14日，东大代理校长王卓然与梅贻琦、蒋梦麟、徐诵明等六人联名发表告同学书，劝告学生即日上课。其中提到事件当日被捕同学有北平大学3人、东北大学6人，以及其后被捕的东北大学学生6人现已完全释放。⑦

　　但在各校学生的要求下，中共北平学联很快又组织了"一二·一六"大游行，此次行动的组织更为严密，规模也更大。黄华写道："我们接受了一二九未能进入西直门的教训，决定除了大队学生由西便门的铁路门入城外，燕京、清华还各派三十名同学头一天进城。"当天，"我们在东北大

① 《北平数校学生昨举行请愿》，天津《大公报》1935年12月10日，第3版。
② 宋黎：《中国学生革命运动的来潮——回忆一二九运动》，宋黎等：《一二九运动回忆录》第1集，第7、9页。
③ 其他四人分别是黄敬、黄华、姚依林以及一位不知名的人，参见海伦·斯诺《旅华岁月——海伦·斯诺回忆录》，华谊译，世界知识出版社，1985，第153~154页。
④ 《北平数校学生昨举行请愿》，天津《大公报》1935年12月10日，第3版。
⑤ 韩天石等：《回忆"一二九"运动》，宋黎等：《一二九运动回忆录》第1集，第152、155页。
⑥ 宋黎：《中国学生革命运动的来潮——回忆一二九运动》，宋黎等：《一二九运动回忆录》第1集，第10页。
⑦ 《北平各大学校长发表告同学书》，天津《大公报》1935年12月14日，第3版。

学宿舍排成队伍，燕京三十人在前，清华三十人居中，后面是数百人的东北大学的队伍。这个队伍意气风发，一面游行示威，一面发动沿途学校的学生来参加游行，队伍不断扩大"。"在宋黎、黄敬、姚依林的领导下，城内外的同学在宣武门会合，开始游行，约有两万学生和市民参加，比一二九的规模还大。"①

据官方消息，游行学生与军警在正阳门发生冲突，"学生方面有二十余人略受微伤，警察方面亦有十余人腿与臂受伤，因各城门临时关闭，故清华、燕大、东北、辅大各校学生聚在宣武门外一带"，晚十时许散去。② 教育部与宋哲元当局皆有意淡化处理。他们宣称："受伤学生共计五十余人，多系轻伤，被捕十四人，即可保释。" 16 日晚 8 时，王卓然与蒋梦麟、梅贻琦等 6 人在居仁堂与北平当局秦德纯、萧振瀛会见，商议应付阻止学生办法，"当局对学生决不取暴烈手段"，"各校长尽量设法劝导学生安心向学"。③ 然而官方披露的消息是缩水的，被捕的 14 人是确实的，但记者在调查后则披露了受伤的 65 人名单以及各人的伤情。④ 这自然并非完整的数据。20 日，王卓然等人宴请北平市政当局，再次表达希望和平处理的态度，他们将自行劝导学生。⑤

对北平学界而言，两次游行各有特点。"东北和第一女子中学是十二月九日示威游行中的英雄团体，但是在十六日，北大、师大和清华在策略方面和战斗阵地受伤和被捕人数方面夺得了荣誉。"⑥ 北大学生代表韩天石亦指出："当时一般说是五个大学比较突出，有东北大学、清华、燕大、师大、北大，参加的人最多，也最积极的，出的干部也比较多。"⑦ "一二·一六"游行中，东大学生也颇富斗争精神。"东北大学的大队，有四十四名尝了大刀的滋味，这种英勇果敢的精神，更增强了我们奋斗的毅力和决心。"⑧ "东北大学一些学生的衣袋里装满了石灰和砂子，准备在遭到

---

① 黄华：《黄华回忆录：亲历与见闻》，第 9～10 页。
② 《北平各大学生昨再请愿》，天津《大公报》1935 年 12 月 17 日，第 3 版。
③ 《教部希望和平处理》，天津《大公报》1935 年 12 月 18 日，第 3 版。
④ 《北平学生受伤及被捕人数之调查》，天津《大公报》1935 年 12 月 19 日，第 4 版。
⑤ 《各校长再劝告学生》，天津《大公报》1935 年 12 月 21 日，第 3 版。
⑥ H. F. S：《北平学生运动的进一步发展》，孙敦恒等编《一二九运动资料》第 1 辑，第 169 页。
⑦ 韩天石等：《回忆"一二九"运动》，宋黎等：《一二九运动回忆录》第 1 集，第 144 页。
⑧ 石亭：《北平学生第二次救亡运动追记》，孙敦恒等编《一二九运动资料》第 1 辑，第 184 页。

袭击时还击。"① "受伤学生,以北京大学及东北大学两校为最多。""闻师大东北大学之校医,均亲往探视。"②

关于东大在"一二·九"运动中的作用,时人都给予相当重视。周鲸文表示:"北京的学生运动的指挥部,东大占有相当分量,虽然不能说它在领导,由在北京学生联合会东大学生所担负的职务和所起的作用可以证明。最主要的,在我掩护之下,东北大学成了进步学生和左派学生包括化名的共产党员的避难所。"③ 北平公安局亦有记录在案:"东北大学西直门北沟沿南校宿舍内常容留校外学生在内活动,并有以旁听生名义由东大学生会请准校当局在该处寄宿,是以暑假期内寄宿者甚多,份子复杂,该处形成学生活动之大本营。"④

"一二·九"运动后,张学良仍希望东大学生恪守读书的本分:"我校情形特殊,所历艰困想为诸生所素悉,值此时艰,务望忍辱负重,安静慎勿卷入漩涡,致学校受其影响。"⑤ 张学良又致电东大,"令每院与补习班各派学生代表二人赴西安听训"。⑥ 张学良为就近掌控东大,"以北平环境恶劣,乃主迁校西安"。1936年2月,"工学院和补习班首途迁西安,以西门内前陕西农专旧址为校舍,成立了西安分校"。⑦ 张学良还计划将东大全部迁往西安,"为统一行政及管理起见,有于暑假时将文、法两院全部迁移西安之计划"。⑧

而东大学生对学校当局的反应颇为不满:"从斗争的开始以至现在,当头的打击就是同命运的流亡者的学校当局的压迫!"东大同学"在全国民众、全国同学的救亡运动中,他们纵不能作先锋。但他们总不会落伍,

---

① 郭明秋:《回忆"一二九"运动的党的领导》,宋黎等:《一二九运动回忆录》第1集,第64页。

② 李大江:《外文报刊"一二一六"消息汇志》,孙敦恒等编《一二九运动资料》第1辑,第240页。

③ 《周鲸文回忆录》手稿复印件,第962页。

④ 《公安局密报各校学生抗日活动八则之七》(1936年7月28日),刘大成等编《"七·七"事变前后北京地区抗日活动》,北京燕山出版社,1987,第79页。

⑤ 《救国不忘读书——致东大学生电》(1935年12月12日),毕万闻主编《张学良文集》第2册,新华出版社,1992,第934页。

⑥ 《平各大学一部提前放假》,天津《大公报》1936年1月7日,第4版。

⑦ 敏贞:《东北的最高学府——东北大学》,《第一线月刊》第1卷第10期,1947年8月,第10页。

⑧ 《东大学生二百余名昨由陕抵平》,天津《大公报》1936年6月30日,第4版。

总不会再作'无抵抗'的逃亡"。① 但事实上王卓然是很爱护学生的，学校当局也是执行张学良的命令。因压制学生反日与党派活动，东大学生代表向张学良提出撤换王卓然，最后商定由周鲸文接任。②

"一二·九"运动后，北平市学联由清华园迁到燕京大学，而后又迁到东大。"其后很长一段时间，学联就在东大办公、开会。"③ 在倾向国民党的学生眼中，左派学生甚为嚣张。东大"每日除游行外，甚至无时不有集会，而入会之人多半为校外不常见之人，一般同学对之即发生疑问"。"学生自治会听命于学联，每次游行罢课或扩大座谈会均听学联会命令，一切行动非但不征求全体同学意见，对真正读书不参加游行罢课或座谈会者，反骂谓汗（汉）奸走狗、奴隶、亡国奴等不训言语。"④

此后，东大成了学运爆发的策源地。在1936年"六一三"游行前，"清华的五六十人聚在东北大学的院里，忙着吃干烧饼，分传单，带救护的东西，旗帜，及其他示威必须的东西。准备和东大同学一起誓师出征"。⑤ 为响应绥远抗战，1936年11月25日，东大与北平多所学校一同停课，"请各大学教授演讲，各校同学分区指定前往参加，情形甚为踊跃"。⑥ "一二·一二"游行时，清华学生再次到东大"埋伏"，前一天"晚上匆匆地搭了最后一班汽车从清华跑到这宣武门外的东北大学来"，"预备参加明天的大示威游行"。⑦ 其后，东北学生仍然热情很高。1937年3月31日，为悼念学生郭清而举行的"抬棺游行"亦源自东北学生的鼓动。⑧

第二节　西安事变后东北大学的国立改组

一　潜移默化：九一八事变后东北大学的国立化

在经费支绌、维持困难的情况下，张学良亦担心国民政府乘机破坏东

---

① 王汝娟：《热血汇流着》，孙敦恒等编《一二九运动资料》第1辑，第116~117页。
② 可参见张万杰《一二九运动后王卓然逮捕东北大学学生风波始末——兼谈王卓然的校政》，《东北史地》2013年第2期。
③ 宋黎：《中国学生革命运动的来潮——回忆一二九运动》，宋黎等：《一二九运动回忆录》第1集，第43页。
④ 《张涛供》，北京市档案馆藏北平市警察局档案，J181/17/1589。
⑤ 稚：《大示威》，孙敦恒等编《一二九运动资料》第2辑，第80页。
⑥ 《北平各校学生昨起停课两日》，天津《大公报》1936年11月26日，第4版。
⑦ 冯夷：《我们又示威了》，孙敦恒等编《一二九运动资料》第2辑，第169页。
⑧ 参见韩天石等《回忆"一二九"运动》，宋黎等《一二九运动回忆录》第1集，第148页。

北地方势力。1932年9月27日，张学良召见王化一时谈道："南京方面已注意到救国会、东大、东中，并造出许多谣言，要嘱咐同志们格外小心。"① 救国会、东大等组织皆为张学良地方势力创办的机构，张氏此语表明其对于国民政府染指甚至损害各组织的戒备心理很强，而更深层面上则体现了其浓厚的地域观念。在1933年3月出洋前，张学良还曾对王卓然表示，他"办东北大学，先后几次捐款，已约200万元，实费了好多心血。当初目的，在培养实用人才，建设新的东北，助成现代国家，消弭邻帮（邦）野心"。他"保存东北大学，不是由于封建思想，是因为东北土地亡了，要用东北大学作联系东北的'生命线'，在国家可借此以维系东北人心；在东北大学可借此知道国家不忘东北；在流离的东北青年，借此权当有家可归；在国内同胞借此睹物伤情，痛鉴覆车，可愈知效忠党国。所以东北大学除了他的本身使命之外，实具有最深长的国家民族意义，一定会受政府的维持，及国人援助的"。② 王卓然系张学良之幕僚，这段文字写于西安事变刚刚结束的时候，因而其粉饰张的因素不能忽视，但张对东北大学之关心与期望不容置疑。

彼时东北大学等流亡学校在经费方面对国民政府的依赖已逐渐增强。流亡北平初期，东大经费主要由张学良承担。在张学良出洋前对此似有所安排。"张汉卿先生出国时，为东北难民请命，中央允给救济。"③ 1933年4月17日，王化一"去财政委员会见王克敏委员长，商议东北大学及东北中学经费办法。王指定拨啤酒税全部收入作两校经费，每年约16万元左右。"次日，王化一与王卓然"商定东北中学经费每月5000元，余款归大学用"。④ 按王化一的说法计算，从16万元的啤酒税中扣除东北中学的年经费6万元（每月5000元），则东大每年自华北地方所得经费仅约10万元。可见，是时东大在经费上当主要依赖于华北地方财政。⑤ 此事曾经

---

① 《王化一日记摘抄》，李剑白主编《流亡青年的脚步》，第326页。
② 王卓然：《张学良到底是个怎样人》，《王卓然史料集》，第158页。
③ 《东北大学护校运动》，《东北知识》第1卷第4期，1937年6月，第26页。
④ 《王化一日记摘抄》，李剑白主编《流亡青年的脚步》，第327～328页。王卓然，字回波。
⑤ 当时的华北地方财政多取自地方税收与捐，与国民政府财政部无直接关系，并且华北财政亦甚拮据。参见荆有岩《张学良执政时期东北、华北财经概况（1928—1933）》，政协辽宁省文史资料研究委员会编《辽宁文史资料》第12辑，辽宁人民出版社，1985，第27～39页。

财政部同意，国民政府"每月拨给东北大学及东北中学维持费用，指定华北啤酒税收入，充作该两校经费"。①

但这些经费仅能勉强维持学校运行。1933 年底，王卓然又曾赴沪拜访财政部长孔祥熙，"商筹该校经费问题，结果圆满"。② 张学良回国后还曾请求行政院补助东大设备费，"每年拨发补助费两万元，以十年为期，俾得恢复设备，发展校务，行政院十一日会议通过，如数照拨"。③ 此外，一些东北及关内名流也曾资助经费。王卓然"以年来经费拮据，蒙各界捐助巨款，特于昨日下午四时治备茶点招待各界，到会有万福麟、何竞武、司徒雷登、蔡元（培）等均赴会"。④ 对于国民政府的拨付经费情况，学生吕述元回忆道："学校经费不如九一八前充足了。自 1933 年 9 月起，南京政府每月补助经费二万五千元，另外自 1932 年起每年补助设备费两万元。"⑤ 而学生王振乾的记述与吕述元基本吻合。⑥ 笔者据此推断，东北大学经费曾一度依赖于华北地方财政，但在财政部拨款后，则转而依赖于财政部。

此外，是时教育部亦对该校校务运行进行了指导。1934 年 7 月，教育部训令东北大学裁并院系、充实设备，厉行教员专任制。⑦ 该训令为一全面改进东北大学之方案，综合衡量，这一训令对于是时的东北大学之改进可谓切中要害。但这种全面的改进方案是在东北大学流亡北平和东北地方势力削弱的情势下推行的，正是这种情势才使得教育部的改进方案能够强势提出并施行。1935 年 7 月，教育部再次训令东北大学，对院系、招生、经费、教职员等方面的指示更加细致。训令称，该校"教员兼任者太多，应大加裁减，代以优良专任教员，达到兼任教员不得超过教员总数三分之一之规定，并须慎重选聘"。"该校经费每年三十万元，按照部定最低标准，百分之十五为设备费，即每年四万五千元；连同财政部特别设备补助

① 《东北学生之福音》，天津《大公报》1933 年 8 月 22 日，第 4 版。
② 《王卓然返平》，天津《大公报》1933 年 11 月 17 日，第 4 版。
③ 《东北大学年拨补助费二万》，天津《大公报》1934 年 9 月 12 日，第 3 版。
④ 《教育简讯》，天津《大公报》1934 年 10 月 8 日，第 4 版。
⑤ 吕述元：《张学良兼任东北大学校长前前后后（续）》，政协抚顺市委员会文史委员会编《抚顺文史资料选辑》第 10 辑，政协抚顺市委员会文史委员会，1987，第 125 页。
⑥ 王振乾：《记东北大学》，《沈阳文史资料》第 1 辑，第 11 页。
⑦ 《教育部致东北大学训令》（1934 年 7 月 14 日），《中华民国史档案资料汇编》第 5 辑第 1 编教育（一），第 198~199 页。

费每年二万元，共六万五千元，应以此款额充各院图书仪器设备之用。"
"该校现有行政人员太多，应严加裁减，以节省支出。"① 这种教育部与该
校的互动表明，东北大学已在相当程度上被纳入教育部的管理范围，其国
立化程度亦随之增加。

在国民政府大员眼中，东大亦是收复东北的希望。1935 年 1 月 3 日，
立法院长孙科在东大表示："国家权力不足，使东北同胞受人压迫，政府
当局与一般国民自当设法维持东北同胞与中华民国之关系，希望中国国旗
终有一日飘扬于东北，现在在校青年得此机会以锻炼身体，充实学识，培
养能力，将来无论回东北抑在内地，均可表现中华民族之伟大精神，持坚
强之魄力，不畏强暴，以救拔东北三千万同胞。""东北青年之精神，甚可
钦佩，如能自强不息，则东北四省终当收复。"②

1931～1937 年的五年多时间里，国民政府对东北大学的扶持，一方
面使该校得以维持，另一方面也增强了该校的国立化倾向。伴随 1934
年大批驻扎华北地区的东北军的南调剿匪，东北大学可以依赖的东北地
方势力更加削弱；而经费上的日渐依赖中央亦弱化了东北地方势力对该
校的控制。在这种情势下，西安事变的发生更是直接将东北地方势力置
于与国民政府对立的位置上，③ 而是时处在北平的东北大学亦陷入孤立无
援的窘境。

二 尴尬的接收：北平各方的抵制

西安事变发生后，北平教育界曾致电张学良，劝以民族危机为念，但
通电或集会中都没有周鲸文的名字。④ 周或许因处境尴尬不便参加，或许
已处在被排斥的地位。此时"东北流亡势力"处境都很尴尬，他们或有意
向国民政府靠拢，或不得不有所表示。⑤ 国民党 CC 系的臧启芳就在无锡

---

① 《教育部致东北大学训令》（1935 年 7 月 20 日），《中华民国史档案资料汇编》第 5 辑第
1 编教育（一），第 199～200 页。

② 《孙科昨在东大演讲》，天津《大公报》1935 年 1 月 4 日，第 3 版。

③ 参见杨奎松《西安事变新探：张学良与中共关系之谜》，东大图书公司，1995。

④ 《平教育界纷电张学良》，天津《大公报》1936 年 12 月 16 日，第 4 版；《平各大学当局
昨午二次集会》，天津《大公报》1936 年 12 月 17 日，第 4 版；《平大学当局昨举行聚
餐》，天津《大公报》1936 年 12 月 22 日，第 3 版。

⑤ 参见王春林《大义抑或利害：西安事变中东北流亡势力的反应》，《史学月刊》2010 年第
8 期。

各机关会议上批评了张学良的私德、九一八的不抵抗以及 1931 年国会代表选举时的专制等。① 在蒋介石脱险后，北平各界都举行了庆祝活动，其中提到了东北大学，但校长会议参加者中仍未提周鲸文的名字。② 西安事变解决后，张学良被扣，陕甘地区与中央军仍呈剑拔弩张之势。是时国民政府主要致力于这一地区的善后，以消弭事变前后形成的陕甘特殊局面。西北的善后自 1937 年 1 月初开始，直至 5 月以后大体结束。

与对东北军的军事善后同步，东北大学的改组国立亦被提出施行。陈布雷在事变后声讨张学良的电文中即诬蔑张"大扣军饷，私自移用于东北大学等，招收不良分子，制造反中央力量，坐使官兵给养缺乏"。③ 可见，东大已被南京方面视为张学良势力的一个堡垒。后来负责接收东大的臧启芳回忆，西安事变之初，他"和几位朋友聚谈，有人认为这次事变与东北大学颇有关系，因那时东大的工学院已迁至西安"，"有两位东大留美回国的学生和几位工学院教授在张学良左右，很有影响"。"就在这年年底，中央颇有人对西安事变归咎东北大学，而有停办东大的声浪。"④ 一直觊觎东北大学的齐世英意识到西安事变是控制东北大学的一个难得的契机，因而适时地采取了行动。他回忆道："我与陈果夫商量整顿东北大学，准备要把他改为国立，我推荐曾任东北大学法学院院长、时任无锡行政署督察专员的臧启芳做校长。结果臧被任命为代理校长，请假到北平上任。"⑤ 1937 年初的东北大学，"有文、法、工三院，学生一千余人，工学院于去春迁往西安，平方仅有文法两院，学生五百余人"。⑥

臧启芳与东北大学渊源甚深。1923 年东大筹建之际，留学美国的臧闻讯写了一份近万言的《东北大学计划书》，寄给筹委会的委员，提出了一些中肯的意见。⑦ 其后臧还曾在刘尚清和张学良长校期间担任过法学院长。臧启芳前往接收对东北地方势力还有另一重意味。九一八事变后，臧

① 《臧启芳痛述张学良罪状》，天津《大公报》1936 年 12 月 19 日，第 10 版。

② 《北平学生界昨游行庆祝》，天津《大公报》1936 年 12 月 27 日，第 4 版。

③ 《陈布雷关于蒋介石授意发动文教界声讨张学良罪状致叶楚伧密电》（1937 年 1 月 13 日），中国第二历史档案馆、云南省档案馆、陕西省档案馆合编《西安事变档案史料选编》，档案出版社，1986，第 116 页。

④ 臧启芳：《回忆》，第 66～67 页。

⑤ 沈云龙、林泉访问，林忠胜纪录《齐世英先生访问纪录》，第 225 页。

⑥ 《臧启芳奉教育部令接收东北大学》，天津《大公报》1937 年 1 月 12 日，第 4 版。

⑦ 参见臧启芳《回忆》，第 27～28 页。

启芳曾在报章上公开攻击张学良。① 对此，东北人士田雨时认为，其时"汪、张交恶，汉卿先生已是内忧外患集于一身，突遭臧启芳于报章向张开火，攻击'东北陷落、华北失政'之责。平心而论，臧之针砭时局，谠言高论，倘能面陈或函达方式，不无采择价值；但竟公诸报章，含有感情用事，从古今中外政治伦理的道德观点来看，毕竟值得考虑的"。② 因此，九一八事变后就已脱离东北而投向国民政府的臧启芳前来接收东大，势必引起东北地方势力的反感。

但国民政府对臧较为认同。1937 年 1 月 8 日，教育部长王世杰在日记中记道："东北四省人性格，常被认为粗野；其实决不能为斯概断。余所知之周天放、高惜冰、臧启芳诸人，均辽吉人；均精细而诚实。周臧现均经罗致教育部所属事业中服务，高则于去岁由予荐至铨叙部石蘅青先生处服务。"③ 在这段日记中，王对周、高、臧的欣赏态度跃然纸上。臧启芳受命改组，当亦为王世杰所赞同。

1 月 7 日，"教育部令臧启芳会同北平市社会局接收东北大学，并令于接收后代理校长职务"。④ 臧启芳亦预见到接收之艰难。他回忆道："我奉到部令后深知此事困难，我若接受命令，有些东北人必以为我从东北人手里把东大接过去献给中央，对我不满，这当然是不明大义的看法，可以不管。但那时北平是宋哲元的天下，共产党包围他无所不用其极，东大左倾的学生必利用矛盾拒绝接收，且东大的主任秘书兼法学院院长周鲸文便是共产党，他那肯听中央的命令，办理交待。"⑤

1 月 11 日，臧启芳奉教育部令到北平接收东北大学。对东北大学的接收改组与西安事变善后之关联十分明显，但教育部与臧启芳皆有意淡化改组东北大学的政治色彩。教育部"以东北大学升格改为国立，提高标准，充实内容，为当前亟务，特呈准行政院，将该校改为国立"。臧启芳则称：

① 参见《臧启芳痛述张学良罪状》，天津《大公报》1932 年 12 月 19 日，第 10 版。臧启芳表示："这篇短文不免对张汉卿的治军用人有所批评，然在我则赤心耿耿，纯属善意，而献殷勤的人却亦难免短长。"参见臧启芳《回忆》，第 60～61 页。

② 田雨时：《齐世英先生盖棺论》，《传记文学》第 51 卷第 4 期，1987 年 10 月，第 38 页。汪指汪精卫，关于汪、张冲突，可参见谢晓鹏《汪精卫与张学良关系之探讨》，《史学月刊》2009 年第 9 期。

③ 《王世杰日记》第 1 册，中研院近代史研究所，1990，第 21 页。

④ 臧启芳编《国立东北大学廿周年纪念册》，文海出版社，1973，第 11 页。

⑤ 臧启芳：《回忆》，第 67 页。

"此次纯系奉命行动，本人仅向江苏省政府请假一月，改组东大事毕，即须回任。至于东大为东北最高学府，无论从政治或教育观点，地位均甚重要，教育部爱护扶持，具有决心，总期最近之将来，能完成必要之整理及改进。"① 所谓"欲盖弥彰"，西安事变尚在善后中，"改组"的做法怎能令"东北流亡势力"不生反感。而且，"东北流亡势力"在是时的平津地区虽非主要势力，但仍有一定影响，而在这一地区国民政府力量却并非居于主导。因而，"改组"虽奉有教育部命令，但国民政府无法给予有效的支持。

　　1月11日，东北大学与多数学生致电教育部及东大大学委员会委员，拒绝教育部的接收。② 12日，冀察政务委员会委员长宋哲元、北平市长秦德纯等人会见臧启芳，对接收事"咸主张如事实可能，即行和平接收，否则不妨稍待另想办法"。③ 宋哲元等与东北流亡势力渊源亦甚深，在西安事变善后的局势尚未明朗之际，他们自然不愿在臧启芳和东北大学之间表现出明确的倾向。

　　其后，臧启芳与东北大学秘书主任周鲸文会谈，未得结果。据臧启芳回忆，周鲸文表示："他自己毫无所谓，因东北同乡不让他交代，没有办法，若东北同乡无问题，他无话说。"④ 是时，东北名流亦主张以和平方式接收。胡毓坤、刘翼飞等"13日上午11时，特以同乡资格宴请臧启芳，席间表示对接收东大态度主张用和平方法办理，并希望经过合法手续，及俟陕西事件完全解决，政治局面有明确趋势后，再谈东大问题。希望臧氏暂缓接收，俾免因此引起意外。至东大改组问题之解决，将由该校大学委员会及东北元老共同讨论解决办法"。⑤

　　1月13日，臧启芳将教育部致该校训令托社会局转达该校。14日，"该校校方予以退回，臧氏与关系方面研讨和平接收办法，惟仍无结果。据臧氏左右表示，臧氏既奉命前来接收整理该校，自当竭力遵行命令，接

---

① 《臧启芳奉教育部令接收东北大学》，天津《大公报》1937年1月12日，第4版。
② 东北大学的大学委员会1931年4月成立，是时成员多为东北地方要员；在1933年和1934年，大学委员会的构成发生变化，国民政府与华北的众多军政要员被邀请加入，但此种职位多为虚职，实际校务仍为张学良委任的代理人负责。参见王振乾、丘琴、姜克夫编著《东北大学史稿》，第16~17、183~184、202页。
③ 《东北大学照常上课》，天津《大公报》1937年1月13日，第4版。
④ 臧启芳：《回忆》，第68页。
⑤ 《教部电令臧启芳从速接收东北大学》，《申报》1937年1月16日，第12版。

收如不可能，当请示教部，决定裁处办法，个人行止进退一切，候部令决定"。①

综上所述，是时之接收中已然包含着代表"东北流亡势力"的校方与代表教育部的臧启芳之间以及教育部与华北地方之间的多重纠葛。是时华北地方当局宋哲元等与东北大学背后的"东北流亡势力"都主张和平接收，而东北大学亦坚决拒绝执行教育部命令，臧虽有教育部命令而无地方势力的支持，很难实现接收。这彰显了国家权威在地方势力控制地区虚弱无力的吊诡现象。② 在这种情势下，臧启芳不得不接受地方势力的建议，试图通过和平方式接收该校。

是时，教育部致电宋哲元、秦德纯谋求支持，电文称："东北大学组织大纲，经部核准，案内载明，校长应由政府任命，大学委员会无权过问。"③ 东北大学之改组，本属教育部与该校之间的事务，但因为该校处于地方势力范围内，教育部又不得不借重华北当局，这又凸显了宋哲元地方势力在这一改组纠葛中举足轻重的作用。

关于是时东大与教育部之关系，据国民政府 1929 年 7 月颁布的《大学组织法》第九条规定："国立大学校长由国民政府任命之；省立、市立大学校长，由省、市政府分别呈请国民政府任命之。"该条款于 1934 年 4 月 28 日修正为"国立、省立、市立大学校长简任"。④ 这一法律规定得较为明确，国民政府确有决定权，地方势力无权参与。但 1931～1936 年，因为东北大学原属东北地方所办，校长又由张学良本人兼任，校务由张氏委托亲信幕僚管理，因而教育部并未予以干预。这种法律条文与实际施行间的差异反映了国家法规在地方势力面前的妥协。但国民政府在西安事变后提出这一问题，并拟消除这种差异，其言说虽义正词严，但其间掩盖的是地方势力失势后的特权丧失。多年后，金景芳仍这样回忆："国民党政府把张学良将军私立的东北大学改为国立。"⑤

---

① 《东北大学学生冲突》，天津《大公报》1937 年 1 月 15 日，第 4 版。
② 此点与王东杰的四川大学国立化进程中"国家"支持在地方势力控制区域毫无作用的结论极为相似，且较之更为复杂。参见王东杰《国家与学术的地方互动：四川大学国立化进程（1925—1939）》，第 98～153 页。
③ 《教部电平有权派校长》，天津《大公报》1937 年 1 月 14 日，第 4 版。
④ 《国民政府颁布大学组织法》（1929 年 7 月 26 日），《中华民国史档案资料汇编》第 5 辑第 1 编教育（一），第 172～173 页。
⑤ 金景芳：《金景芳学术自传》，巴蜀书社，1993，第 15 页。

在东大学生中，关于接收问题分歧亦很大，"形成主张极端对立、誓不相容之两派，反对接收者，由学生自治会领导，在'东联'的声援和支持下，展开了激烈的斗争"。① "欢迎接收者，以'铲共救国护校团'为中心，前曾用壁报标语互相攻讦。"② 1月17日，东北大学南校的两派学生及少数中立分子发生冲突，造成约20人受伤，军警亦介入该事件。③ 冲突后，赞成改组的学生30余人即离开学校。学校当局18日午后召开训育会议，议决开除12人，其余分别予以记过处分。④ 对这一事件，东大当局在牌示中沉痛指出："各该生等，同是流亡学生，处此乡邦多难，忧患纷乘，应如何勤奋淬厉，精诚团结，乃竟其豆相煎，迭生惨剧，殊为痛心。"⑤

然而该校纠纷并未因校方处置而平息，双方各显其能。"反对改组派学生，签名反对臧启芳长校；而赞成接收与被受开除处分之学生刘楠鲁等十二人，则呈请教部迅速设法解决，又闻护校团发起南迁签名运动。"反对派一方积极活动，"该校学生自治会招待新闻界，报告反对接收理由，并致电宋子文，请维东大现状，学生并派代表分赴保定及天津，晋谒该校大学委员万福麟、王树翰，请来平会同维护东大存立事"。⑥ 离校学生"因教育部对接收问题，尚未得有效施行办法，该部学生因受生活压迫，迫不及待"，特于21日"早十时联合赴市府请愿，要求予以救济，并请援助臧启芳接收东大"。⑦

对于接收东大，《中央日报》在1月13日曾高调报道称："闻东大全体师生，因教部改该校为国立，极为欣感，故对臧氏接收，当表欢迎。"⑧ 16日，该报则称，臧启芳"因办法尚未拟妥，故暂缓接收，听候部令办理"。⑨ 对于接收受挫之事讳莫如深。这种论调的变化除了维护中央权威之意外，也表明作为国民党官方舆论阵地的《中央日报》对接收东大显得

① 阎宝航：《流亡关内东北民众的抗日复土斗争》（1960年），《阎宝航纪念文集》，第362～363页。"东联"指有中共背景的东北民众团体"东北人民抗日救国联合会"。
② 《学生内部发生纠纷》，《申报》1937年1月19日，第10版。
③ 《东北大学学生昨又有冲突》，天津《大公报》1937年1月18日，第4版。
④ 《东北大学开除学生》，天津《大公报》1937年1月19日，第4版。
⑤ 《东北大学严惩肇事学生》，《申报》1937年1月20日，第10版。
⑥ 《教部电令臧启芳从速接收东北大学》，《申报》1937年1月16日，第12版。宋子文系东大大学委员会委员。
⑦ 《东北大学离校学生昨向平市府请愿》，天津《大公报》1937年1月22日，第3版。
⑧ 《臧启芳昨往接收》，《中央日报》1937年1月13日，第4版。
⑨ 《臧启芳暂缓接收东大》，《中央日报》1937年1月16日，第4版。

过于乐观。同日，教育部高等教育司长黄建中表示，东北大学接收工作
"本部决照既定方针办理"。① 这种论调之间的反差提示了接收中国民政府
权威受挫的困窘。

接收一事至此已陷入僵局，据 1 月 23 日《申报》报道："东北大学改
国立问题，现已陷停顿状态，宋、秦接何应钦、王世杰电，请协助接收，
近蒋委员长亦由奉化电宋、秦，盼即协助接收，以解纠纷。又刘哲、莫德
惠有电到平，对东大表示，须从长计议。"② 是时的东大问题，国民政府方
面只能寄望宋哲元的力量能予以协助，而代表"东北流亡势力"的刘哲等
亦无力维持，只能顺应时势要东大从长远考量。双方这时都表现得较为克
制，而实际上是中央的力量无法达到以及"东北流亡势力"力量弱小的
缘故。

1 月 22 日，臧启芳"来津谒宋委员长，请示协助接收办法"。23 日 9
时半返平，但当晚又由平返津。1 月 23 日，黄建中再次表示："东北大学
接收事，仍本原定和平计划，在不妨碍学生学业原则下努力进行，决不采
取武力，被开除学生之善后，俟该校整个问题解决后，办理复学或转学。"
同时"教育部长王世杰迭电臧启芳促早日接收，并请当局予以协助"。③
国民政府远在南京，教育部只有依仗宋哲元地方势力的协助，但宋氏似乎
始终虚与委蛇，臧启芳因而如坐针毡，多次往返平津之间而无功。

1 月 24 日，《大公报》记者采访了臧启芳，臧将接收工作态势做了全
面的介绍："东大现当局误以东大为私立，不能由教育部径派校长，及东
大校长照章应由大学委员会推选为理由，坚决拒绝部令。"臧对学校的论
调反驳说："实则东大之沿革，纯系省立，最初由王永江省长担任校长，
至刘尚清继任省长时，亦兼任该校校长。移平后每年经费三十万元，建设
费二万元，完全由国库支出。至校长问题，在东大以大学委员会章程呈部
备案时，教部即明令改正校长须由政府任命，其余应准备案。"对于接收
问题，平市当局"极力协助，但一方面顾虑一班纯洁青年学生，受人利
用，乃向教部请示妥善办法"。臧最后总结说："学生须听命学校当局，校

---

① 《黄建中司长对记者谈教部本既定方针办理整理东北大学》，天津《大公报》1937 年 1 月
17 日，第 4 版。
② 《接收东北大业已停顿》，《申报》1937 年 1 月 23 日，第 10 版。"宋、秦"指宋哲
元、秦德纯。
③ 《接收东大不用武力》，天津《大公报》1937 年 1 月 24 日，第 3 版。

方须听命教部，乃不移之理。"① 臧之言说不无道理，只是在"东北流亡势力"失势的情况下遽行改组，实无异于从"流亡势力"手中抢夺该校，该校当局依仗华北特殊形势顽强抵制，亦属情理之中。

三　"另起炉灶"：教育部之迁校改组

面对接收困境，1 月 28 日教育部采取了强硬措施：鉴于该校当局抗不移交与驱逐所谓"善良学生"，"决定否认其非法行政，停止发给经费，对于该校纯正教员与善良学生之教学事宜"，"当另定救济办法"。② 同时，电召臧启芳回京。这时教育部已经在筹划改变接收方式。据时任河南大学校长的刘季洪回忆，东北大学"因受左倾分子的把持，二十五年政府决定命其南迁，但一时苦无校址，于是教育部长王世杰先生及中央陈果夫先生分别来电，商由河大暂为接待。经校内会商并请示省府同意，复电欢迎"。③

对于教育部之强硬措施，赞成改组的学生"甚为喜慰，均准备待命南下，俟教部通知指定集中地点后，即可离平出发。反对派学生定今晨十时开会讨论维持办法，该校秘书主任周鲸文昨表示，教部停发该校经费后，该校将继续设法维持，经费暂不成问题"。④ 臧启芳在离平前则表示："只要中国不亡，还有政府，有法律，我便能达到接收目的，现在何必忙呢？"⑤ 其言说之中国家观念浓厚，正气凛然，虽有暂时受挫之愤慨，但对最终接收充满信心。

臧启芳 30 日晨"由平抵京，当即赴教部向部次长报告详细经过"。⑥ 教育部旋即决定："在开封河南大学暂设东大临时校舍，仍由臧启芳任代理校长。""臧氏一日携部令赴汴，筹办一切。"北平的赞成派师生分批南下，"平方校当局及反对改组派学生，仍继续进行维持现状"。⑦

迁校开封表明了和平接收计划的失败，其间反映了地方势力对教育部

---

① 《臧启芳谈东北大学亟待整顿改为国立无可反对》，天津《大公报》1937 年 1 月 25 日，第 3 版。

② 《教育部决予制裁》，《中央日报》1937 年 1 月 29 日，第 4 版。

③ 刘季洪：《教育生涯漫谈》，台湾商务印书馆，1986，第 144 页。

④ 《臧启芳离平》，天津《大公报》1937 年 1 月 30 日，第 3 版。

⑤ 臧启芳：《回忆》，第 68 页。

⑥ 《臧启芳返京》，天津《大公报》1937 年 1 月 31 日，第 3 版。

⑦ 《东北大学善后办法确定》，天津《大公报》1937 年 2 月 2 日，第 3 版。

命令的漠视，因而教育部不得不在国民政府控制之河南开封进行所谓"改组"。此种"改组"实际上是"另起炉灶"的方式，是一种以教育部相号召的分化东大的改组。北平改组的失败凸显了教育部政令在华北地区无法施行的窘境，因而迁校改组实为教育部无奈下的一种应对。

北平东大当局此时亦在竭力维持。"东大秘书主任周鲸文，前赴津分访地方当局，与东北名流商洽东大善后各事"，2月4日午返平。"据称推本校大学委员法（会）执委刘哲、王克敏、王树翰负责维持现状，所有组织系统及行政人员，皆不变更。"① 而中枢方面亦关注着东大。2月5日，陈布雷"十二时卅分访戈定远君话别，戈以华北数事见托，余以东北大学事告之"。② 陈布雷背后当系最高当局的蒋介石。

是时，臧启芳在河南大学内设立了东北大学办事处。"连日教员到汴者已有十余人，学生到汴者已有二百余人，一二日内仍有百余人可续到，超过半数以上。北平原校非法行政，业经教部断绝公文批复。""该校原有专任教授十六人，讲师四五十人，十六名专任教授中，除四人业已赴汴外，闻另尚有四五人准备南下。"③ 该校师生近半数来汴，学校已完全分裂。至2月9日，汴方"各院长人选，除法学院已聘定白世昌外，文学院长尚在物色中，工学院长一时颇难决定，该方刻正忙于聘请教授及准备开学后之各种课程工作"。④

2月15日，臧启芳又发表了《告东北大学全体同学书》，臧在文中阐述了他的大学理念以及对东北人的出路和东北大学的特殊使命的认识，其立论中鲜明地倡导国家观念，批评封建思想。臧在"大学教育部分"含蓄地批评了王永江和张学良时期之宗旨，其用意显然在否定办学者之地域眼光。臧继而提出了他的大学定义："大学教育是以涵养道德，荟萃思想，启迪文化为目的，小之可以为一个民族谋福利，大之可以为全世界的人类谋发展。"⑤ 臧此一理解确实比张学良要高明很多，其中平添了许多文化内涵。在"我们东北人如何才能复土还乡"部分，他明确提出"要拥护统一，服从中央，打破一切残余的封建观念"。同时，"今后万不可再作出

① 《周鲸文赴津接洽维持东大》，《申报》1937年2月6日，第11版。
② 陈布雷：《陈布雷先生从政日记稿样》，东南印务出版社，年份不详，第195页。
③ 《开封已成立东大办事处》，天津《大公报》1937年2月5日，第4版。
④ 《东大移汴后已准备开学》，天津《大公报》1937年2月9日，第4版。
⑤ 臧启芳：《告东北大学全体同学书》（1937年1月25日），南京图书馆藏，第4页。

见弃于国人，甚至于自绝于国人的行为。过去我们做错的事情，属于个人的固属甚多，就是我们整个团体作错的行为也不少"。① 这事实上是在批评张学良东北势力在九一八事变与西安事变中的作为。他还号召东北人"永远不再记着过去彼此间所有的嫌怨，而真正的互相亲爱起来"。② 臧是时所论多从国家角度出发，又结合当时东北流亡人士的处境，这对于一所深受地域观念熏染的学校的国立化是极为必要的。

北平的周鲸文虽还在勉力支撑，但经费与公文断绝后，该校已经处于不被教育部承认的非法状态，前景黯淡。正如 2 月 15 日抵汴文法学院同学致留平东北大学同学电文所称，改国立后"校方对于课程之整理，教授之延聘，皆呈革新气象"。"北平故校，经费绝源，学校断难持久，机关非法，学生出路安在？总之，新校属于国家，故校已失地位。"是时，"学生抵汴者已二百四十余人，余仍陆续前往，教授方面到者已有赵配天、许梨洲、霍玉厚、孙一三、吴希庸、樊哲民等十数人"。法学院长白世昌"在平新聘教授，计为高晋生、蓝孟博、金长佑等七八人，均允于开学前到校授课"。同时，臧启芳已派工学院原任教授王茂春等四人往西安接收工学院。③

耐人寻味的是，是时代表留平东北人士的王卓然赴京晋谒教育部当局时，教育部次长段锡朋"表示极好，对于东大改为国立说，极力否认，声称并无其事。王（世杰）部长连日忙开会中，俟稍得暇，必从长计议，以求兼顾各方之策"。④ 教育部之改组措施已在施行中，却仍对于东北势力的代表竭力否认。可见，国民政府中枢对于"东北流亡势力"仍颇为忌惮，既想实行国立，又不愿过于刺激他们。

2 月 21 日，臧启芳"乘欧亚机赴京，向教部报告"。⑤ 24 日，臧谒见蒋介石，"请示办理该校方针，蒋令臧照预定方针办理"。这坚定了臧接收工学院的决心。⑥ 蒋介石在 2 月 24 日的日记中着重强调："东北大学事应注意。"⑦ 蒋介石的亲自接见与鼓励表明，该校之接收与改组，更体现了

① 臧启芳：《告东北大学全体同学书》（1937 年 1 月 25 日），第 9～11 页。
② 臧启芳：《告东北大学全体同学书》（1937 年 1 月 25 日），第 11 页。
③ 《东大师生络绎赴汴》，天津《大公报》1937 年 2 月 16 日，第 4 版。王文华，字茂春。
④ 《东大问题》，天津《大公报》1937 年 2 月 18 日，第 4 版。
⑤ 《西安东大未能接收》，天津《大公报》1937 年 2 月 22 日，第 4 版。
⑥ 《东大改组》，天津《大公报》1937 年 2 月 26 日，第 4 版。
⑦ 《蒋介石日记》手稿本，斯坦福大学胡佛研究所藏，1937 年 2 月 24 日。

国民政府在教育层面上从地方势力手中收权的一面。

　　然而，臧启芳对东大工学院的接收也遇到了类似的抵制。① 3 月 3 日，臧启芳携新任工学院长王文华接收东大工学院。但接收前该校亦发生破坏接收的活动。"该院不良份子二十余人，受人唆使，二日夜擅将学校仪器携取二十一件，分装二十一箱，乘陇海车东去，经该院电请陇海路驻军在潼关将仪器扣留，学生则任其东去。"②

　　对东北大学当局与教育部之间的冲突，时任东北大学大学委员会执委且兼具权势与乡谊的刘哲的态度颇为微妙。3 月 23 日，刘哲致函蒋介石撇清与东大的关系："关于东北大学事，近闻有人报告责及与哲，窃恐传之过当，谨请钧座原宥，如蒙准赴京面陈，请电示，遵即趋谒。"③ 3 月 27 日《申报》又报道了刘哲的类似言论："东大纠纷发生时，余适在京，及回平后极力向各方调解，期融化一炉，不料毫无效果，只好听之。至谓迎余长校一节，实属不确，余不愿深加驳辩。"④ 开封设校与接收西安工学院后，东北大学形成南北对立。平校周鲸文维持乏术，教育部亦拒绝支持，周遂离职而去。平方拟请东北刘哲长校，但刘哲不愿牵涉其间，竟"自行离平赴青岛，并否认对东大校务负责"。于是东北大学"将到最后阶段"。⑤ 刘哲摆脱干系、作壁上观的做法有悖于乡谊，但是时的东大问题已经到了国民政府接收的最后关头，牵涉其间难免有维护地方势力、对抗中央的嫌疑。刘久在官场，在张学良失势、国民政府强势的情势下当然会选择明哲保身的做法。这在另一方面反映了地域观念在国家威权面前的被迫退让。

　　赴开封报到的学生逐渐增加，"到四月底止，在汴报到的学生总数，已占原有额数的五分之三了"。而校务也呈现出新气象："虽是借地上课，

---

① 参见李正风《东北大学在西安》，中共陕西省委党史研究室、共青团陕西省委青运史研究室编《西安事变前后和抗战初期陕西国统区青年运动》，陕西人民出版社，1989，第 309～311 页。

② 《东大工学院昨已接收》，天津《大公报》1937 年 3 月 4 日，第 4 版。

③ 《刘哲致蒋介石函》（1937 年 3 月 23 日），台北"国史馆"藏"蒋中正总统文物"，002/080114/00021/031。

④ 《刘哲谈东大纠纷》，《申报》1937 年 3 月 27 日，第 4 版。

⑤ 《谁支平校残局》，天津《大公报》1937 年 4 月 16 日，第 4 版。据《周鲸文回忆录》，周去职仅是假象，实则退居幕后，由刘哲等东北元老试验其他方法，但刘哲等人不愿过多参与此事，周的维持实质上持续到七七事变前后。参见《周鲸文回忆录》手稿复印件，第 1255～1273 页。

而在课业的进展上，一般的说，较比从前是有增无减。""教部已确定东大校址在西安了，经费也增加了许多，院系也相当的加以扩充，名教授的聘任，及校舍建设费的增添等，目前均积极进行中，拟于六月中旬，全体西迁。"而东大的使命仍然被铭记着，"希望于最短期间，完成了许久未能完成的特殊使命，而使这硕果仅存的东大，依旧伫立在昭陵原上"。①

5月4日，在国民政府行政院第313次例会上，王世杰正式提出将东大改为国立的问题。《拟将东北大学确定为国立大学，并拟自本年暑期起将该校各学院集中西安办理》的呈文为会议通过。② 至此，东北大学的改组国立正式实现。

而是时留平的东北大学总校已陷入窘境。5月14日，北平东北大学校务维持委员会召开全体委员会。"出席委员二十余人，至晚七时许始行散会。议决要案如下：（一）认为迎刘（哲）工作已告一段落，即日起停止该项工作。（二）本会已无能力再行继续维持校务，由下星期一（十七日）起本会正式宣布解散。（三）但对同学之伙食费，仍以私人资格负责尽力为之筹划。"③

对留平之东大学生，教育部仍尽力争取。6月2日，教育部将东大留平学生救济办法饬令平社会局遵办，该办法包括："（一）留平具有本科学籍学生应于六月底前分赴该校西安、开封各院入学，由部责令该校宽予收容。（二）留平生中，在本期未毕业者，可毋庸离校，由部指定平市社会局举行毕业试。（三）已被除名学生，如表示悔过，得由校酌量情形，呈部核定，恢复学籍……"该办法诚如教育部所称"实属极度宽大，曲予成全"。④

东大分处汴、陕两地办学乃权宜之计。7月，"国立东北大学奉令迁陕，集中办理，除工院原在西安外，留汴之文、法两院，一日已全部迁来，计到教职员学生二百余人。又臧启芳定日内由京来陕，主持校务"。⑤这样该校实现了进一步整合，但数次播迁对学校损害不小。齐世英就指

① 慧萍：《介绍新的东大》，《现代青年》第7卷第4期，1937年5月，第24~25页。
② 《东北大学改为国立》，天津《大公报》1937年5月5日，第3版。
③ 《平东北大学校务难维持》，天津《大公报》1937年5月15日，第4版。
④ 《东大留平学生救济办法已定》，天津《大公报》1937年6月3日，第3版。
⑤ 《东大学生全部到陕：数月纠纷平息》，《申报》1937年7月1日，第19版。

出："经过这两次的迁移，学校元气大伤。"①

至 7 月下旬，教育部仍在尽力争取留平学生。因尚有一部分学生留平观望，"最近复经臧代校长，拟具补救办法两项，（一）具有学籍之大学部学生，如能于本年九月一日以前，赶来本校者，仍拟予以照准，以免旷废。（二）其已开除之大学部学生，如能于九月一日以前表示悔悟，请求恢复学籍，拟即查核情形，令其取具保证书，暂准入学试读，呈奉教部令准照办"。② 在臧启芳的努力下，除部分师生前往中共的游击区或其他院校，有相当数量的师生进入国立东大。③ 刘季洪证实："是年夏季该校师生五百余人。"④ 杨承厚亦表示："我们政经系原有学生廿七人，先后到达开封者计二十二人；以此推算，全校约有三分之二同学遵守教育部命令迁往开封。"⑤

其中，未前往开封的多数为中共学生。阎宝航表示："'七七事变'爆发，北平东大 300 余同学，绝大部分都参加了共产党领导的八路军和新四军，很多人经过党的长期培养，以后都成了党的优秀干部。"⑥ 民先队员丘琴也由此走上革命道路："七七事变后，我随平津流亡同学到了济南。""响应民先队部的号召，留在山东工作，并参加了第三路军政训处（处长是进步人士余心清）主办的辛庄训练班。"⑦

四　改组国立之得失

抗战时期，一篇似乎出自东大官方的文章将改组国立一事描述得义正词严："国民政府深知中日必不免一战，战则必收复东北，乃为真正最后胜利。更必建设东北，乃可以保中国之长治久安。整顿东北大学，俾克尽厥力于收复东北与建设东北。""顷日寇虎视北平，足妨斯举，则整顿东北大学使负东大使命，迁之内地，又国策之所必然也。"⑧ 但在改组之际，

① 沈云龙、林泉访问，林忠胜纪录《齐世英先生访问纪录》，第 225 页。
② 《东大留平学生补救办法》，《申报》1937 年 7 月 25 日，第 12 版。
③ 陈彦之：《记东北大学进步学生抵制国民党接管的斗争》，《辽宁文史资料》第 10 辑，第 123 页。亦可参见宋黎《荟萃精英血沃中华——忆东北大学》，《东北大学建校 65 周年纪念专刊》，第 67 页；王振乾、丘琴、姜克夫编著《东北大学史稿》，第 115～116 页。
④ 刘季洪：《教育生涯漫谈》，第 144 页。
⑤ 杨承厚：《东大四年的校园生活》，《国立东北大学七十周年纪念特刊》，第 154 页。
⑥ 阎宝航《流亡关内东北民众的抗日复土斗争》（1960 年），《阎宝航纪念文集》，第 363 页。
⑦ 丘琴：《难忘的岁月难忘的友情》，刘敬之主编《石光诗文纪念集》，第 392～393 页。
⑧ 冬大：《抗战中的东北大学》，《民意周刊》第 137 期，1940 年 7 月，第 6、7 页。

这种正当性显得极为贫乏。

在西安事变的善后紧张进行的同时，国民政府教育部却大力推行东北大学的改组国立，与彼时国民政府与"东北流亡势力"应对西安事变的各种活动相对照，东北大学的改组国立实际上是西安事变后国民政府解决"东北流亡势力"全盘计划中的一环。臧启芳在《国立东北大学廿周年纪念册》一书中就称："西安事变已平，中央为彻底整顿，故有是命。"① 东北大学是除东北军以外"东北流亡势力"寄予厚望的重要团体。在改组国立之初因地方与中央的纠葛，该校仅余200多人，但国民政府仍尽力维持。可见，在国民政府眼中，东大不是一所普通大学，而是维系东北知识分子和青年的纽带，一个维持东北民心以及收复东北的文化与民意的支点。

在改组东大后，与东大性质相近的东北中学在七七事变后也被教育部改为国立。② 这一系列的善后做法，实在难称"善"。在接收改组中，各校都爆发了反对风潮，这种风潮固然有所谓"进步学生"鼓动反对国民政府接收的因素，但其中出于东北地域观念者当为主要方面。其时反对接收的各种宣传资料，也多以东北地方相号召。1937年5月，东大在平学生发动了赴京请愿，尽管并未发生效用，却宣扬了北平方面的主张。一份宣传材料写道："为了保存东大的特殊使命，为了保持东大的历史意义，为了纪念东北四省的沦亡，为了完成3000万东北父老的期望，我们东大师生是不能让野心家臧启芳来蹂躏东大的。为了收复失地的重任，我们更不能退出国防最前线的北平——因为无论是去河南，去西安，那都是越走越离东北远了。到那里去，莫要说招收东北来学的青年有多少不便，就是在将来复土还乡的时候，也要走多少冤枉的路！"③ 而请愿通电中虽有为张学良申辩及批评开封设校等说辞，但所论东大的使命以及北平的地理优势皆理所当然："东大为'九一八'之纪念物；历史上之地位，及所负之使命，俱有特殊意义。""北平为国防第一线，东北青年为抗日复土之先锋，敌攻冀察，我退甘陕，于名于实，百索莫解。"要求："维护东大完整，校址在平。"④

---

① 臧启芳编《国立东北大学廿周年纪念册》，第11页。
② 参见钟宜洁编《不屈的流亡：东北中学忆事》，出版者不详，2002，第14～16页。
③ 李荒、林火：《东大赴京请愿记》，相树春、张振鹤、李格政主编《我们走过的路》（简），第21页。
④ 《东北大学护校运动》，《东北知识》第1卷第4期，1937年6月，第26页。

而西安较之北平亦无办学之优势。学生傅遂之指出："西安的环境，不见得比北平单纯，文化上的陶冶，学风上的化被，都不及这古老的北平之一角。设备简陋，教学困难，经费虚糜，尤其余事。"① 东北籍学者王之相更直接批评了政府措施的粗暴："现在三百多个学生已经发动了请愿的动作，但是在发动这个运动以前，差不多半年的长期，政府方面不加以相当的安慰，只是扣留了补助费，这是合理办法吗？"他也对学生反对迁往西安表示理解："去年暑期他们已经有了这样表示，当工学院迁往西安的时候，也曾费了许多的周折，不是现在发生的问题。至于他们为何不欲离去北平，据他们说起来，也有相当理由，就是（一）关外后来的同学可以就近来入学，（二）北平是文化的中心，可以得种种求知的便利。那么对于他们这种意思，也不能作不良地解释，认为故意捣乱。"② 傅遂之也认为国民政府举措失之简单："东北学生，本身方面也不能不有其切身困难和愿望，高高在上者，也得要代为解除，代为成全。策谋周备，有时还不免失之毫厘，差之千里；况政府之命，其来者甚速，同时看事情也太理想了。"他认为东大当局也有些意气用事："当局既已决定了，决定了东大的前途，司东北全责的人们，也就应顾全大局，心中要记住东北青年的命运，寄托在什么地方，不是个人意气问题，也不是个人地位问题。结果让我们太也失望了，两方面各走极端，各不相让；开封借读，北校断炊，刘哲避去，周氏言辞，一校分数处。"③

这种强制接收的方式使一些东北流亡学生对臧启芳主持的东北大学颇为反感。臧启芳在回忆中提到，"记得当我把东大迁到开封后，一位东北准共产党杜重远对我说'你何必接收东大，惹的许多东北同乡对你不谅解'"。④ 抗战时期的东北大学学生郭卓，其表哥是东大工学院在西安时期的毕业生，郭写道："（我）经常听他们讲接任东大校长臧启芳的坏话。主要是他反对张学良的作为，为此，我对东大并无好感，也从未想过要读东大。"⑤ 李宗颖亦指出，抗战时期"臧启芳的吸引力不大，甚或不利于

①　傅遂之：《东北大学与东北青年》（1937 年 6 月 5 日），《公言》1937 年第 3 期，第 9 页。
②　王之相：《由东北大学问题说到一切东北问题》，《北方青年》第 1 卷第 1 期，1937 年 6 月，第 17 页。
③　傅遂之：《东北大学与东北青年》（1937 年 6 月 5 日），《公言》1937 年第 3 期，第 7~8 页。
④　臧启芳：《回忆》，第 69~70 页。
⑤　郭卓：《我走过的路》，相树春、张振鹤、李格政主编《我们走过的路》（繁），第 114 页。

东北人士之口，流亡子弟投考者颇少，有些川陕学生就近升入了"。① 这源自对臧启芳接收改组东大的不良印象，但从另一角度反映了东北学生的地域观念。在反对改组的风潮中，臧启芳成为东大校方及学生的"众矢之的"，这固然在于其既往与当下之言行有有悖乡谊之处，但主要原因应是他是代表国民政府前来接收的，因而在风潮中"反臧"与"反接收"是合二为一的。但即便来接收者非东北籍人士，东大校方之态度想来不会不同，因为其间涉及的主要是地方与中央的矛盾。

东北大学改组的直接结果是，代表国民政府教育部的臧启芳接管了该校，代表张学良的东北地方势力的秘书主任周鲸文及其追随者被排除在外，但该校规模较之原来大为缩减。可见，东北大学的改组国立是一种国家与地方势力对峙后以分裂该校的形式实现的所谓"国立"。在这场角力中，国民政府虽一度受挫，但凭借其对该校经费的掌控赢得了主动，东大对此无可奈何。尽管大学国立问题本属于教育范畴，但在民国时期这一问题在很大程度上是个经费问题。东北大学可谓先在经费上"国立"，后于体制上"国立"，该校国立的最终实现亦得益于经费上的"国立"。

在东大改组的纷扰时刻，黑龙江籍的傅遂之还对黑省学生的弱势地位发了些牢骚："我又不是代表多数东北团体，东北一切的辽宁人，是一个不被人家注意的黑龙江生长大的边僻野子而已。虽然据闻事变前的东大，因为政治关系，每年有黑省二十万元协款的摊派，这数目不算很小，但学生的比例，一百人不见得有五个是黑省的。这是过去的情形，现在呢，据统计：现在东北大学全校的学生总数中，黑省的同学，还不到二十个人。全校教职员，黑省同乡，不过一二人。也难怪，自己教育落后，文化程度低落，其能怨天？其能尤人？所以在层出不穷的东北'阋墙'剧中，甚至别方面大的变动中很少见到黑省人士的出头，黑省人士的挂名。这是低能，还是地位和人数的关系，聪明的人，自会明白！"② 流亡北平时期，辽宁人仍是东北大学的主体。傅遂之对此早有不满，借机发泄一下。他的话反映了旧时东大吉林、黑龙江省籍学生弱势地位的延续，而改进的诉求当与改组东大的方向是一致的。

---

① 李宗颖：《略述东北大学》，《辽宁文史资料》第8辑，第73页。
② 傅遂之：《东北大学与东北青年》（1937年6月5日），《公言》1937年第3期，第7~8页。

小 结

北平时期，东大因流亡境遇而校风丕变，该校在这一阶段不由自主地淡化了"东北最高学府"的身份，而更多地呈现了"流亡大学"的特点。东大师生生活艰难，但不忘复土还乡，从而成为党派活动与救亡运动的积极分子。他们遭受着国破家亡的切肤之痛，对国难的感受也更加深刻。[1] 他们肩负的地方使命也自然地与时代诉求合流，并积极地回应着时代。

在日军侵略威胁不断加剧的态势下，北平时期的东北大学始终处在动荡不安的办学环境中。在这种情势下，该校校风也转为热衷救亡运动与党派活动，这既是其时国难日亟下学生群体的自然反应，又代表了东北流亡民众"抗日复土"的诉求。时人就指出："东北大学是一个活的国难纪念。东北大学不开设在东北，事之惨痛孰有过于此者!"[2] 随着东北军在华北驻军的逐渐减少，"东北流亡势力"的影响也有所下降，但后继的主持者黄郛、宋哲元等人对张学良以下的"东北流亡人士"仍较为顾忌或关照。在这种背景下，东北大学也具有了特殊的地位。周鲸文表示："我们东北的几位乡长，为政委会常委刘哲，委员胡毓坤，宪兵司令邵文凯，也是我对宋的范围内活动的从旁助力。"在华北当局与东北流亡势力的印象中，"我就是张副司令的代表"。"因为张副司令的关照，我常去拜访宋哲元。他对张副司令很尊敬，常提到张对他的爱护关照，并说：'张副司令什么时候有指示，他就遵办。'"[3]

1930年代的学生运动中，党派动员力量更趋成熟，而国难严重的现实亦为党派动员提供了适宜的施展空间。因此，这一时期党派力量较多地进入学生中有其合理性与正当性，党派活动与学生运动的合流也表明国难促使政治组织和群众运动朝着"抗日救国"的共同方向发展。此时学生运动的特点已经不单是"动员学生"，而是在国难危机下动员学生，这较之单纯的政治动员要更容易操控，效果也更明显。易社强曾在其专著中提出"学生民族主义"的概念，并描述了学生对国民政府政策的反感以及中共

---

① 参见王春林《国难中的九一八纪念——以东北流亡民众为中心》，《抗日战争研究》2013年第1期。

② 《关于东北大学的一点建议》，天津《益世报》1937年5月26日，第4版。

③ 《周鲸文回忆录》手稿复印件，第959~960页。

动员的效果。① 彼时学生中因国难而滋生的民族主义情绪确实是巨大的，而这种思想多半是自发的、纯洁的。国共两党的不同应对政策使他们在学生中的地位发生较大落差，从而决定了他们在青年中的号召力，但学生的抗日救国热情或民族主义情绪不能被党派动员完全掩盖。

流亡北平后，东北大学尽管处境艰难，张学良与国民政府仍然尽力维持，国民政府并未干涉张学良对该校的掌控和管理。东大既承担着收复东北的使命，也保持着对"东北流亡势力"的依附感。这种局面在西安事变后被打破，国民政府经过一番角力实现了对该校的接收和改组。从而完全将东北人才的培养纳入教育部的统一规划下。风潮凸显了国民政府、"东北流亡势力"、东大校方的困境以及地方当局的考量。大学的国立化是民国时期，尤其是国民政府时期的大趋势，但像东北大学这样因地方势力失势而被改组国立的案例颇为少见。国民政府虽然实现了接收改组，但国立化还有很长的路要走。地域观念在学生当中还很浓厚，国家观念的灌输和养成仍需要国家与学校继续努力。

---

① John Israel, *Student Nationalism in China, 1927 - 1937*, pp. 184 - 196.

第三章　抗战时期东北大学的省籍与风潮

卢沟桥事变爆发后，东北大学再次遭受损失。"原留北平之图书仪器档卷正拟于暑假运陕，因七七卢沟桥变作，中日战起，交通阻隔，又与城俱陷矣。"[①] 抗战之初，东北大学集中西安办学，"西安校舍已颇具规模，不但占地广阔，同时教室宽敞，更有广大之体育场，所以同学都很满意和兴奋，颇有回归自家校园的感觉"。[②] 但日军于1938年初威胁潼关，东大乃于是年3月迁至四川省三台县。1938~1946年东北大学一直在三台办学。[③] 对于东北大学这所流亡大学而言，这不过是再一次迁徙，但不同的是，此次内迁是在教育部组织下应对抗战的统一行为。抗战兴起后，重新整合的"东北流亡势力"与国民政府的关系相对温和，[④] 因而围绕东北大学的纷争主要以校内为主。

第一节　抗战时期的内迁与恢复

东北大学迁至三台后，这里遂成为抗战时期东北人的聚居地之一。[⑤] 因为东大仍以接收东北流亡学生为主，它对东北学生具有很强的吸引力。1944~1946年就读于东大的于学谦谈道："三台东北大学，是抗战时期东北流亡青年的主要集中地。一部份流亡青年留在陕西西安一带，少数人去了延安。另一部份青年颠沛流离到了四川三台，其中也有少数人去重庆和自流井等。东北青年集合到三台东大的可谓是大多数。这里有伪满长春建

---

① 臧启芳：《国立东北大学》，《中华民国大学志》，第123页。
② 杨承厚：《东大四年的校园生活》，《国立东北大学七十周年纪念特刊》，第154页。
③ 参见程丕来《抗战时期东北大学内迁三台研究》，四川大学硕士学位论文，2007。
④ 参见吴振汉《国民政府时期的地方派意识》，第197~262页。
⑤ 参见李尧东《东北大学内迁三台》，中国人民政治协商会议四川省三台县委员会文史资料征集委员会编《三台文史资料选辑》第1辑，编者印行，1984，第68页。

国大学、法政大学的，有王道书院的，有东北各地的中学生。"① 与北平、西安相比，三台不免有些偏僻。三台位于川北，"由县城顺涪江可至重庆，经遂宁至重庆公有路，东至绵阳南达成都亦有公路，由绵阳往北即是川陕公路，直达宝鸡"。② 但在战时却是个理想的办学地点。"民风淳朴，物资富饶，当地的文风也相当的高，没有官僚气，也没有市侩气……亦非军事要地……堪称福地。"③ "到此求学者，逐渐对此古老宁静朴实无华而富人情味城市，在离乡背井流亡学生心中，不禁油然而生亲切之感，复以此处既无日机轰炸威胁，咸认实为良好求学环境，乃力求适应，稍假时日，即安之若素。"④

然而三台毕竟是川北小城，设施并不齐全。"三台县没有报纸，重庆出版的《中央日报》《新华日报》《新民晚报》等都要三天后才能到达，当日的新闻只能看东北大学听广播后编寄（辑）出来的简要新闻，每天在市中心的大十字贴出。"⑤ 教员蒋天枢两儿生病后，他深感"小城市无医药，穷困，又无力携儿外出就医"，6 年间"连殇两儿，余又大病几死，悸思易地"。最终在 1943 年秋前往复旦大学任教。⑥

在姜亮夫笔下，初到三台的东北大学颇能体味时艰，与各方和睦相处。"东北大学在三台与三台上地方人士相处极其融洽。在这种气氛下，东北大学没有闹事的。学生在艰苦的环境中学习，伙食虽差，情绪很稳定。""也许是在患难之中吧，大家都珍惜这宝贵的时间，学生的读书空气特别浓。后来这些学生毕业后，有些东北学生出关了。"⑦ 但东北籍师生在习惯、风俗等方面与地方人士差异很大，因而难免造成些隔阂或摩擦。中共川康特委就报告称，东北大学给地方人士的观感"极坏"，因为"他们物质享受比三台落后地区高些，男女关系随便得多"。因此，他们"与

① 于学谦：《东北大学学习生活片断》，相树春、张振鹤、李格政主编《我们走过的路》（繁），第 161 页。
② 臧启芳：《回忆》，第 71 页。"公有路"应为"有公路"。
③ 杨锡福：《三台时代东北大学的忆琐》，《东北文献》第 17 卷第 4 期，1987 年 5 月，第 16 页。
④ 周烈：《母校东大在三台》，《东北文献》第 12 卷第 3 期，1982 年 3 月，第 12 页。
⑤ 霍本田：《逃亡流浪　流浪逃亡——抗日战争时期大后方流亡生活纪实》，太白文艺出版社，2008，第 236 页。
⑥ 蒋天枢：《论学杂著》，中州古籍出版社，1988，序言，第 3 页。
⑦ 《三台岁月——国难中的东北大学杂记》，《姜亮夫全集》第 24 册，云南人民出版社，2003，第 209~210 页。

地方对立"。① 差异、分歧或者存在，但"对立"恐怕未必。流亡学生霍本田叙述了东大对地方文化的积极影响："一个大学的存在，大大提高了三台县的文化水平，促进了一些中学文化素质的提高，1942年春，东北大学还在三台举办了一次'川北六县运动会'。有田径及篮球比赛，规模虽不算大，已是抗战八年中大后方最大的一次运动会了。"② 重庆《大公报》亦注意到东大带来的积极影响："自二十七年东北大学迁此后，益显繁荣，中学计有国立第十八中学、四川省立三台高中、三台县立男中、县立女中四校。街上触目尽是学生，此三里之城已俨然成为川北之文化重地。"③ 东大师生无意中也增加了对当地的考察和研究。1942年夏，"东大学生所组织之暑期乡村服务台，深入民间，工作六十余日，于日昨归来。据团长蔡葆新氏谈：该团主要工作，为考察人民生活，及宣传兵役征购等事项。此次出发，以经济系同学参加最多。所得之材料，将出专刊披露。对此间兵役问题，谓已上轨道，但抗战军人家属之优待毂，应改善手续，迅速拨给，以求实惠"。④

　　在东北籍学校当局与全体教职员共同努力下，东北大学的校务与教学很快步入正轨。校长臧启芳和教务长李光忠"两人全力投入学校的规划和建设中，中年教师以下大体是他们的学生，老年教师是他们原在东北大学的旧友，所以大家同心同德，正因为有这样的气氛，所以不论做什么事，只要一开会作出了决定，立刻会变成行动而且迅速完成"。在校园方面，"如此破烂的旧庙居然在短短的时间修整成既不是讲究，也不是华丽，而是很实用的大学"。⑤ 学生范子政亦称赞道："东大在未增加经费以前，是各国立大学中经费最少的一个，但论设备或图书，却不少于各大学，有人说东大一分钱当两分钱用，这话是对的。""就工作效率而言，虽然职员们的薪少而事繁，但都能各尽职守，有人说东大的工作效率，一个人干两个人的事，这也是实实在在的事。总务长曾对笔者说：我们学校没有积卷，

① 《川康特委致南方局报告——各地方党的组织发展和救亡工作》（1939年3月23日），《四川革命历史文件汇集》（一九三七·六——一九三九），四川人民出版社，1987，第179页。
② 霍本田：《逃亡流浪　流浪逃亡——抗日战争时期大后方流亡生活纪实》，第235~236页。
③ 《三台简讯》，重庆《大公报》1942年7月4日，第3版。"二十七年"指1938年。
④ 《川中集锦》，重庆《大公报》1942年9月28日，第3版。
⑤ 《三台岁月——国难中的东北大学杂记》，《姜亮夫全集》第24册，第208~209页。姜亮夫1937~1941年任教于东北大学。

当天事当天了。"① 其间教员住宅亦渐次成形，蒋天枢等人也住进了新建的楼房中。② 因为校务运转顺畅，兼领系务的姜亮夫感到工作非常愉快："我在东北大学的近五年时间里，上好课就躲到乡下去，专心整理《瀛涯敦煌韵辑》，很少同人往来，虽为系主任，仅是开会请大家一起来，作出决定后分头负责去做，工作倒很顺心痛快。凡遇警报声起，立即叫师生疏散。"③ 同时，东大借助中英庚款董事会的资助充实教员与设备，先后聘请黄方刚、萧一山为文理学院院长，设立东北史地经济研究室（后改研究所），院系也逐渐扩充和恢复。④

在这种态势下，东北大学教员阵容逐渐恢复、壮大。1939 年秋，萧一山接任文理学院院长，"请高亨为国文系主任，金毓黻为历史系主任"，"文史两系增聘有名之学者甚多，如丁山、蒙文通、贺昌群、何鲁之、周谦冲、徐光（字明）、姜亮夫、陆侃如、冯沅君、陶元珍等"，"而历史系尤出色，教育部长视察称赞，特准设立历史研究所，毕业生受硕士学位自此始"。⑤ 姜亮夫亦赞誉道："东北大学当时的师资（尤其是国文系）是极好的，这是当时时势造成的，因为那时全国不安定，日机经常到处轰炸，所以在重庆、成都的人都向四方疏散，有些有地位的学人均逃到三台来。国文系就有蒙文通、王淑英、高亨、丁山、贺昌群、金毓黻等七八位名教授，大体是北方的，不是北大，就是清华的，校方在招生时，把这些教授的名单列出，很多人确是慕名而来。"⑥ 学生范子政对此也很自信："东大今日的教授，并非夸大的说，实在有许多全国教育界知名之士，而且是教导有方的。"⑦ 1942 年 11 月，陈寅恪在致陈述的信中也特意写道："东大友人均乞代致意。"⑧

在良好的氛围下，教员们大多潜心学术，著述颇多。姜亮夫写道：

---

① 范子政：《今日的东北大学》，《东北》第 4 卷第 6 期，1942 年 4 月，第 38 页。

② 蒋天枢：《论学杂著》，序言，第 2 页。

③ 《三台岁月——国难中的东北大学杂记》，《姜亮夫全集》第 24 册，第 213 页。

④ 参见《校史》，臧启芳编《国立东北大学廿周年纪念册》，第 4～5 页。文理学院后分成文学院和理学院，工学院最初并入西北工学院，抗战后期恢复重建。

⑤ 《蓝孟博先生碑文》，萧一山先生文集编辑委员会编《萧一山先生文集》下册，经世书局，1979，第 580～581 页。蓝文徵，字孟博。

⑥ 《三台岁月——国难中的东北大学杂记》，《姜亮夫全集》第 24 册，第 210 页。

⑦ 范子政：《今日的东北大学》，《东北》第 4 卷第 6 期，1942 年 4 月，第 36～38 页。

⑧ 《致陈述》（1942 年 11 月 19 日），陈美延编《陈寅恪集·书信集》，三联书店，2001，第 199 页。

"我在三台的前三年，主要精力就是整理敦煌卷子，成了《瀛涯敦煌韵辑》这部书，第四年整理《敦煌志》，把我的敦煌材料全部收入我的《敦煌志》里，除此以外，我也写些短文章。所以我在三台这五年中，除两部书外，一共写了十多篇文章吧，这些文章后来都渐渐地发表了。"① 黎东方亦回忆道：　"东北大学迁来四川以后，师生安心教学，我也不作他想。"② 此时东大学生亦安心向学，"廿七年秋季开学以迄廿八年六月间本班毕业，是我在东大读书的最后一个学年，也是能够安心读书和收获最丰富的一般（段）日子。其时学校大致整理就绪，教授阵容颇有加强，主要图书均经开放……构成一个相当良好的读书和研究环境。同学也都特别努力向学，除正常上课时间外，都能利用课余时间，加紧钻研功课。特别是晚间自习时间，大家都挤往图书馆，在汽油灯下埋头用功。尽管时间不满一年，但大家都觉得收获可与过去三年相比"。③ 东大学生人数亦逐渐增加。工学院并入西北工学院后，"所余全校学生，不过数百人而已。惟时未逾三年，学生人乃大增，盖因三台甚少敌机窜扰轰炸，学风淳朴，又多名师之故"。④ 1943 年秋在此讲学的沈刚伯对校内浓厚的读书氛围印象深刻："至三台，见东大师生日处困厄之中而能厉节奋发，乃益思有以自振。每于午前授课，午后出游，晚与朋辈清谈；辄至午夜，然后读书竟卷方寝；日日如此，初不觉倦。"⑤ 师生间关系也颇有些同甘共苦的味道。范子政描述道："东大战区同学占五分之三强，所以靠领贷金才有伙食这件事，是最严重的问题了；贷金审查是那么严格，三台伙食又是那么的难办，这却苦了生活指导组的苍恕邻先生，和我们的总务长陈述言先生了。""我们的伙食不好，米不够吃，这是真而又真、确而又确的事实，但我们除了感激政府爱护我们而外，我们不愿说苦，也许苦还在后头。"⑥

内迁初期教师生活大多较安逸，同事、友人间的酬酢成为他们日常生活的重要部分，这种情形甚至一直持续到抗战胜利。频繁的酬酢、出游活

① 《三台岁月——国难中的东北大学杂记》，《姜亮夫全集》第 24 册，第 211 页。
② 黎东方：《平凡的我》，台北"国史馆"，1998，第 38 页。
③ 杨承厚：《东大四年的校园生活》，《国立东北大学七十周年纪念特刊》，第 157 页。
④ 郑佩高：《东大在三台　作者入学及师长简介》，国立东北大学旅台校友会编《国立东北大学六十周年纪念特刊》，1983，第 140 页。
⑤ 《忆东大，话三台》，沈刚伯：《沈刚伯先生文集》，中央日报出版部，1982，第 779 页。
⑥ 范子政：《今日的东北大学》，《东北》第 4 卷第 6 期，1942 年 4 月，第 38 页。"苍恕邻、陈述言"指苍宝忠、陈克孚。

动是其时教员间日常交往的主要形式，它表明教员的生活较为富足。酬酢占薪水的比例不大。臧启芳饶有兴味地回忆了这种酬酢："那时凡有新教授到校，我总设宴款待一次，请各院长系主任作陪，经这一次款待，我便测出新到这位教授的酒量大小，久而久之，所有校中同事的酒量如何我全知道。而且三台地方上士绅与机关首长因同席次数多了，谁的酒量如何当然也在我的心中。"① 1939 年 10 月 13 日，金毓黻由重庆来到三台，在 10 月 14～22 日的 9 天里，金每日都参加好友、同事间的接风、拜访与答谢等活动；在 11 月 6 日、7 日、9 日，臧启芳又与萧一山、金毓黻等人连续进行了会餐，11 月 18 日、25 日、30 日又进行酬酢。② 此外，教员们日常还有很多游玩或考察等活动。蒋天枢写道："初至三台，无家累，孤身居旅社中……余暇则偕友泛舟涪江，或登东山吟啸，或上牛头山寺拓碑。"③ 沈刚伯亦回忆道："予尝涉江登山，寻幽探胜，瞻造像，抚残碑，依次访求一切与王（勃）杜（甫）诸贤有关之处，凭吊流连而不忍离。诸故旧，如哲先校长，静安院长诸君，更常携殽（肴）载酒，邀游北塔东山，赏秋色于枫叶荻花之间，品苦茗于萧寺古刹之内，赌酒赋诗，意气甚豪，其感慨殆无异于登新亭而北望矣。"④ 1943 年 4 月是东大建校 20 周年，东大也达到了抗战时期的鼎盛阶段，各方面都呈现恢复和发展的态势。"东大当'九一八'时在沈阳散失之大英百科全书，由该校在渝毕业同学以四万元购得后，已运抵三台，物归原主。"校长臧启芳还计划恢复停办的选送留学生和工学院，"该校选送留学生事，将由政府统筹派遣。最近决恢复工学院，以该校二十周年纪念募集之百万基金用作工学院设备费"。⑤

但伴随国统区物价的变化，教员的生活日渐窘迫，酬酢似乎也成为负担。物价变化初时无甚，1943 年以后物价飞涨，而重庆似乎较三台物价变化为早。⑥ 1941 年 10 月 31 日，金毓黻记述了家中入不敷出的窘况："得佑儿来书言，吾家前自天津汇来之款为季弟医病用去六百余元，铭儿用去千余元，再加以振儿所用，已属无几，闻之大骇。余家全恃旧积以度

---

① 臧启芳：《回忆》，第 75 页。
② 参见《静晤室日记》第 6 册，第 4382～4415 页。
③ 蒋天枢：《论学杂著》，序言，第 1～2 页。
④ 《忆东大，话三台》，沈刚伯：《沈刚伯先生文集》，第 779 页。金毓黻，字静庵。
⑤ 《三台简讯》，重庆《大公报》1943 年 4 月 30 日，第 3 版。
⑥ 参见杨雨青《抗战时期物价问题之我见》，《北京社会科学》2012 年第 1 期。

日，每月所收久感不足，何能如此耗用。"12 月 24 日，金毓黻在日记中特别记录了邀饭的用款数："午间，邀请徐子明先生饮于亚芳餐馆，有沈鲁珍、陈玉书、吴希庸、蓝孟博、郑励俭五君同席，用款七十余元。"[1] 此前在其日记中从未有过用款字样，可见是时教员酬酢意味已经不同于往日。东大教员也不时出现在三台寄卖所："此间旧物寄卖所之生意异常兴隆。物品多为公务人员迫于生活而割爱者。东大教授之大衣西装出售者亦不少。"[2] 而傅斯年在劝阻陈述调回史语所时也主要以物价为词，"弟觉此时以在三台为上策。盖一人旅行，已经不堪，而一家旅行，直非我辈所可能也"。"兄如移家来此，连此地开办费，非万元以上不可。此何从来乎？"[3] 彼时教授多靠兼课增加收入，"东北大学不少教授都在十八中学兼课，在那个物价高涨的时期，兼课可以增加收入、贴补家用又不失身份，我记得几位比较有名的教授，陆侃如，冯沅君，金毓黻等都在中学代课"。[4] 丁山"由于孩子多，家庭负担重，经常在中学兼课，以维持生活"。[5]

第二节　复土使命与省籍困境

抗战时期，来自沦陷区的学生都成了流亡学生，东北学生只是其中的一部分。1940 年 9 月的《申报》称："东大现有同学，包括全国各省籍贯，东北籍者，已逐渐减少，同学大都来自沦陷区。尤其东北同学，每忆当年，无不痛心疾首，苍凉悲壮之情溢于言表，究不失为燕赵之士，不论东北东南，同是患难中人，在感情的交流中，除了言语稍异而外，实分不出东北与东南，或什么畛域之见，在这处境中乃养成他们坚苦卓绝之精神。"[6] 抗战的爆发在消除地域差异与歧见方面发挥着积极作用。但流亡学生和四川学生在生活上的差距是很大的。1944 年进入东大的柏杨描述

---

① 《静晤室日记》第 6 册，第 4842～4864 页。"沈鲁珍"名沈思玙，"陈玉书"名陈述，"郑励俭"即郑资约。
② 《三台简讯》，重庆《大公报》1942 年 7 月 4 日，第 3 版。
③ 《傅斯年致陈述函》（1942 年 12 月 7 日），王汎森、潘光哲、吴政上主编《傅斯年遗札》第 3 卷，中研院历史语言研究所，2011，第 1367 页。
④ 霍本田：《逃亡流浪　流浪逃亡——抗日战争时期大后方流亡生活纪实》，第 234～235 页。
⑤ 杨向奎述，李尚英整理《杨向奎学述》，浙江人民出版社，2000，第 53 页。
⑥ 《东北大学迁至三台近况》，《申报》1940 年 9 月 17 日，第 8 版。

道："东北大学学生分为两大族群：一是本省同学，来自四川全省；二是外省同学，来自全国其他各省。外省同学差不多都是流亡学生；本省同学都是有家有室，生活富裕，他们不会跟着外省同学吃相同的饭菜，于是另组伙食团，最大的不同有两点：一是早上吃干饭（外省同学早上吃稀饭），二是每顿都有肉。""男女同学间最容易恋爱。不过那时候男同学有女同学的八倍之多（其他各大学大概也是这个样子），一直使女同学的身价，居高不下。外省同学因为穷得出奇，也就先天地屈居下风。""不过也有一些东北籍的女生，宁愿跟同族群的同乡男生搞在一起。"① 流亡的身份既是苦难，也是一种磨砺。一位学生自述道："东北大学这一个名字到处都给了人以深刻的印象，自然这印象的获得不是偶然的，'你们看东大的学生多么朴俭，多么热诚啊！'很多人都这样地说着，事实上，这朴俭和这热诚之中正含着一个经久的锻炼，失去的家乡和流亡的痛苦炽成了它的'爱'和'憎恨'，也造成了它那异于一般大学的特点。"② 黎东方则盛赞东大学生的奋斗精神："东北大学学生，屡经患难，锻炼了不少朝气，加以东北人原有的豪爽之气，其后成为国家栋梁者不少。"③

战时东北大学仍以接收和培养东北学生为主，东大当局对该校的使命感也十分强烈。臧启芳曾表示："本校既定名为东北大学，负有开发东北、建设东北之特殊使命，战后必须迁回辽宁沈阳。"④ 时任文学院长的金毓黻也告诫东北学生："东北大学为国立大学之一，无事深言。然何为以东北命名，则以其含有地方之意义存在也。""凡他省学生之在东大者以有书可读为主，若为沦陷区学生，又须有饭可吃，有衣可穿，不仅限以有书可读也，而东北籍学生又有进于此者。应知东大所负之特殊使命，即如何收复东北，不仅以有饭可吃，有衣可穿，有书可读为极限。应日夜深思警惕，如何以达收复东北之使命。"⑤ 一位学生也写道："东大在建立时就负有开发东北，建设东北的特殊使命。如今，东北早经失陷，特殊使命更加

---

① 柏杨口述，周碧瑟执笔《柏杨回忆录——看过地狱回来的人》，春风文艺出版社，2002，第102~103页。
② 傅灯：《三台的东大》，《学生月刊》第1卷第10期，1940年10月，第65页。
③ 黎东方：《平凡的我》，第37页。
④ 《国立东北大学校长臧启芳关于抗战以来学校蒙受损失情形呈》（1943年9月21日），中国第二历史档案馆编《中华民国史档案资料汇编》第5辑第2编教育（一），江苏古籍出版社，1997，第381页。
⑤ 《静晤室日记》第7册，1944年6月30日，第5585~5586页。

重大了！须先从收复东北着手起！""学校当局常谆谆以特殊使命来善诱学生"，学生也希望学校将他们"培植训练成具有真才实学能够担当特殊使命的健全的人！"① 这种使命感在东北教育界人士中是有相当共识的，车向忱就呼吁："我们所办的东北竞存小学、东北竞存中学以及其他同乡们所办的东北教育，完全是一种打回老家去的教育。这种教育是极端重要的，它关系到东北的未来，关系到我们国家、民族的未来。"②

因为收复东北之使命，东大先设有东北史地经济研究室，1942年初扩大为东北史地经济研究所，最后改为文科研究所。研究所在金毓黻主持下亦明确贯彻研究东北之宗旨："研究所除一般高深学术之研究所，尚有研究东北之专责。故本所三个学部，专司研究东北之时间、空间及人类发展经济状况等。"③ 抗战后期，国民政府又委托东大研究东北事务。"该校现已决定办法，由毕业生服务咨询部负搜集材料之责，以期利用毕业生各地通讯；文科研究所负研究编辑之责，拟先由内地作起，搜集一切有关之材料，至战区及东北之搜集工作，亦将设法展开。"④ 东大还成立相关组织负责此事。"国立东北大学东北建设设计委员会正式成立，主持研究东北一切问题。臧启芳校长兼主任委员，另聘该校教授娄学熙、金静安、萧一山等为委员。所草就之计划书，已呈送中央及蒋委员长核阅。"⑤ 此时东大学生亦组织了东北问题研究社。"现新由东北逃出之学生，来校就读者日众，携来日文材料甚伙，该社正从事翻译，拟逐渐刊布。"⑥ 他们还展出了新自东北携来的书籍、图片等，"反映东北情况，令人触目惊心"。"观众异常拥挤。"⑦ 而文科研究所也主要致力于这些东北资料的整理与展览。"东大文科研究所，定元旦开文物展览会，内容丰富。分东北世代资料、东北文献资料、东北风土资料、研究东北论文、三台附近发现之古迹文物、该所师生文物收藏品、善本图书等项。各教授正忙于筹备。"⑧ 东

---

① 啸谷：《漫画东大》，《青年人》第3卷第8~9期，1941年9月，第125页。

② 车向忱：《不要忘掉了东北的教育》，《东北》1938年9月15日。转引自辽宁省政协委员会学习宣传和文史委员会编《一代师表》，辽宁人民出版社，2004，第210页。

③ 杨锡福：《金师静安与东北大学文科研究所》，《东北文献》第2卷第2期，1971年11月，第28页。

④ 《川中集锦》，重庆《大公报》1943年1月11日，第3版。

⑤ 《川中集锦》，重庆《大公报》1943年2月23日，第3版。

⑥ 《川中集锦》，重庆《大公报》1943年6月14日，第3版。

⑦ 《川中集锦》，重庆《大公报》1943年11月21日，第3版。

⑧ 《川中集锦》，重庆《大公报》1944年1月3日，第3版。

大甚至还将展览办到了重庆。"国立东北大学为促起国人研究东北问题之兴趣，爰以近来搜集之有关资料书籍图表四五百种运渝，举行东北文物展览会，并定自今日起假中苏文化协会开始，展览三日。昨日午后四时举行预展，臧启芳校长柬邀政府长官及新闻界人士参观。"①

抗战时期，"东北流亡势力"对东北大学仍甚为重视。是时，东大与东北势力间的往还十分密切。东北大学教职员时常游走于重庆、成都等地。"东北大学校长臧启芳日昨由渝返校。据谈：此次因事留渝，已逾三月。应向教部接洽之问题，皆获圆满解决。"② 教员金毓黻也是臧启芳多方游说而招致的。③ 彼时东北流亡人士多聚居在重庆南山，"就东北一隅来说，南山算得藏龙卧虎，一时风云际会。不只文武封疆大吏息影其间，抗日民族英雄凑在一起；中流砥柱的继起，亦于其时其地，渐露头角"。"其时散居重庆的东北硕彦，多不断齐集南山，或为年节喜庆的欢聚，或为关切桑梓的会商，……那时来自前方或由各省返渝述职的东北人士，每至重庆亦多上山小聚。"④ 东北籍人士对东北大学也全力维护。1942 年 12 月 8 日，金毓黻在致赵鸿翥的信中道出了这种桑梓关怀："居今日以溯畴昔，应知所谓东北集团者，惟有吾东北大学在耳；鸠集寄居三台一隅之男妇老幼，无虑千余人，此千余人之衣食住悉赖臧校长一人为之领导支撑，又为人之所共见。是知此一人之责任何等重大，而吾侪所应为之维系辅助者，又何敢有一息之忽懈。"⑤ 金之言语之间既有襄助学校当局的乡党情谊，也不无维护东北团体的地域观念。1943 年 6 月 28 日至 7 月 3 日，东北籍官员刘尚清、高惜冰等还前往东大视察。7 月 1 日"晚间公宴刘海老、高惜冰、王树人、缪剑霜、王佩蘅、蒋守一诸公于校内，颇能尽欢"。2 日"午间，海老、树人、惜冰及缪剑霜等在大礼堂讲话甚久"。⑥

与东北势力的关注相对照，国民政府对东大亦很重视，1942 年 1 月 18～20 日，教育部长陈立夫视察东大。1 月 19 日，金毓黻写道："近午哲

---

① 《东北文物展》，重庆《大公报》1944 年 10 月 10 日，第 3 版。
② 《三台近讯》，重庆《大公报》1944 年 2 月 14 日，第 3 版。
③ 《静晤室日记》第 6 册，1938 年 8 月 27 日、1939 年 6 月 30 日，第 4205、4336 页。
④ 李田林：《重庆南山东北人物琐忆》，《传记文学》第 17 卷第 4 期，1970 年 10 月，第 31～36 页。李田林为东北人田雨时之妻。
⑤ 《致赵翰九教授书》，《静晤室日记》第 7 册，第 5095 页。赵鸿翥，字翰九。
⑥ 《静晤室日记》第 7 册，第 5186～5188 页。王家桢，字树人，曾为张学良幕僚。其他不详，但应多为东北籍人士。

先陪同陈公前来视察时许，随同入城，午筵于哲先宅。又晚六时教职员全体公筵陈公于盐局之东花厅。夜中演剧娱宾。"20 日，"午间在萧一山寓午餐，座有陈部长及齐铁生诸君，主人为吴县长、叶局长、凌经理及一山，至铁生则与陈部长同来者也。午后陈部长返渝"。① 臧启芳对此也印象深刻，陈立夫"对于校中所有设备，教学精神，以及学生体育军训，皆颇嘉许，认为在迁到后方各大学中比较以东大为最佳。陈部长回到重庆，报告中央，蒙蒋总裁奖励七万元给学生制备制服"。② 学生范子政也骄傲地回忆道："东大的军事管理，表现在升旗、早操、内务与纪律上，实可为全国各大学之冠；陈部长对东大的军事管理，倍极嘉许；当视察回渝的时候，曾代表蒋委员长赏全校学生每人制服一套，这是东大军事管理的成绩和无上的荣誉。"③ 甚至国民政府首脑蒋介石也对东大甚为看重。1945年 9 月 12 日，抗战胜利仅数日，蒋介石又亲自致电教育部，请其研究东大迁回东北之事。④ 但蒋也担心东大为中共所用，他曾通告陈立夫："据报奸伪最近以东北大学作活动基地，积极策动舆论，强调收复东北失地以争取内地东北人士之同情，并在东北大学出版之《东北要览》上刊载其控制下之东北抗日联军数字，夸大宣传其武装力量等情，希注意并设法摧毁其组织。"⑤ 以蒋介石之位高权重，竟能为此等事亲自指示，既体现了蒋个人处理政务的绵密风格，又反映了东大在其东北方略中的重要角色。

　　但与使命感相对应，东大校方在选人、用人上却不免有些省籍藩篱。臧启芳在中央训练团的报告中列举了校内人才，"本校最优良之人才为总务长陈克孚君"，"其次训导长白世昌，教务长李光忠，亦皆为不可多得之优越人才"，"再文科研究所主任金毓黻，在学问道德上亦为领导青年之典范人物"。⑥ 但除李光忠外，陈克孚、白世昌、金毓黻皆为东北籍。而东

① 《静晤室日记》第 6 册，第 4876～4877 页。
② 臧启芳：《回忆》，第 75 页。
③ 范子政：《今日的东北大学》，《东北》第 4 卷第 6 期，1942 年 4 月，第 36 页。
④ 《蒋介石致朱家骅电》（1945 年 9 月 12 日），中国第二历史档案馆藏教育部档案，5/5317。
⑤ 《蒋介石致陈立夫电》（1944 年 10 月 28 日），中国第二历史档案馆藏教育部档案，5/1985。
⑥ 臧启芳：《中央训练团党政训练班学员工作报告书提要》，台北"国史馆"藏军事委员会委员长侍从室档案，129000003533A。

北籍教员的小团体意识也甚为浓厚，时任东大秘书的苍宝忠之"最好友朋，一是白世昌，现任东北大学法律教授，一为陈克孚，现任东北大学英文教授"。①

一所学校中，某省籍学生人数占优，这一群体的文化或诉求当居于主导地位；反之，当处于弱势地位。抗战初期，东北大学教职员及学生以东北籍为主，学校也弥漫着复土还乡的氛围。教员陈述表示："我在三台几年，和很多同事们有同样心情，大家都盼着早日胜利，有那样一天——'青春作伴好还乡'。"② 学生"毅生"在一篇文章中 4 次谈到复土还乡的志愿，③ 可见学生们抗日还乡的意识是深入骨髓的。而最初非东北籍学生对该校的东北文化及诉求也认为是理所当然的。1941 年入学的郭秉箴"抱着必须收复东三省在内的一切失地的期望，将这所流亡大学作为报考的第一志愿，希望从这些东北流亡青年身上，吸取民族解放斗争的力量"。④ 1944 年入学的柏杨对东大的认识也是"以收容东北流亡学生为主的大学"。⑤

因为战区阻隔、僻处川北等因素，此时东北籍学生的招致困难重重。东北中山中学校长鞠秀熙分析道："因滞留各陷区东北学生颇多，来者渐少。其留居后方者，亦因贫苦特甚，就学旅费，无力筹措，又本校在自流井，道路稍远，就学亦感不便。"⑥ 1938～1943 年，教职员、在校学生与毕业学生人数都呈逐年递增之趋势。⑦ 但其中毕业者必然以东北籍为主，而新生则应当以四川等省籍为主。在这种情势下，东北大学东北籍学生的比重逐渐下降。1938 年"所招的新生，东北籍的学生连一半也不到"。⑧

---

① 苍宝忠：《中央各军事学校毕业生自传》，台北"国史馆"藏军事委员会委员长侍从室档案，129000101231A。

② 《陈述先生自述》，景爱：《陈述学术评传》，花木兰文化出版社、槐下书肆，2006，第111 页。

③ 毅生：《东北大学素描》（1939 年 11 月 6 日），《今日青年》第 3 期，1940 年 2 月，第 95～98 页。

④ 郭秉箴：《东大时期的高而公》，唐宏毅主编《东北大学在三台》，四川大学出版社，1991，第 53 页。

⑤ 《柏杨回忆录——看过地狱回来的人》，第 99 页。

⑥ 《教部东青设计委员会第四次会议记录》（1942 年 8 月 15 日），中国第二历史档案馆藏教育部东北青年教育救济处档案，10/16。

⑦ 参见《国立东北大学近况》，臧启芳编《国立东北大学廿周年纪念册》，第 1 页。

⑧ 杨骥：《"伟大时代激荡中"的东北大学》，《东北论坛》第 1 卷第 5 期，1939 年 4 月，第 19 页。

1939 年 6 月在校的 285 人中，辽宁籍 152 人，四川籍 39 人，黑龙江、吉林、热河三省合计 27 人。[①] 此时东北籍仍为主体，占 62.81%；但四川籍已成为第二大省籍，占 13.68%。1940 年 4 月，该校之东北籍学生比重已进一步下降，"除一二年级外大多数为东北籍同学"。[②] 至 1940 年暑假，东北大学仅有东北籍学生 109 人。[③] 1941 年 4 月，东北籍学生"在全校同学的五百四十三人中，只占一百六十七人"。[④] 到 1946 年 5 月，"东北大学学生约计五百人，东北籍学生仅一百余人，其他均为川籍"。[⑤] 与之相对应，四川籍学生人数则逐年增加。1941 年 4 月，四川籍学生人数将占全校学生的五分之二。[⑥] 至 1943 年上半年，东大在校生共 651 人。该校最大生源地已经是四川省，计有学生 241 人；其次方为辽宁，计 141 人；东北四省合计仅 175 人。[⑦] 再根据 1946 年东大的《四川籍同学录》，是时四川籍学生 264 人。[⑧] 考虑到转学或辍学等因素，1943～1946 年四川籍学生仍应保持着持续增加的态势。

随着四川等省学生的激增以及东北籍学生的比重下降，东大省籍问题逐渐凸显。1939 年底，东大少数学生就曾以"东北大学办的越来越坏，东北籍学生越来越少"为由驱逐臧启芳。[⑨] 但这种声音毕竟是少数。1939～1940 年之交，一位学生描述了校内的融洽氛围："新生入校可达一百一二十人，东北籍的学生虽然减少了，但在校的学生，皆以能负担特殊使命自居，而一团融融和睦的景象，尤能令人自慰。""师生的感情处得极好，先生既能把学生看作子弟，学生又以事家长的心来对付先生的。""东

---

① 《国立东北大学一览》（1939），上海社会科学院藏。数据为笔者据"国立东北大学在校生籍贯分配图"统计。

② 许铭：《东北大学在三台》，《东北》第 1 卷第 4 期，1940 年 6 月，第 58 页。

③ 《最近全国专科以上学校东北学生人数一览表》（本年暑假），钟心：《国内各校东北籍学生的现状及救济问题》（1940 年 12 月 25 日），《东北》第 2 卷第 5 期，1941 年 1 月，第 9 页。

④ 范子政：《今日的东北大学》，《东北》第 4 卷第 6 期，1942 年 4 月，第 36 页。

⑤ 《东北大学秋季在沈阳复课》，《申报》1946 年 5 月 4 日，第 6 版。

⑥ 参见范子政《今日的东北大学》，《东北》第 4 卷第 6 期，1942 年 4 月，第 36 页。

⑦ 臧启芳编《国立东北大学廿周年纪念册》，第 49～63 页。该书统计四川籍学生为 242 人，据笔者统计为 241 人。因此，此处数据为笔者根据该书所附《在校生姓名录》自行统计。

⑧ 参见第六届干事会编《国立东北大学川籍同学录》（1946 年 4 月），三台县档案馆藏三台县教育文化联宗档案，11/1/20。

⑨ 参见臧启芳《回忆》，第 72～73 页。该风潮因细故而起，二三日间即消弭，但东北籍学生减少显然是事实。

大就是师生们大的家庭。"① 1938 年入学的吴标元认为内迁带来的学生省籍变化是自然之事："自抗战初起至胜利复员，东大居留三台达 8 年之久，由于历史原因，同学以东北籍居多自不待言，更因入川日久，得地利之便，四川同学的比率日益增加也是必然的趋势。此外来自全国各省特别是战区的同学也不在少数。"② 杨骥也认为："这是抗战期中一个必然的和暂时的现象——等到东北收复时，一定会改变的。"③ 但吴、杨在校时省籍问题或许尚未形成气候，因此不免轻描淡写。事实上，省籍比重牵涉到东北籍师生的主体地位以及办学主旨。1941 年底入学的李季若证实："由于东北学生来源枯竭，学生中非东北籍超过东北籍，出现改换东北大学校牌之说。"④ 而当四川籍学生成为东北大学主体时，川籍学生的省籍观念更加抬头。"四川籍学生对东北大学情感并不深，四川学生又灵活，东北大学一天天在走下坡路。"⑤

共同的流亡背景更容易强化东北师生的省籍观念。东大当局多为东北籍，他们自然会对东北学生有所照顾。进步学生对此是很赞赏的："学校也是百般设法帮助这些东北同学提高到应有水平。""应该像东北大学行政那样，创造机会帮助较差的东北同学学习，以考核的办法检验学习的成果，以利他们的继续深造。"⑥ 错过重庆招生时间的郑佩高"空身流亡，亦无力入一般大学，乃由重庆经合川、遂宁、射洪投奔三台。因三台为东北大学所在地，必多乡长，可得照顾入学也。到达后，果蒙学校收容"。⑦ 教员高亨也曾在生活、学业上帮助过东北学生，他对妻子表示："这些学生都是不愿当亡国奴，才流亡到此；若考试不及格，就会失去助学金，甚

① 晶光：《东北大学动态》，《青年月刊》第 8 卷第 6 期，1939 年 12 月，第 28 页。迁校一年八个月。
② 吴标元：《回忆三台时期的东大生活》，相树春、张振鹤、李格政主编《我们走过的路》（繁），第 156～157 页。
③ 杨骥：《"伟大时代激荡中"的东北大学》，《东北论坛》第 1 卷第 5 期，1939 年 4 月，第 19～20 页。
④ 郑新衡：《一二·三〇事件始末：东北青年反满抗日地下斗争史事纪》，辽宁人民出版社，1996，第 282 页。郑新衡为李季若化名。
⑤ 《三台岁月——国难中的东北大学杂记》，《姜亮夫全集》第 24 册，第 213 页。
⑥ 姜丁铭：《抗日、团结、进步的旗帜——忆四川三台东北大学》，《东北大学建校 65 周年纪念专刊》，第 205 页。
⑦ 郑佩高：《东大在三台作者入学及师长简介》，《东北文献》第 13 卷第 4 期，1983 年 5 月，第 66 页。

至要被迫退学，生活都会成问题，所以，应当尽量给一点照顾。"① 但随着东北籍学生的锐减，一向强势的东北籍学生与校风一变而为弱势群体与文化。此时东大当局对弱势的东北籍学生的照顾，使得强势的川籍学生似处于弱势。② 此种照顾必为逐渐增多的非东北籍学生所不满，因为这似乎赋予了东北学生"特权"。

第三节　逐渐恶化的校内生态

东大在三台时期曾发生三次学潮，臧启芳认为三次学潮皆与中共学生有关。③ 此说不无道理，但又显得过于笼统。事实上，从东大三次学潮的发生、参与者、持续时间与解决等方面衡量，战时东大学潮经历了一个由简单到复杂的过程，而省籍问题则逐渐成为主要矛盾。该校的校风与学风亦受到影响，中共力量在东大的发展态势亦可从三次学潮的走势中体察。

一　第一次风潮

1937 年改组国立后，东大倾向中共的学生大为减少，但内部仍然潜流暗涌。《东北大学史稿》描述了初到三台时"进步"师生的弱势，"当时跟随臧启芳到达三台的人数总共不超过 500 人，进步同学大部分去了延安或转到其他学校，到达三台的进步同学寥寥无几。……学校内政治空气很沉闷"。"'东大'教授中的进步力量，在当时还是小的。其他一些教授则处于中间状态，但都希望抗战早日胜利，好回到家乡去。"④ 而臧启芳则表示他在西安收容的"左倾学生"是东大首次风潮的"祸首"。⑤ 但事实上彼时东大的中共力量已经大为削弱，该校在从西安迁到三台的过程

① 董治安：《高亨先生传略》，高亨著，董治安编《高亨著作集林》第 10 卷，清华大学出版社，2004，第 415 页。

② 参见王振乾、丘琴、姜克夫编著《东北大学史稿》，第 143～144 页。

③ 臧启芳：《回忆》，第 83 页。

④ 王振乾、丘琴、姜克夫编著《东北大学史稿》，第 123～125 页。李季若亦指出："一二·九"运动的"菁华"都未前往东大。参见王春林《李季若访问记录》，2010 年 3 月 8 日。

⑤ 臧启芳：《回忆》，第 69 页。

中，"左倾分子"再度流失。① 而工学院并入西北工学院后，1938 年暑假后开学时东大学生仅 283 人，② 中共力量或许又遭到削弱。

抗战前期，东大中共力量的弱势与中共在后方大学中的"蛰伏"策略是密切相关的。时任南方局青委书记的蒋南翔认为彼时已不适合再发动大规模的学生运动。蒋南翔分析指出，后方的"学校很多离开大都市而分散了，学生很少可能再有轰轰烈烈大规模集体行动的机会。而且由于西南环境的比较稳定和政治经济各方面的突飞猛进，学生在社会运动中的领导作用已很自然地大为减少，像'一二·九'时代的那种在政治上起领导作用的学生运动，根本就没有必要也没有可能再在此时此地重演一回了"。"它将规定了今后所有的学生运动，只是一段比较平静的路程，而不是一个轰轰烈烈的场面。"③ 另一方面，东大当局与国民党组织关联甚深。据王奇生考察："战时各大学党部的筹建，多在 1939 年下半年至 1940 年上半年之间。在此期间，国民党中常会先后议决了全国各大学直属区党部筹备员名单。"其中，东北大学区党部筹备员为臧启芳、崔德化、焦海学。④ 臧启芳属国民党 CC 系，政治上忠于国民党，校中教职员在他的推动下全部加入了国民党。"教职员入党是我从廿七年起，开始酝酿陆续加入，到廿八年秋大家全成了国民党同志。"⑤ 臧的回忆录中亦满布其忠于国民党以及仇视共产党的言论。又据胡国台对 1940～1941 年后方部分大学党员人数的统计，截至 1940 年 7 月 1 日，东北大学国民党员数为 118 名，至1941 年 3 月，发展为 144 名。⑥ 这时该校"教职员共一百零七名，内教员五十一名，专任四十一人，兼任十人，学生共三百四十二人"。⑦ 在这期间，大部分后方大学的党员人数都有较大的增长，而对于学校规模并非

---

① 参见王振乾、丘琴、姜克夫编著《东北大学史稿》，第 118～120 页。

② 《国立东北大学近况》，臧启芳编著《国立东北大学廿周年纪念册》，第 15 页。

③ 《论西南的学生运动》（1939 年 7 月），中国高等教育会、清华大学编《蒋南翔文集》上卷，清华大学出版社，1998，第 100～101 页。

④ 王奇生：《战时大学校园中的国民党：以西南联大为中心》，《历史研究》2006 年第 4 期，第 137 页。崔德化为臧启芳秘书，政治学系副教授。参见王振乾、丘琴、姜克夫编著《东北大学史稿》，第 209～211 页。关于战时国民党基层组织的发展，参阅王奇生《战时民国民党党员与基层党组织》，《抗日战争研究》2003 年第 4 期。

⑤ 臧启芳：《回忆》，第 72 页。

⑥ Hu Kuo-tai, "The Struggle between the Kuomintang and the Chinese Communist Party on Campus during the War of Resistance, 1937－45," *The China Quarterly* 118 (1989), p.311.

⑦ 《视察国立东北大学报告》（1940 年 5 月 26 日），中国第二历史档案馆藏教育部档案，5/1985。

甚大的东大，党员人数的持续增长反映了校当局对政府的拥护态度以及坚决的反共立场。对此，李季若证实："当时东大为国民党 CC 派所控制，校领导成员多为 CC 分子，他们和党团骨干构成东大的右派势力。"①

抗战初期，中共力量在东大的弱势在 1939 年冬的首次风潮中得到充分体现。1939 年 10 月 22 日，东大发生风潮，新聘教员金毓黻记道："夜间校内诸生自由集会，且禁人出入校门。"该集会"为反对臧校长，请其自动辞职，不必到校，并向中央拍电"。但教职员反应十分镇定，次日"午前，集会于臧寓，各教授均到场。决议先宽后严。""午后，由全体教授名义，召集全体学生谈话。"但学生代表仅出席十三四人。金认为："代表等欲把持操纵，不愿他人参加，且恐劝告之后，群情为之摇动也。"关于谈话时的情景，金记道："今日向学生发言者，始以赵翰九，继以余，再以白、郑、丁三君。学生代表为刘继良、景熙乾、关逸生、刘铁军诸人，皆起而强辩，以非去臧不可。"但学生代表又"请求明日午前上课，同人等亦允之。"② 据金毓黻所记，发动风潮的学生态度坚决，手段激烈，但似乎并不代表大多数。

24 日，金毓黻记道："午前照常上课。余于史地系学生加以恳切之劝告，已大为感动，余知有转机矣。""午后二时，全体教授再开会于校内，决议今日下午为第二次之劝告，一面通告学生，一面出席于礼堂。学生代表皆不至，仅有史地系学生四人到门外，皆声言不参与此次风波者。开会既不成，同人退回集议，自明日起，暂停授课，以促其从速觉悟。未几，仍有代表来言，请求明日上课，余等拒之。"③ 可见，学生代表在风潮中似有些首鼠两端，既想赶走臧启芳，又不希望影响教学，而学生中反对风潮者似非少数。与之相对，学校当局与教授一方则态度一致。在这种情势下，学生代表之要求自然难以实现。

实际上，校内多数学生并不赞成风潮。25 日，金毓黻"于午前招史地系学生，询其近况，并露欲去之意。据云史地系仅景生出头，且未征得全系之同意，如因此影响及余，且不得上课，必出而坚决反对之。此刻惟静观时机耳"。而是时学生代表则开始动摇，"午前十一时，景、关二生来

---

① 郑新衡：《一二·三〇事件始末：东北青年反满抗日地下斗争史事纪》，第 296 页。
② 《静晗室日记》第 6 册，第 4384～4385 页。"白、郑、丁"应为白世昌、郑资约、丁山三人。
③ 《静晗室日记》第 6 册，第 4385 页。

言，有悬崖勒马之意，惟以风纪一节为虑，……午后一时，关、刘二生又来"。金毓黻与赵鸿翥提出收拾办法："一、须由学生代表向校长表示悔过，请其回校；二、须由全体学生具书请各教授复课。至于风纪问题，由校务会议解决之，但以不开除学籍为原则。"对此，"景、刘、关三生均愿遵从，并云今日午后四时，全体学生集于礼堂，请余及翰九训话，余等允之"。但当日下午，赵鸿翥、金毓黻训话后请学生表决两项办法，"除十数代表外，全部起立，用此测验，而学生之真意见矣。代表犹哓哓言：出席学生非全体，或非多数者"。当晚，金毓黻与赵鸿翥"招学生代表多人，命其履行决定之第一办法，乃代表等坚欲推翻议决案，不肯履行"。① 金、赵调解遂告结束。据金毓黻的记述，学生代表初时患得患失，后又违反众意，出尔反尔，其应对可谓极为拙劣。10 月 26 日，校长臧启芳"在全体教授严密保护下赴校办公，开会"。② 东大当局开除发动风潮的五名学生，学校风纪为之一振。③

关于此次风潮的起因，臧启芳回忆道，除东北籍学生越来越少外，"对我个人并无恶意攻击，说我长于政治能力，应该到政治上去工作，不要再耽误东大前途"。④ 教员丁山则记录了风潮源于"臧氏津吞学生大粪费，每年千二百元，亦可谓盗亦有道"。⑤ 而真正原因，据金毓黻记道："此间政治系有一教授辞职，校长慰留未得，引起学生之误解，致（有）请校长自动辞职离校之举。"⑥ 金的说法也得到臧启芳的证实。⑦ 可见，学生之借口与真实原因之间差距不小，因而风潮之发动似对学生缺乏号召力。

这是东大迁到三台后的首次风潮，此次风潮之发动者中或有中共学生，但显然仅为少数，影响亦甚小。这次风潮从发动者角度看是极不成功的，其目标与做法亦显得十分稚嫩。对此，金毓黻指出："考此次学生代表之反复，由于三五学生之谩骂，以为前后不能贯彻也。然昨夜、今朝代表等召集全体学生开会，凡数次，皆不肯到会，少数到会者，意见亦不一

---

① 《静晤室日记》第 6 册，第 4385 ~ 4386 页。
② 《丁山日记》，国家图书馆出版社，2018，第 226 页。
③ 《静晤室日记》第 6 册，第 4386 页。
④ 臧启芳：《回忆》，第 73 页。
⑤ 事后丁山即蔑称臧为"吃粪校长"，参见《丁山日记》，第 225、249、253 页。
⑥ 《致中央大学史学系同学诸子书》，《静晤室日记》第 6 册，第 4391 页。
⑦ 参见臧启芳《回忆》，第 73 ~ 74 页。

致，予代表诸生以极大之打击，终致智尽能索，而无可如何。"① 对于此次风潮的成功处理，臧启芳认为："最主要的关键是全体教职员精神一致。"② 臧的结论较为客观。首先，教员们大多能得学生的信赖，他们进行了耐心劝说。金毓黻指出："教授同人始终一致，爱护学校、爱护青年，不予此次越轨行动以同情，亦为首事学生始料所不及。""翰九在东北大学授课凡十余年，为人诚恳正直，极得学生之信仰。""余初来此间，与学生未发生若何之关系，不能如翰九之直伸所见。第史地系学生闻余愤而欲去，认为本系一大问题，余则表示非留臧，则余决不能留，因此得全系学生之援助；而他系学生对余亦有相当之认识，故于余之主张，亦多有同情者。且于两次开会劝告，一次到会训话之际，已得大多数学生之默契，一再谆劝之后，继以严厉之处置，本为无法爱护之中，出此万不获已之举，此又全体学生之所公认也。"③ 可见，大多数学生皆较信赖教员，而对风潮并不认同。其次，学校当局应对得体，处置果断。金毓黻指出："综而论之，哲先态度镇静，处置宽严得当，实为消弭风波之主因。"④ 三年后，金毓黻仍认定此次风潮之处理得当："黻邀同君暨诸教授，以心细如发之方策，大公至正之态度，迅雷不及掩耳之手段，襄助校长处置此事，幸于数日内即告平息。议者因谓吾校若无此次合理之解决，则治学风气不至如此之盛，维持校纪不至如此之久。"⑤

风潮之后，臧启芳等人为全体学生训话。金毓黻认为学生中应确立三项原则："一、要学术化，不要政治化；二、要全体化，不要部分化；三、要道德化，不要权谋化。"他批评以往学校主事者造成了政治流毒，今后应向学术上多努力。"本校已往之主事者，注重政治工作，以权谋手段利用学生，演成各部分峙之局，几致不可收拾。此等余毒，尚未涤尽，以致有今兹事体之发生。惟有厉行学术化、全体化、道德化，可救此病。不惟本校同学，应以此为趋向，亦学校当局及教职员同人，所宜共勉者也。"⑥ 金毓黻所论对东大良好学风、校风之树立大有裨益，但此后的东大校风演

---

① 《静晤室日记》第 6 册，第 4387 页。
② 臧启芳：《回忆》，第 73 页。
③ 《静晤室日记》第 6 册，第 4387～4388 页。
④ 《静晤室日记》第 6 册，第 4388 页。
⑤ 《致赵翰九教授书》，《静晤室日记》第 7 册，第 5094 页。
⑥ 《静晤室日记》第 6 册，第 4388 页。

变则事与愿违。

在此次风潮中，臧启芳与教员团结一致，固然是平息风潮的主要原因。另一方面，校内大多数学生较为单纯，并无甚多党派因素。1940 年 5 月底，教育部官员视察东大后认为："该校党务，办理甚好。党员有一百廿七人，内有教职七十七人是党员，其中虽有少数学生，思想左倾，但教职员多数是党员，管理周到，监视严密。一般学生均服膺三民主义，用功读书，不若从前之浮躁也。"① 但此时校内的中共、三青团等党派力量当亦处在潜在的发展中。1939～1940 年就读于东大的王荣堂就因为同学多热衷于游行而无心学问，于 1940 年夏转至武汉大学就读。② 可见，是时东大校风或已开始变化。

二　第二次风潮

至 1942 年，在中共中央青委工作的蒋南翔进一步要求学生安心学习："今天学生运动的主要课题，应该从东奔西跑的政治活动，转到老老实实的学习功课，因为学习乃是学生天经地义的责任，学生运动丝毫没有理由可以任意玩忽自己的基本责任。""今天我们学习得更好，明天我们就能对革命事业贡献得更多。"③ 东大的中共力量逐渐发展壮大，与中共在后方大学中的力量发展是同步的；并且这是一种平静的发展。东大"进步"团体读书会成员李江春概括了中共青年运动的政策与态势：1939 年以后，"蒋介石消极抗战，而用其主要力量反对共产党，在所谓大后方的四川，到处打击、镇压共产党和进步人士。党在国民党区的活动是困难的。周恩来同志根据当时的情况指出：党在国统区的力量，要'长期潜伏下去，积蓄力量'。东北大学的学生运动就是在这个正确思想指导下，在中共南方局青年部的具体领导下进行的。我们的活动是南方局青年部所领导的青年运动的一部分。当时的青年运动由于坚持执行了党的正确指示，积蓄了力量，为一九四四年动员青年到抗日根据地和一九四七年开展反饥饿、反内

---

① 《视察国立东北大学报告》（1940 年 5 月 26 日），中国第二历史档案馆藏教育部档案，5/1985。
② 王春林：《王铭访问记录》，2010 年 3 月 9 日。王荣堂为王铭之父，时已去世。
③ 《论现在的学生运动》（1942 年 5 月），中国高等教育学会、清华大学编《蒋南翔文集》上卷，第 157～158 页。

战斗争打下了基础"。①

1942年12月，东大发生第二次风潮。12月6日，金毓黻记道："今日大学小有风潮，因文字细故引起误会。学生推举代表向校长有所请求，徐师子明、张君德居及余均在左君座上，因出任调解之责，前后谈话两次，至于舌敝唇焦，至夜间乃全部接受。"7日，金又记道："午后三时许，学生代表来邀出席学生会讲话。徐先生及张、左二君皆略有指示，余亦致数词。五时许结束散会，场中无一人发言者，可知结果甚佳。"②

第二次风潮之发生与平息仅在二三日间，看去十分平淡。③该风潮是否与党派势力有关，颇难断定。但在金毓黻眼中，是时的校内氛围已大为不同。在稍后致赵鸿翥的信中，金总结道："校内三年无事，日久则静极思动，一也；学生数百人，居异省，习异俗，言语异调，议论异致，又其资性有刚柔静躁之不同，每有触接，难免抵牾，二也；院系分疆，集团林立，平时步伐已难尽同，一有事端则趋向必异，三也。以愚度之，尝有一夫攘臂，众声影附，专尚意气，不问是非之事，发生于立谈瞬息之间，所谓星星之火可以燎原者，正为近日事端之切喻。"④可见，是时员生内部之省籍、党派等纠葛以及乖戾之气似已渐成气候。

此次风潮已触及教员间的纠葛，金毓黻注意到"萧君于吾有不谅，屡形于言语间，但未面诘众辨耳"。⑤金毓黻致函萧一山解释道："近数日内校内颇多口舌是非，间有人言及左右，于弟不无误会。初不甚信，继而言者愈多，始知其不为无因，……夫近日之事端，由于高、潘二君之不睦，然弟于潘君曾未为之袒庇，及其离校，又以为症结已去，从此可平安无事；迨白尚文之作文失检，波折横生，正出弟之意外。""顷以潘君及文字细故，颇有触犯于晋生，极知粗心之罪，为不可逭。"⑥但其后金毓黻日

---

① 李江春：《东北大学在四川三台时期的学生运动》，中国人民政治协商会议四川省三台县委员会文史资料征集委员会编《三台文史资料选辑》第5辑，编者印行，1986，第10页。

② 《静晤室日记》第7册，第5093～5094页。"左君"指左仍彦，东大教员。

③ 臧启芳提到"战时东大发生3次风潮"，但对第2次风潮却只字未提，或许此次风潮实在过小。参见臧启芳《回忆》，第67～84页。

④ 《致赵翰九教授书》，《静晤室日记》第7册，第5094～5095页。

⑤ 《静晤室日记》第7册，第5096页。

⑥ 《致萧君一山书》，《静晤室日记》第7册，第5096～5097页。高、潘指该校中国文学系教员高亨、潘重规，晋生为高亨字；白尚文应为该系学生。高亨与萧一山交好，而潘重规与金毓黻交好。

记中没有萧一山回信的记录。此次纠葛，或即令金毓黻与高亨、萧一山生出嫌隙。1944 年 1 月 28 日，金毓黻记录了与高亨不期而遇的尴尬场面："午间，安文然、孔肖云俱邀饮。在肖云座上遇高晋生有不快之色，余坦然处之，若无事焉。"① 是年 4 月 22 日，金毓黻又记录了与萧一山貌合神离的会面及其心理："余此次来历十阅月，未曾与一山一晤面，今日忽于筵间遇之，仅略致寒暄，状殊落落。余与此等处欲以极自然之态度出之，若行所无事焉，用以征余之养气工夫如何！"② 金与两人筵席间相遇而皆不甚自然，可见彼此间积怨之深。

至抗战后期，国共两党力量在东大皆有较大发展，且已成颉颃之势。"随着抗战形势的恶化和人心动乱，学校日益加强对壁报的检查和控制。"此时东大进步学生组织的壁报团体非常活跃。萧盈光叙述了他们的活动情况："1944 年春，合唱群、菩提等壁报批头，发出成立壁报联合会通知，要求愿参加者签名，通知放在收发室，我代表新生代签名。过了不几天，我同郭秉箴、刘流等同学一起，登上东门外'东山寺'，参加壁报联合会成立大会，……大会决定壁报联合会今后的日常事务，由郭秉箴、刘流和我负责，并推举我为壁报联合会主席，同时决定由我负责同吴希庸训导长交涉，取消了学校提出的壁报稿要提前并全部送审的规定。"③ 而三青团亦发展较快。"三民主义青年团本校分团部自成立以来，干事长一职即由杨丙炎先生担任，团务颇为发展，迄目前止，其举办之重要工作有下列诸项：一、大量吸收新团员，团员人数由一百余人，激增至三百余人……"④ 柏杨也积极参与了三青团的活动："我们几个志同道合的同学在学校组织了一个'祖国学社'，是一个专门和左倾同学对抗的学生组织。我们都拥护比我低一班，叫杨德钧的同学，当我们的'大哥'。杨大哥是三民主义青年团东北大学分团的干事，一批青年，包括我在内，每天围绕着他，出壁报，开笔战。祖国学社拥有五六十个学生之多。"⑤

在党派活跃、人事纷繁的情势下，校内环境自然趋于恶化。1944 年 6

---

① 《静晤室日记》第 7 册，第 5384 页。"安文然、孔肖云"为东大教员。

② 《静晤室日记》第 7 册，第 5515 页。

③ 肖盈光：《民主与独裁的斗争——忆 1944 年东北大学学潮》，唐宏毅主编《东北大学在三台》，第 64 页。"肖盈光"即萧盈光。

④ 《校闻》，《国立东北大学校刊》1944 年第 1 期，第 8 页。

⑤ 《柏杨回忆录——看过地狱回来的人》，第 111～112 页。

月 26 日，金毓黻记述了当时校内的氛围："自表面观之，吾校似风平浪静，迨去其障壁，寻其底里，可忧者正自多端，不得以粉饰太平了之也。"[1] 7 月 6 日，金又写道："东大本为杌隉不安之局，果余所延用之教师多为资历浅，经验少，身体弱者，必致引起学生之反唇相稽。"[2] 此时身为文学院长的金毓黻对于延聘教师这种事都战战兢兢，可见此时氛围确已败坏。若教学、校务稍有不慎，恐怕就将生出事端。

第四节　1944 年壁报风潮中的省籍问题

一　风潮前后校内的国共党组织

内迁初期，中共在东北大学并无正式组织，整个三台、绵阳、中江地区都是由中共川康特委"派干部去做流动领导"。他们甚至在提到东大党员人数时也前后矛盾，起初说有 3 人，稍后又表示"我们只有四个同志，工作平常"。[3] 受皖南事变后国民党反共高潮的影响，东大地下党员一度与地方党组织失掉联系，进步学生的活动也出现停顿。[4] 中共 1943 年在东北大学设置了"据点"，但仍没有正式的组织。据 1943 ~ 1945 年工作于南方局青年组的张黎群回忆："为了争取和培养东北青年知识分子，我们党委青年部门是很重视对东大的学生工作的，由于我们没有在东大校内选拔妥当学运负责人，因此，是通过在重庆的两个人，一个是（主要的）高而公；一个是赵家实。经由他们向东大进步学生传达党的指示。"然后以进步学生"为核心，再以公开的团体组织学运，开展抗日民主运动"。[5]

这种间接领导使东大进步团体有很大的自主性，其成员可能也很复

---

①　《静晤室日记》第 7 册，第 5583 页。

②　《静晤室日记》第 7 册，第 5591 页。

③　《川康特委致南方局报告——各地方党的组织发展和救亡工作》（1939 年 3 月 23 日），中央档案馆、四川省档案馆编《四川革命历史文件汇集》（一九三七·六——一九三九），第 169、180 页。

④　参见王振乾、丘琴、姜克夫编著《东北大学史稿》，第 130 ~ 134 页。

⑤　张黎群：《东北大学进步学生与南方局青委的联系》，唐宏毅主编《东北大学在三台》，第 36 页。1939 年 1 月，中共南方局成立时就设有青年工作委员会，1941 年皖南事变后改为青年组。赵家实这条线是 1945 年 3 月以后建立的，因此赵与东大风潮关联不大。参见赵家实《〈反攻〉杂志与"民盟"》，齐红深编《流亡——抗战时期东北流亡学生口述》，第 251 ~ 255 页。

杂。"读书会是进步同学组织起来的团体，组织大家阅读和讨论进步书刊。"共产党员预备小组是"少数积极分子自己组织起来的秘密小组。成员都申明自愿以共产党员要求自己，争取得到党的领导，在学校里开展工作"。① 因此，南方局"对其中成员便不够了解。但是，总的说，我们在政治上还是信任他们的，认为是可以依靠的，不过，注意从各方面加以考察"。② 至 1944 年，东大校内的中共党员及其影响的进步学生已经有了较大发展。是时张黎群负责动员进步学生去解放区工作，"1944 年春夏和 1945 年春去的人最多"。③

而校内最为强势的当属国民党 CC 系。迁到三台后，东大国民党区党部改隶四川省党部，1939 年 10 月改隶中央党部，1939 年 7 月成立三青团。④ 中共川康特委认定，东北大学被 CC 系"收买统治了"。⑤ 在倾向中共的学生眼中，"东大校当局从校长到教务处、训导长都是国民党 CC 派，少数三青团学生为其耳目"。⑥ 截至 1942 年 4 月，国民党、三青团"党团员共有一百六十多人"。⑦

除国共两党势力外，还有相当的中间分子。据 1943～1945 年就读东大的齐纪辛回忆："东大在政治方面的情况：大多数人是埋头读书，在政治上表现为中间状态，接受我们党的教育，政治思想进步的学生人数不多。""学生中的三青团组织较大，活动较经常。学生中的三青团分子大都是东北人，他们是臧启芳的耳目和爪牙。"东北问题研究社的政治态度可以反映一般学生的政治倾向，他们"在政治上，对国共两党不表明态度，只标榜'研究东北，收复东北'为宗旨"。此外，"有些省籍的同乡会，

---

① 朱语今：《我所知道的高而公向刘光的一次汇报》，唐宏毅主编《东北大学在三台》，第 50 页。
② 张黎群：《东北大学进步学生与南方局青委的联系》，唐宏毅主编《东北大学在三台》，第 37 页。
③ 张黎群：《东北大学进步学生与南方局青委的联系》，唐宏毅主编《东北大学在三台》，第 39 页。彼时校内亦留下一批骨干。参见王振乾、丘琴、姜克夫编著《东北大学史稿》，第 142 页。
④ 东北大学：《抗战以来的东北大学》，《教育杂志》第 31 卷第 1 号，1941 年 1 月，第 24 页。
⑤ 《川康特委报告书》（1940 年 8 月 20 日），《四川革命历史文件汇集》（一九四〇——九四七），第 210 页。
⑥ 李慎仪：《赵纪彬参与东大学运的点滴回忆》，唐宏毅主编《东北大学在三台》，第 148 页。李慎仪为教员、中共党员赵纪彬的妻子。
⑦ 范子政：《今日的东北大学》，《东北》第 4 卷第 6 期，1942 年 4 月，第 38 页。

形成各自省籍的联系。学生中还有极少数青年党"。① 甚至东北籍学生内部亦有分歧，于学谦写道："在东北同学中也是由于各种原因，在认识上不一致，也面临着动荡不安。今天回忆起来，政治上的分歧之外，也存在有青年人在不同问题认识上的差异。"②

二　从壁报事件到风潮起落

1944 年下半年，中共与民主人士在同国民党谈判中要求结束一党专政，实行联合政府。中共在国统区发动的民主运动有力地策应了谈判。③在这种背景下，1944 年 11 月 20 日，东北大学因壁报问题发生风潮。据国民党三台特务机关报告：

本月十九日因铎声社壁报刊载前毕业一同学栾成勋之贪污情形，旋经其弟栾成津（法四学生，辽宁人）发现，将上项刊载撕毁。铎声社人隆元亨、郭秉箴认为此次刊载经训导处核准，其撕毁有违出版自由之原则，要求学校处理，学校认为此项刊载及撕毁均失当，对隆元亨及栾成津各记过一次。铎声社遂于二十日午后发起壁报联合会并刊出不满撕毁及校方处理言论。训导长杨炳炎、法学院长左仍彦、教务长代校长白世昌会同亲往撕毁上项刊载。壁联及铎声社人士于晚间发动部分同学前往训导处咨询杨、白、左三人，并请求处理撕毁刊物之栾某，后以校方答复不满，当场转移题目，大哄杨、白、左三人，并限五分钟提出辞职书，要求当场承认组织学生自治会，开除栾某，并群呼撕打，白、杨、左见群情难犯，翻窗潜逃。该请愿学生遂齐集大礼堂召集全体大会，推选萧盈光为大会主席，王隆章为书记，商讨组织学生自治会及驱逐白世昌等问题，出席人数约五百，情绪至为极烈。后以萧盈光不能把握会场，另选陈乔为大会主席，陈某从中操纵刺激，通过以各班级长及壁联代表为自治会筹备委员，并将该会通过之一切案件付诸筹备委员会执行。筹备会另在教授预备室同时开会，

① 齐纪辛：《东北大学在三台时期的进步学生活动》，唐宏毅主编《东北大学在三台》，第 40～41 页。
② 于学谦：《我的东大之路》，《东北大学建校 65 周年纪念专刊》，第 191 页。
③ 南方局党史资料征集小组编《南方局党史资料·大事记》，重庆出版社，1986，第 246～283 页。

起草简章，并办理大会通过之案件，对于赶走白世昌问题则通过由筹备会调查白世昌罪行，草拟宣言，向各教授接洽罢课，并由大会通过标语多件，由筹备会写就，于二十一日午前五时前张贴于三台市街及学校，并通过于二十一日午前八时学生自治会于大礼堂开会成立，当场不记名捐宣言标语经费，于三分钟共捐三千余元，会议遂毕。本日（廿一日）晨，一切标语均张贴完竣，罢课之事实现。①

又据自治会筹备会起草的《国立东北大学学生自治会为驱逐白世昌宣言》称：

> 最近有《铎声》壁报刊载新闻一则，意在政府惩治贪污声中尽揭发之义耳。并无攻击私人之意图，乃有白世昌之爪牙数人，认为涉其亲友不应揭发，将壁报摘取，并复于幕后以代校长身份支持蕞尔小事，训导处辗转不能决，后经铎声负责人以息事宁人态度，愿双方各记一过了结。至于经训导交审查通过之壁报，仍准张挂，而摘取壁报之祸首执迷不悟，反哭诉于白世昌之前，致有教务长兼代校长白世昌及训导长法商学院院长会同摘取之事，激起同学公愤。感以学校当局已出布告准予张挂，未经半日，乃又反复，直系朝令夕改，而其内幕则在徇私偏袒，是以一致声讨，并依部章组织自治会执行全体同学驱逐教育败类白世昌之公意。自白世昌处置不当之次日起，停课静待议决，全体同学为爱护东大为整刷教育起见，白世昌一日不离校，一日不复课。②

最初风潮的对立双方只是支持"铎声社"的学生与主持校务的白世昌、左仍彦、杨丙炎三人。特务认为萧盈光、郭秉箴是中共学生，事件是他们鼓动的。③ 进步学生李一清证实了这一判断："这次学潮是进步同学

---

① 《特分会密报东大学潮之起因》（1944 年 11 月 21 日），三台县档案馆藏三台县特分会档案，3/1/13。三台县特分会 1944 年设立，系国民党三台县党部指导下的特别小组，除特务活动外，其主要精力放在缉私、缉匪、禁毒、取缔帮会及清查赋税方面。

② 《国立东北大学学生自治会为驱逐白世昌（系东北大学教务长）宣言》，中研院近代史研究所档案馆藏朱家骅档案，301/01/23/012。

③ 参见《特分会密报东大学潮之起因》（1944 年 11 月 21 日），三台县档案馆藏三台县特分会档案，3/1/13。

郭秉箴、肖盈光发起的，我们读书会的大部分同学都参加了。"① 学生代表萧盈光要求校方处理栾成津，并认为"铎声"的报道是事实，不应停刊。"白世昌听不进。"萧又拿出证据，并愿承担一切责任。"白世昌仍然不理。"② 萧盈光的陈述有理有据，却与前述报告中学生的激烈反应相去甚远，他显然有意无意地掩盖了学生的不当言行，而夸大了白的傲慢。据臧启芳事后了解，学生们"包围训导处，人越聚越多，自下午五点到夜里九点还未散，白训导长不得已从后门走了"。③ 白世昌自知有些理亏，但又不愿屈从于学生的要求。当久怀不满的学生围攻他时，他不得不一面敷衍，一面逃走。④ 白世昌的应对不免有些拙劣，他的逃避只能更加激怒学生，而无益于风潮的平息。

此时风潮发动者的动机比较简单，他们攻击的对象主要是白世昌个人："校政为教育败类白世昌把持，利用教务长地位，收买爪牙，以国家贷金作为私人钩饵，凡亲邻故旧虽初中程度亦加录取或编级。又复擅作威福，摧残青年，以故本校内幕腐化重重，读书风气日渐没落，成绩水准参差不齐，同学处于淫威之下，忍无可忍者大矣。"⑤ 在 21 日张贴的 16 条标语中，直接攻击白世昌的有 11 条，要求民主自由的 4 条，欢呼自治会成立的 1 条；而 23 日的 16 条标语中，保留了 21 日攻击白世昌的 9 条和欢呼自治会成立的 1 条，又增加了攻击白世昌的 2 条，以及欢呼国民党、民国、蒋介石、东大万岁的 4 条。⑥ 此外，进步学生只希望在壁报方面获得更多的自由。"一些进步同学认为这是大好时机，推动展开一场民主斗争，与要求取消壁报审查的斗争巧妙的结合在一起。"⑦ 特务对风潮前景也很乐观，认为"只要校长返校，应对得宜，学潮即行终止。因全部只反对白

① 李一清：《奔赴解放区》，唐宏毅主编《东北大学在三台》，第 94 页。"肖盈光"即萧盈光。
② 参见肖盈光《民主与独裁的斗争——忆 1944 年东北大学学潮》，唐宏毅主编《东北大学在三台》，第 64～65 页。
③ 臧启芳：《回忆》，第 76 页。白世昌此前曾任训导长，因此臧启芳在这里出现笔误。
④ 参见肖盈光《民主与独裁的斗争——忆 1944 年东北大学学潮》，唐宏毅主编《东北大学在三台》，第 65～66 页。白世昌任训导长时专门负责审查壁报。
⑤ 参见《国立东北大学学生自治会为驱逐白世昌（系东北大学教务长）宣言》，中研院近代史研究所档案馆藏朱家骅档案，301/01/23/012。
⑥ 《廿一日标语》《廿三日标语》，三台县档案馆藏三台县特分会档案，3/1/13。
⑦ 姜丁铭：《抗日、团结、进步的旗帜——忆四川三台东北大学》，《东北大学建校 65 周年纪念专刊》，第 210～211 页。

某，而不反对校长，只以白某之去留为对象"。①

但白世昌仍试图通过手腕和强权镇压风潮。21日，他一方面指使东北籍同学"全部加入自治会，从中扰乱分化，转移目标，并扩大反对杨、左二人"，甚至"武力强迫复课"；另一方面又召集全体教务会议，"决议以全体教授职员名义劝告同学复课，同时分别由各系主任及教授，分别召集各系学生劝告复课"。但这些伎俩难以持续奏效，自治会很快即采取措施排除了东北籍学生的干扰。22日"晨由纠察队负责以群众力量不许教授上课"，"八时召开自治会成立大会，纠察队周围维持秩序"，"选举事宜如期完成"。而校内特务自始就指出了学校当局的措置失当以及地域观念。② 教员杨向奎亦批评道："学潮起因甚小，本可即时解决，但因当时负责者之无能，及东北同事有意利用之以排外人，遂行扩大，一发而不可收拾。"③

在白世昌等人的挑动下，风潮很快扩大为东北籍与非东北籍师生间的对抗。东北籍教员吴希庸、陈克孚等认为"必须维持东北人与江浙人平衡，白世昌去此，杨、左二人亦必去此，故指责杨、左二人鼓动学潮"，校友会还去函责骂左，左甚委屈。23日，东北籍师生更使出激烈手段。"助教学生多人往打左某，以先得耗逃避，未获，后移驻校长家。"这种做法也激怒了非东北籍教员。24日，他们决定支持左仍彦。④

11月23日，文学院长金毓黻自重庆回到三台。但他对风潮也一筹莫展，"校潮纠结甚多，非臧校长归来不能了也"。⑤ 此时白世昌等东北籍教职员仍态度强硬，金毓黻的劝说毫无作用。⑥ 而学生方面更加任性使气。11月30日，金感叹："今日目所触者，多为不衷礼法之人。"⑦

11月27日，臧启芳自重庆归来，当事各方纷纷进言。白世昌投诉左仍彦鼓动风潮，左则尽力自证清白。⑧ 29日，自治会要求驱除白世昌，宽

---

① 《学潮之最初情形报告》（11月22日），三台县档案馆藏三台县特分会档案，3/1/13。
② 参见《学潮之最初情形报告》（11月22日），三台县档案馆藏三台县特分会档案，3/1/13。
③ 《致傅斯年》（1945年1月13日），中研院历史语言研究所傅斯年图书馆藏傅斯年档案，Ⅱ/498。
④ 《特分会泰关于东北大学学潮演变的报告》（1945年12月6日），三台县档案馆藏三台县特分会档案，3/1/11。左仍彦为臧启芳妹夫。
⑤ 《静晤室日记》第8册，第5725页。
⑥ 参见《静晤室日记》第8册，第5726页。
⑦ 《静晤室日记》第8册，第5730页。
⑧ 臧启芳：《回忆》，第77页。

恕闹事学生；东北籍学生则要求驱逐杨、左，白世昌仍任教职。① 臧启芳回忆道："学生代表来见我，先表示对我绝对拥护，这次事情完全不是对我，跟着讲了白许多坏话，又为左大抱不平，只要白辞职则一切事无问题，风潮立即平息。"② 自治会的要求确实是他们的真正要求，此时若处置白世昌，风潮当能迎刃而解。但臧启芳认为风潮系中共学生发动，他不愿意被牵着鼻子走，还想按部就班地处理："我总想先使白与左之间彻底明了情况，再处理学生问题，就比较容易。"③ 此时，臧启芳和陈立夫都有些掉以轻心。12 月 4 日，甫卸任教育部长的陈立夫致函继任者朱家骅，对风潮前景感到乐观，他的依据是臧启芳的来电："顷得臧校长启芳艳电，称已于感日返校，学生因壁报事件引起风潮，现已平静，正慎重处理中云云。原因既较单纯，或不致另生枝节。"④

11 月 30 日，身心俱疲的金毓黻打算辞去文学院长而专心读书。他自责道："余忝任大学讲席，又兼领院务，坐视校潮之拖延而无术挽救，实属有忝厥职，衾影怀惭，应不容一日尸位，即日引咎请辞，乃为可耳。"⑤ 但是时风潮已殃及他本人。陈乔攻击金毓黻在重庆办的东北文物展览"有为伪满宣传之嫌"，陈提议："要求伊引咎辞职，永勿干预校政。"⑥ 12 月 3 日，金毓黻"闻之大愤"，遂决意离开东大。⑦

此时，个别教员及自治会都将矛头指向东大校方。12 月 1 日，教员丁山致函朱家骅报告风潮态势，他将东大教职员分为臧启芳校长、东大出身派（校友派）、元老派与客籍 4 部分。他指责校友派把持校政，⑧ 排斥非

① 《特分会关于东北大学学潮演变的报告》（1945 年 12 月 6 日），三台县档案馆藏三台县特分会档案，3/1/11。
② 臧启芳：《回忆》，第 77 页。
③ 臧启芳：《回忆》，第 77 页。
④ 《陈立夫致朱家骅函》（1944 年 12 月 4 日），中研院近代史研究所档案馆藏朱家骅档案，301/01/09/168。
⑤ 《静晤室日记》第 8 册，第 5730 页。
⑥ 《特分会关于东北大学学潮演变的报告》（1945 年 12 月 6 日），三台县档案馆藏三台县特分会档案，3/1/11。
⑦ 《静晤室日记》第 8 册，第 5733 页。
⑧ 丁山对臧启芳以下东北籍教授不满由来已久。1940 年 2 月，丁就曾在致朱家骅函中批评东大黑暗："欲以封建思想巩固不学无术者之校长地位。臧校长亦尽量发挥政治手腕。""臧校长辈既不爱护东北青年，又不知中央维持大学厚望，一群东北籍人物只知争院长，抢主任，收买学生，酗酒赌博。臧校长则贪赃枉法，霸道横行，一若在张氏父子割据东北时，有利可图，无谣不造。稍有学术地位者，无不暑来冬去，所谓东北大学，毋宁谓

东北籍师生："'东北籍'稍有教书能力者，皆尽量网罗为教授。所有各长各主任，亦尽'东北籍'教授充任之。"丁山还批评元老派和校友派"东北至上""大东北主义"，建议采取强硬手段去除东北籍校友派，"以国家观念改造'后来东北籍青年'之乡土观念"。丁山的信函当能反映东大当局之地域观念，但也不乏夸大之词："东大之迁三台，年年风潮，时时问题，只为'东北籍校友派'把持校政，以宰割客籍青年。"他甚至攻击东北籍全体教授"除手段外，学问均不负众望也"。①而同仁中颇有卑鄙丁山为人者，傅斯年曾建议朱家骅"似可明说弟深鄙其为人（此人不仅狂妄抑且下流）"，"弟殊不介意得罪他也"。②孔德也表示："丁之喜怒无常，人多厌之。"此次又"鼓动学生打倒金静庵，拥之做院长"。③ 12 月 3 日，曾霖在自治会上报告了 2 日校务会议的情形：苍宝忠欲担任训导长，并"主张开除自治会全体代表、壁联代表五六十人，辞聘杨、左"。赵鸿翥主张："为东北人之救济，下届招生径可不收外籍学生。"陈乔还攻击道："陈克孚才学不及白某，而阴险过之，苍为白之爪牙。"两人的话难免有夸

即北洋军阀时代黑暗之缩影。"又指责臧启芳无信无义，其一，臧启芳初时将其列名《志林》"编辑委员，最后又去掉"；其二，臧启芳蒙蔽中央研究院，以其秘书取代丁山而为中央研究院评议员。丁山来函满纸攻击与狐疑之词，朱家骅并不以为然，他批注道："《志林》为萧一山先生所编，内容尚属较可，批评处似可不必，即函教部以免误会。"参见《丁山致朱家骅函》（1940 年 2 月 21 日），中研院近代史研究所档案馆藏朱家骅档案，301/01/23/003。傅斯年稍后亦致函丁山澄清道："东北大学自书记至校长皆有选举权一事，决无此说。此次办理，乃依据法规。"参见《傅斯年致丁山函》（暂系年于 1940 年 3 月），王汎森、潘光哲、吴政上主编《傅斯年遗札》第 2 卷，第 955 页。

① 参见《丁山致朱家骅函》（1944 年 12 月 1 日），中研院近代史研究所档案馆藏朱家骅档案，301/01/09/168。"不负众望"应为"不孚众望"。校友派主要指教务长白世昌以及教授陈克孚、苍宝忠、吴希庸 4 人，元老派主要指法律系主任赵鸿翥与文学院长金毓黻，客籍则指法学院长左仍彦、训导长杨丙炎与经济系主任梅一略。丁山似为朱家骅在东大的代理人，其角色类似于姚从吾在西南联大。参见王奇生《战时大学校园中的国民党：以西南联大为中心》，《历史研究》2006 年第 4 期；桑兵《国民党在大学校园的派系争斗》，《史学月刊》2010 年第 12 期。战时丁山曾先后在中央大学、东北大学、四川大学、暨南大学等校任教，但大都不如意。金毓黻评价丁山"个性太强，时时动气"；而丁山初到东大，即表示东大应以一般研究为主，将"建设东北使命"寓于其中。此两点皆可反映其为人。参见《静晤室日记》第 7 册，第 5354、5464~5465 页。

② 《傅斯年致朱家骅函》（1942 年 1 月 14 日），王汎森、潘光哲、吴政上主编《傅斯年遗札》第 3 卷，第 1197 页。

③ 《孔德函告草堂国学专校暗潮》（1944 年 12 月 12 日），中研院近代史研究所档案馆藏朱家骅档案，301/01/09/160。

大之嫌，却极富煽动性。① 丁山与自治会的言说相互呼应，双方似乎不无勾连。

东大当局逐渐失去了对风潮的控制力。12月3日，学校当局决定开除当事之白世昌、左仍彦及两名学生陈乔、陈祖翼。② 自治会对校方的命令进行了抵制，并希望学校收回成命。臧启芳起初有接受之意，最后还是表示拒绝。③ 但学校的决定亦无法贯彻。12月4日，"午后臧校长欲到校执行校务，以为诸生拦阻不得入，因此风潮益扩大"。④ 7日，自治会散发驱逐臧启芳的宣言，胪列臧罪行6项。其中，"任用私人""滥收学生""强调地域观念"三项皆指向臧的东北省籍观念，可谓切中要害。⑤ 同日，东大教员表态支持臧启芳，但姿态已颇低："本月三日之牌示，实系忍痛处理，诸同学果能破除成见，捐弃猜嫌，将来善后处理，亦未尝无变通之余地也。"⑥

此时丁山的言行竟与自治会完全一致，事实上丁山即鼓动风潮最力之非东北籍教员。他一方面极力为左仍彦鸣冤：左"学问道德，均为全校友生所景服。尤能以暗中维护'非东北籍'教授学生之功居多"。⑦ 另一方面又提出更换校长："臧君毫无学术意味，决不适宜为大学校长。""继任人选，为国家统一前途计，宜绝对避免东北人。盖彼辈同乡把持之手段，不亚粤人之于中大，且彼辈无时不做张氏父子割据东北时之美梦，绝无国家统一观念。"⑧ 与丁山的略嫌偏激不同，非东北籍教员孙文明的观察更为客观，他认为省籍问题是东大风潮的症结。风潮远因是"东北学生逐年锐减，其他各省学生（所谓外籍生）陆续增加"，学校当局用种种方法收容东北生，限制外籍生。近因为外籍生之"铎声"壁报"暗射之贪污者则为东北生，于是引起少数东北生之抗议校方暗中偏袒，遂激动外籍生之

① 参见《陈三泰关于东北大学学潮演变的报告》，三台县档案馆藏三台县特分会档案，3/1/11。
② 参见《陈三泰关于东北大学学潮演变的报告》，三台县档案馆藏三台县特分会档案，3/1/11。
③ 参见《陈三泰关于东北大学学潮演变的报告》，三台县档案馆藏三台县特分会档案，3/1/11。
④ 《静晤室日记》第8册，第5733页。
⑤ 参见《国立东北大学学生自治会为驱逐包庇私党贪赃徇私之校长臧启芳宣言》，三台县档案馆藏三台县特分会档案，3/1/11。
⑥ 《全体教授告同学书》，三台县档案馆藏三台县特分会档案，3/1/11。
⑦ 参见《丁山致朱家骅函》（1944年12月4日），中研院近代史研究所档案馆藏朱家骅档案，301/01/23/003。
⑧ 《丁山致朱家骅函》（1944年12月7日），中研院近代史研究所档案馆藏朱家骅档案，301/01/09/168。

公愤"。风潮之扩大因"非法解聘左仍彦一举，更激动全体师生之公愤"。① 而各种反臧势力亦有合流之趋向。孔德认为风潮完全为张澜与中共学生所利用，驱逐东大当前校领导后，将由丁山等人长校："举丁山为文学院长兼代校长，陆侃如为教务长，以丁山自言同公交谊甚厚，由其出面，风潮决不会失败，所以张彪方派同青年党均拥之为领袖，街上遍贴丁山万岁、拥护丁山万万岁反动标语，此举极滑稽，而极幼稚。"② 此时风潮也完全超出了中共学生的预想："几乎把这场民主与反民主的斗争，变成了四川籍学生同东北籍学生的斗争。"③ 特分会亦认为省籍矛盾远多于党派鼓动因素。"最初稍寓有政治作用，然以地域观念之争为最，直至现在，整个空气，为地域观念所环绕。""自治会方面，无政治作用，仅为地域观念份子之激烈，远超过奸伪分子之上。"④ 彼时诬蔑、抹黑东大校方的传闻甚多，当系丁山及自治会刻意散布。"闻左仍彦否认辞职，同时非东北籍教授三十余人全体辞职，左仍彦往重庆陈述东大黑幕。暨闻校长所出牌告，为陈克孚、金毓黻等写就，强迫校长签字之说。"⑤

此时"撤换校长"的呼声很高，但对继任者的省籍争议甚大。特分会认为"唯有另派校长，彻底改革之一途。新校长如籍非东北，东北人必大加反对，而自治会方面，则极端拥护欢迎"。⑥ 曾因与东大当局发生矛盾而出走的萧一山⑦也力主任命外省籍者长校，其对臧启芳等人攻击甚力：其一，"臧必去，倘仍易一东北人，学生必不平，是以暴易暴也"；其二，"东北现无一好教授，臧某终年在外作卖买，积资数千万，在校教授毫无资历学问，何如能领导起来，为教部计，从速将其解散可也。至少亦须更

---

① 参见《孙文明致朱家骅函》（1944 年 12 月 12 日），中研院近代史研究所档案馆藏朱家骅档案，301/01/09/168。

② 参见《孔德致朱家骅函》（1944 年 12 月 11 日），中研院近代史研究所档案馆藏朱家骅档案，301/01/09/168。"张彪方"应为"张表方"，张澜字表方，张在川北影响较大。

③ 李一清：《奔赴解放区》，唐宏毅主编《东北大学在三台》，第 94 页。

④ 《陈三泰关于东北大学学潮演变的报告》（12 月 5 日），三台县档案馆藏三台县特分会档案，3/1/11。

⑤ 参见《陈三泰关于东北大学学潮演变的报告》（12 月 5 日），三台县档案馆藏三台县特分会档案，3/1/11。

⑥ 《陈三泰关于东北大学学潮演变的报告》（12 月 5 日），三台县档案馆藏三台县特分会档案，3/1/11。

⑦ 参见王振乾、丘琴、姜克夫编著《东北大学史稿》，第 131 页。

换校长，万不可用东北人，如用之则风潮仍不可止"。① 但教育部方面绝无更换之意。教育部参事刘英士认为"非至万不得已，臧哲先不可去。原为'东北'而维持此大学，校长必须东北人"；朱家骅也批示"安定第一"。② 12 月 14 日，丁山或许接获上层消息，竟又发来赞赏臧启芳的信函："东大学潮迁延有日，□未发生严重事态者，皆哲先校长慎以将事极度容忍之功也。内有骄悍之校友，外有蠢动之学生，相煎相逼，进退不得，此在哲先奉公函中，言之尽矣。山本拟代为面呈，适因感冒而引起咯血旧疾，急须静养，未能成行。东北多才，惟哲先气度宽宏，堪以领袖。"刘英士阅后亦怪异道："丁山对臧，态度常变。"③

而外省籍教员对学校当局的不满亦有所表现。孙文明表示："外籍教授受压迫已久，现目睹此种混乱现象，亦激于义愤，无法隐忍。"④ 杨向奎亦抱怨道："外籍教授于风潮之初起时，避谗畏讥，不敢有所开口，事态演变至今，亦校方主持人不信任外籍教员所致也。"⑤ 而外省籍教员陆侃如等人对风潮殃及金毓黻亦表达了同情。15 日，金毓黻致信陆侃如道："顷之小邨来言，文系诸公欲为弟有所声辩云云，具见相爱之深。"⑥ 可见，金之遭遇深为同事所同情，这在另一面反映了风潮之激烈。金毓黻与东大当局之臧启芳等多交谊深厚，必为反对校当局之员生视为一派，金又欲帮助校方平息风潮，自然更为反臧者所忌。因此，金之受辱事实上也是因为与校当局关系密切所致。

在这种情势下，臧启芳不得不请求教育部派员处理。12 月 11 日，臧启芳报告了校内的混乱局面"仍有少数学生不服劝导，众望变本加厉，因未便强制，无法复课"，恳请"迅派大员来校处理，迟恐生变"。⑦ 13 日，

---

① 参见《萧一山致朱家骅函》（1944 年 12 月 20 日），中研院近代史研究所档案馆藏朱家骅档案，301/01/09/168。
② 《英士批示》（12 月 14 日），中研院近代史研究所档案馆藏朱家骅档案，301/01/09/168。
③ 参见《丁山致朱家骅函》（1944 年 12 月 14 日），中研院近代史研究所档案馆藏朱家骅档案，301/01/09/168。
④ 《孙文明致朱家骅函》（1944 年 12 月 12 日），中研院近代史研究所档案馆藏朱家骅档案，301/01/09/168。
⑤ 《致傅斯年》（1945 年 1 月 13 日），中研院历史语言研究所傅斯年图书馆藏傅斯年档案，Ⅱ/498。
⑥ 《静晤室日记》第 8 册，第 5736 页。"小邨"即金景芳，东大教员，金毓黻之好友。
⑦ 《臧启芳致朱家骅电》（1944 年 12 月 11 日），中研院近代史研究所档案馆藏朱家骅档案，301/01/09/168。

臧启芳又报告有学生破坏复课，并再次请求"迅派大员到校"。① 电报频传，可见臧启芳压力之大。12 月 15 日，教育部督学钟道赞和四川省教育厅长郭有守到校处理风潮。② 他们承诺："将各生要求，带回教部解决，保证能得圆满结果，在二周限期内，返潼签复同学要求。"③ 12 月 18 日，学校复课。这时白世昌与左仍彦已离校，杨丙炎亦辞训导长兼职。④

三　风潮的平息及余波

虽然实现了复课，但风潮的根本问题并未解决："校长未能到校执务，其中症结正有多端，非旦夕可了也。"⑤ 尽管朱家骅希望丁山"秉公协助"，⑥ 但丁山似乎有所保留。而自治会也只是暂时妥协，因为教育部没有按期回复，罢课之议再起。1945 年 1 月 5 日，自治会虽然就罢课达成一致意见，但仍派遣陈乔、郭秉箴等人往重庆、成都活动各方舆论。⑦ 这时特务认为必须撤换东大当局，方能彻底解决风潮："如校长不更换，东北人把持校政之三老三小不去，该校会永久蕴藏祸□，一触即发。"⑧ 风潮旷日持久，臧启芳也萌生去意，经朱家骅挽留一度打消了念头。⑨ 但因风潮不见好转，臧启芳遂于 1 月 5 日再上辞呈，而朱家骅仍批示："再恳切慰留。"⑩

1 月 11 日，东北大学风潮再起。是时自治会明确要求驱逐东北籍学校领导，而东北学生因为臧启芳不能维护东北教员，也"赞成罢课赶走校

---

① 《臧启芳致朱家骅电》（1944 年 12 月 13 日），中研院近代史研究所档案馆藏朱家骅档案，301/01/09/168。
② 《静晤室日记》第 8 册，第 5736 页。
③ 《政情》（1945 年 1 月 23 日），三台县档案馆藏三台县特分会档案，3/1/12。"潼"指三台，旧称潼川。
④ 参见《三台点滴》，《新华日报》1945 年 1 月 13 日，第 3 版。
⑤ 《静晤室日记》第 8 册，第 5737 页。
⑥ 《朱家骅复丁山函》（1944 年 12 月 22 日），中研院近代史研究所档案馆藏朱家骅档案，301/01/09/168。
⑦ 参见陈三泰《政情》（1945 年 1 月 6 日），三台县档案馆藏三台县特分会档案，3/1/12。
⑧ 参见陈三泰《政情》（1945 年 1 月 6 日），三台县档案馆藏三台县特分会档案，3/1/12。
⑨ 参见《臧启芳致朱家骅函》（1945 年 1 月 5 日），中研院近代史研究所档案馆藏朱家骅档案，301/01/09/168。
⑩ 《臧启芳致朱家骅函》（1945 年 1 月 5 日），中研院近代史研究所档案馆藏朱家骅档案，301/01/09/168。

长"。因此，特务认为学校当局很难再保全。^① 杨向奎也觉得臧启芳难以继续长校。"现臧校长滞渝，既遭同学之反对，又受东北同事之攻击"，"看情形甚难返校"。^② 此时外界已有觊觎东大校长职位者。国民党 CC 系的萧铮、齐世英致电傅斯年称："东北大学臧校长辞意坚决，无可挽留，请电骝先推荐李纶三继任。"^③ 傅斯年即遵命推荐，并强调："彼不属任何一派，极富正义感。"^④ 然朱家骅主张坚定，萧铮等又来电请求缓发推荐函电。^⑤ 萧铮等人似乎深恐东大落入朱家骅亲信手中，因此采取较为婉转的方式推荐李锡恩。但朱家骅并无更换臧启芳之意，萧铮等人也乐得维持现状。

此时臧启芳的去意颇为坚决："我看闹的太不像了，下决心辞职，到重庆把辞呈送到部里，便跑到重庆郊外朋友家里住下，对东大事一概不愿再问，朱部长把辞呈退回，托人交我，并找我谈话，一连三次我不肯往见，最后见了面，我坚持不回东大，依然未获允准。"^⑥ 臧启芳所言不虚，报纸也提到他"曾两度向教部坚请辞职未准"。^⑦ 但朱家骅仍坚持由臧启芳继续长校，他斩钉截铁地表示："部里派人调查回来真相大致明了，必须解聘三位教授，开除几名学生，盼你立即回校执行部令。"^⑧

东北大学风潮恰值教育部易长。这加剧了本就紧张的 CC 系和朱家骅系之间的斗争，组织部、教育部以及部分大学都出现了一定程度的人事更迭。^⑨ 但这种斗争是潜在的，双方还是要照顾大局。一方面，豫湘桂战役后，战区的教育机构破坏严重，大量师生流离失所，这成为朱家骅上任后

---

① 参见陈三泰《政情》（1945 年 1 月 11 日），三台县档案馆藏三台县特分会档案，3/1/12。

② 参见《致傅斯年》（1945 年 1 月 13 日），中研院历史语言研究所傅斯年图书馆藏傅斯年档案，Ⅱ/498。

③ 《萧铮、齐世英致傅斯年电》（1945 年 1 月 8 日），中研院历史语言研究所傅斯年图书馆藏傅斯年档案，Ⅲ/1283。朱家骅，字骝先。李锡恩，字纶三，CC 系，曾任吉林大学、东北中山中学校长。

④ 参见《傅斯年致朱家骅函》（暂系年于 1945 年 1 月），王汎森、潘光哲、吴政上主编《傅斯年遗札》第 3 卷，第 1573 页。

⑤ 参见《萧铮、齐世英致傅斯年电》（1945 年 1 月 13 日），中研院历史语言研究所傅斯年图书馆藏傅斯年档案，Ⅲ/1284。

⑥ 臧启芳：《回忆》，第 78 页。

⑦ 《东北大学复课》，重庆《大公报》1945 年 2 月 1 日，第 3 版。

⑧ 臧启芳：《回忆》，第 78 页。

⑨ 参见桑兵《国民党在大学校园的派系争斗》，《史学月刊》2010 年第 12 期。

要解决的"第一任务"。① 另一方面，大后方的师生生活困难，对政府普遍存在不满情绪。② 12月5日，朱家骅向记者谈及当下教育部面临的首要工作，"在于使教育事业安定发展，各级学校师生生活安定，一切教育计划始有进行之可能"。"就职后愿先就此点作最大之努力，再谈其他兴革事宜。"③ 朱家骅迟至12月7日方到教育部视事。④ 12月11日，朱家骅演讲施政方针时再次重申，现在处在抗战胜利前的最艰苦阶段，将着重"安定教职员及学生的生活"。⑤ 1945年2月9日，朱家骅在国民参政会又做了类似的表示：教育方面"不图更大的发展，而在如何维持现状下，以度过难关"。"吾人决在安定中求进步"，并"作准备工作，以谋将来之发展"。⑥ 这种"安定至上"的方针决定了朱家骅不可能对教育人事做出大范围的更动。因此，朱家骅支持出身CC系的臧启芳继续长校，应当主要是为了安定东北大学。否则，朱家骅大可顺水推舟，让自己的亲信取代臧启芳。事实上臧启芳固为CC系，⑦ 但他作为校内国民党的主要干部，与朱家骅亦不乏联系。1943年4月，臧启芳还曾与众多大学校长到中央训练团受训，朱家骅亦参与其中。⑧ 并且臧启芳是东北教育界的代表人物，白世昌、陈克孚、吴希庸等皆是臧的学生。在战后东北教育事业的接收与发展方面，朱家骅都要倚重臧启芳等人。⑨ 而这些条件都不是丁山等人所具备的。

---

① 参见杨仲揆《中国现代化先驱——朱家骅传》，近代中国出版社，1980，第68~69页。
② 参见郭川《抗战大后方公教人员日常生活及心态嬗变研究》，西南大学博士学位论文，2017；李蓉、叶成林编《抗战时期大后方的民主运动》，华文出版社，1997。
③ 《新任教育部长朱家骅今视事》，重庆《大公报》1944年12月7日，第2版。
④ 《朱部长视事》，重庆《大公报》1944年12月8日，第2版。
⑤ 《朱部长施政方针》，重庆《大公报》1944年12月16日，第2版。《朱家骅先生言论集》将朱的致词收入，但标题、时间皆有误。这是其就职后在首个纪念周上的讲话，并非就职致辞。参见《第二次任教育部长就职致词》（1944年12月14日），王聿均、孙斌合编《朱家骅先生言论集》，中研院近代史研究所，1977，第170~171页。
⑥ 参见《朱教长出席报告》，重庆《大公报》1945年2月10日，第3版。
⑦ 臧启芳1928年经主持东北党务的CC系齐世英发展加入国民党，1934~1937年臧启芳又曾先后担任陈果夫任主席的江苏省第四、第二区行政督察专员。参见陈果夫《苏政回忆》，正中书局，1951，第120~122页；沈云龙、林泉访问，林忠胜纪录《齐世英先生访问纪录》，第130~131、161、179~180页；臧启芳《回忆》，第41、46、61~64页。
⑧ 《竺可桢日记》第2册，人民出版社，1984，第671~677页。
⑨ 抗战胜利后，臧启芳被任命为东北区教育复员辅导委员会特派员，金毓黻被聘为委员；陈克孚等人在接收东北时都受到重用。参见臧启芳《回忆》，第81页；《静晤室日记》第8册，第5920页；贺金林《抗战胜利后国民政府教育复员研究》，社会科学文献出版社，2010，第20~52页。

1月18日，臧启芳与教育部督学钟道赞、程宽正等人抵达三台。钟、程二人"即分访当地军政首长，告以本部从速处理国立东北大学风潮之决心，并请相机协助。翌日，就访各院长及系主任于其寓所，冀其能领导教授及学生于二十二日（星期一）复课"。21日，钟道赞等令学生代表"从速复课，词严义正不稍假借"。① 钟、程两人"声明教部全力支持臧校长，在维护臧校长前提下，一切要求保证有圆满结果，否则执行教部命令，以强制力解决"。而教育部对于东大之处置预案甚为强硬，包括复课，惩罚学生，勒令陈克孚、苍宝忠离校，改革校政等。② 自治会对教育部之处置不无抵触，"其中以惩罚学生及以后是否确实改革校政等问题，商讨最久，各调解费力最大"，后经当地驻军及丁山、孙文明等人调停方接受。③

"东北流亡势力"也积极参与风潮的处理。1944年12月5日，金毓黻致函莫德惠、高惜冰，"告以东大事已横决"。④ 朱家骅也曾请高惜冰帮助平息风潮，高惜冰亦颇为尽力："原拟于今日下午晋谒我公，面陈关于东北大学之事，惟与有关各方商量，当未获得具体结论，苦难复命，俟有相当办法，立即趋谒奉陈。"⑤ 后期高惜冰等人还陪同教育部官员前往三台平息风潮。"东北籍参政员高惜冰，前工学院院长王文华同来。"⑥ 高惜冰等亦"分访东北籍教授，冀其协助复课，并劝陈克孚、苍宝忠二教授自动辞职（时吴希庸教授已离校从军），以慰众望"。⑦ 而当东北籍教员派人赴重庆散发反对臧启芳的传单时，"被几个明白的东北同乡看见后，对送传单的人大大的责备了一顿，结果未敢散布"。⑧

在教育部的强硬表态以及各方配合下，风潮急转直下。1月23日，东大复课。24日，臧启芳到校办公。丁山等在劝说学生时曾暗示学校不会严惩。⑨ 而校方最后对学生的处置确实甚轻，"罢除名之令，改为大过二

---

① 《教育部签呈》（1945年2月5日），中国第二历史档案馆藏教育部档案，5/1985。
② 陈三泰：《政情》（1945年1月23日），三台县档案馆藏三台县特分会档案，3/1/12。
③ 参见陈三泰《政情》（1945年1月23日），三台县档案馆藏三台县特分会档案，3/1/12。
④ 《静晗室日记》第8册，第5734页。莫德惠时任国民参政会主席团主席。
⑤ 参见《高惜冰致朱家骅函》（1945年1月5日），中研院近代史研究所档案馆藏朱家骅档案，301/01/09/168。
⑥ 《东北大学复课》，重庆《大公报》1945年2月1日，第3版。
⑦ 《教育部签呈》（1945年2月5日），中国第二历史档案馆藏教育部档案，5/1985。
⑧ 臧启芳：《回忆》，第78页。
⑨ 参见陈三泰《政情》（1945年1月23日），三台县档案馆藏三台县特分会档案，3/1/12。

次者四人，一次者十二人"。① 教员方面，丁山所谓"校友派"4 人全部去职。"白世昌、左仍彦离职后，继有陈克孚、苍宝忠离校去渝。"② 吴希庸从军。③ 大多数师生对复课都是持欢迎态度的。"因事情闹的太久，大多数好学生已望治心切，一般教授对解聘的教授又爱莫能助，风潮便立刻平息。"④ 柏杨的陈述也颇能反映这些人的心态："我是千辛万苦才进大学之门的，了解到读大学之不易和大学生涯的可贵，认为能读大学是一种福分，不应糟蹋，而应珍惜，所以我并不支持罢课。每天到大街上游荡，只在心中暗暗希望罢课早日结束。"⑤

对于中共学生的接受命令，特务认为他们"窥察局势，见中央全力支持校长，并将有不利于伊等之处置，乃改变目标"。⑥ 实际上，他们也得到了中共南方局的指示。据郭秉箴回忆："高而公及时从重庆捎来口信，让我和刘流二人趁罢课僵持的时机到重庆去。""我们完全按照他的安排，找到了党，亲自向党的有关负责人详细汇报了情况，研究分析了形势，定出了解决学潮问题的方案。"⑦ 南方局青年组负责人刘光向郭秉箴分析道："既然臧启芳还不像国民党嫡系党棍那样极端反动，若赶走了臧启芳，换来一个国民党党棍当校长，对学生更不利，那就应该在这次斗争中取得校方若干让步之后，就适可而止，不要坚持赶走臧启芳。这是符合'有理有利有节'原则的。"⑧ 郭秉箴等人回去后，"通过自治会代表的研讨和辩论，同意白世昌等五人离校，取消壁报审查，即展开拥护臧启芳校长进校执政和驱逐臧启芳校长出校让权的争夺战"。⑨ 此外，赵纪彬也将中共组织的意见传达给进步学生："对走上进步轨道的东北大学，不应由江浙派中代表国民党中央特务派系来操纵，而应以占多数的东北师生为主体，坚

---

① 《丁山致朱家骅函》（1945 年 1 月 27 日），中研院近代史研究所档案馆藏朱家骅档案，301/01/23/003。

② 《东北大学复课》，重庆《大公报》1945 年 2 月 1 日，第 3 版。

③ 参见王成科编《辽阳近现代人物录》，辽宁民族出版社，2010，第 108 页。

④ 臧启芳：《回忆》，第 78 页。

⑤ 《柏杨回忆录——看过地狱回来的人》，第 101 页。

⑥ 陈三泰：《政情》（1945 年 1 月 23 日），三台县档案馆藏三台县特分会档案，3/1/12。

⑦ 郭秉箴：《东大时期的高而公》，唐宏毅主编《东北大学在三台》，第 58 页。

⑧ 朱语今：《我所知道的高而公向刘光的一次汇报》，唐宏毅主编《东北大学在三台》，第 51 页。

⑨ 姜丁铭：《抗日、团结、进步的旗帜——忆四川三台东北大学》，《东北大学建校 65 周年纪念专刊》，第 211 页。

持抗日团结进步的这面旗帜。"① 这个意见与南方局的意见相近，也是主张由臧启芳继续长校。

此次风潮对东大当局打击甚大。除白世昌等人去职外，臧启芳也心灰意冷。他曾作诗云："欲托高堂怕见猜，旧巢飞去复飞来。谁怜燕子呢喃苦，朝夕衔泥只自哀。"金毓黻认为"颇能透露衷心之苦"。② 风潮也使臧启芳的威望大大降低。臧启芳曾在1939年和1942年连续两次当选东北大学区党部执行委员。③ 截至1943年初，臧启芳在东大党团方面都担任着负责人或指导者的角色："廿八年至今充东北大学三民主义青年团分团部筹备处指导员，廿九年至今充三民主义青年团中央团部监事，自廿八年至今兼充东北大学直属区党部历届执行委员。"④ 但到1945年3月区党部改选时，"应出席九十六人，除因故未到四十五人外，实到五十一人"。臧启芳仅"得八票，当选为候补监察委员"。⑤ 显然国民党籍的反臧师生仍在消极抵制臧启芳长校。金毓黻也去意坚决。1944年12月20日，金毓黻向臧启芳"表明去校之决心"。其后金一直埋头读书，不问风潮。⑥ 1945年3月底，金毓黻返回中央大学授课；7月，正式致函臧启芳辞职。⑦

尽管风潮平息了，各方矛盾却仍在发酵。自治会中不同意复课的学生以"自治会极进派"等名义散发传单，攻击梅一略、丁山收买自治会执行委员，与校长妥协，并表示"我们还要干下去"。⑧ 东北籍师生对臧启芳也不满已极。他们"均认为校长只求位置稳当，出卖东北人，深表不满，各角落中常闻有东北籍学生不满此次处置言论，为此后祸木"。⑨ 而丁山

---

① 参见姜丁铭《抗日、团结、进步的旗帜——忆四川三台东北大学》，《东北大学建校65周年纪念专刊》，第211页。

② 《静晤室日记》第8册，第5785~5786页。

③ 参见《直属国立东北大学区党部选举结果》，中国国民党党史馆藏会议记录，会5.3/140.9；《直属国立东北大学等区党部人事组织动态报告表》，中国国民党党史馆藏会议记录，会5.3/184.15。

④ 参见臧启芳《中央训练团学员自传》，台北"国史馆"藏军事委员会委员长侍从室档案，129000003533A。

⑤ 《中国国民党中央执行委员会组织部公函》（1945年5月28日），中国国民党党史馆藏会议记录，会6.3/11.5。

⑥ 参见《静晤室日记》第8册，第5738~5781页。

⑦ 参见《静晤室日记》第8册，第5856、5907页。1936~1943年，金毓黻曾任教于中央大学。

⑧ 《传单》（1945年1月20日），中国第二历史档案馆藏教育部档案，5/1985。

⑨ 陈三泰：《政情》（1945年1月23日），三台县档案馆藏三台县特分会档案，3/1/12。

仍然敌视东北籍教职员，他认为东大当局的地域观念并未消除："在同乡会精神支配下，'不学有术'者居上位，决难言提高学术水准，更难言彻底改革以实现部令指示各节。"① 而学校对学生活动及言论亦无法控制。2月8日，东大学生"心若"表示："壁报团体，原有三十余单位，前因学潮关系，全数停止活动；现下复课已两周，各团体又形活跃。"其中就有自治会主办的"自治会"。② 在特务眼中，学生之言行则更为嚣张："学生势力增加，不守纪律，学校对学生之言论已无控制之力，对壁报亦未举行审查与登记。""查无法查，驳无法驳。"③

半年多后臧启芳仍然心有余悸，在离校赴东北接收教育时他对朱家骅表示："此次奉我公之命赴东北接收教育文化事业，必竭尽股肱之力以报知遇之感，然使三台东大在启芳离职期中稍有不安，或竟发生较大事态，非惟启芳有后顾之虑，亦实增钧座之忧。目前东大新生方入学，而旧生又切盼东归，人心不算安定，加以启芳平生处世耿介，凡不相谅者，难免不遇事乘机打劫。"④ 而此时已离开东大的丁山仍不忘攻击东北人士之地域观念："倾举国之力，光复东北，复竭中原血汗，建设东北；但恐东北人心目中之东北，仍为东北人私产，一切东北人独占，未必允许国人享受彼丰富资源耳。是以长春、滨江两大学，不能再由东北人长校，以养成其割据自私之思想……而影响到政治经济方面。"⑤

臧启芳认为中共学生是1944年壁报风潮的主要鼓动者。"从开始到变化完全受了共产党职业学生的操纵。"⑥ 但事实上中共学生并不能操控一切，他们仅是自治会中的一部分。彼时"出现了所谓东北派、南方派、中央派，都各以不同面目进行争夺群众、控制学潮的紧张活动"，郭秉箴也"感到局面难以驾驭"。⑦ 而自治会内还有某些青年党成员，他们对中共学

①　《丁山致朱家骅函》（1945年1月27日），中研院近代史研究所档案馆藏朱家骅档案，301/01/23/003。
②　《东大通讯》，《新华日报》1945年2月19日，第3版。
③　参见《东大奸伪活动猖獗》，唐宏毅主编《东北大学在三台》，第226页。
④　《臧启芳致朱家骅函》（1945年10月25日），中研院近代史研究所档案馆藏朱家骅档案，301/01/09/168。
⑤　《丁山致朱家骅函》（1945年10月7日），中研院近代史研究所档案馆藏朱家骅档案，301/01/23/003。
⑥　参见臧启芳《回忆》，第76页。
⑦　郭秉箴：《东大时期的高而公》，唐宏毅主编《东北大学在三台》，第58页。

生"得势反而忌恨，暗中斗争"。① 所以，此次风潮实为多种矛盾合力的
结果，一方面中共学生确实是重要的鼓动者，另一方面各种反臧派别亦乘
机推波助澜。② 丁山就宣称："东大最大势力，现在山等把握中，诚不愿
即此以送C.C.厚礼也。"③ 彼时丁山所影响的人应主要是自治会和朱家骅
系，但他们的目标不尽一致。在中共学生眼中，其他反臧派别的活动"是
国民党派系矛盾和各地方势力之间矛盾的公开化，他们企图把争取民主的
斗争，变成驱逐东北籍的学校当权派的斗争"。④ 1945年1月3日，特务
机关呈报了一份35人的"东大学潮演变过程中活动最甚及主张激烈分子"
名单，并认为其中多数为中共学生。⑤ 而在这35人中，33人籍贯可查得，
其中东北籍仅7人，四川籍16人。⑥ 这表明非东北籍学生是发动风潮的主
力。因此，党派对立与省籍矛盾似乎发生了叠加效应，东大当局成为众矢
之的。

小　结

抗战时期东北大学由臧启芳主持，学校逐渐恢复和发展。"虽因在抗
战期中诸般困难，已渐次恢复沈阳时代之安定现象与研究精神，且进而增
设研究所，编印《志林》与《东北集刊》二定期刊物，对研究东北问题

---

① 《特分会密报青年党在校活动情形》（1945年12月16日），三台县档案馆藏三台县特分
　会档案，3/1/19。
② 柏杨还交代了一条特别的理由：因为"物价飞涨，贷金不够伙食费"，"同学们唯一的希
　望，寄托在出卖粪便的堆肥费上"，"所以力争粪费成为罢课运动的动力"。参见《柏杨
　回忆录——看过地狱回来的人》，第102页。此理由仅见于柏杨的回忆，事实上柏杨记述
　有误，这是第一次风潮时之事。
③ 《丁山致朱家骅函》（1945年1月27日），中研院近代史研究所档案馆藏朱家骅档案，
　301/01/23/003。
④ 姜丁铭：《抗日、团结、进步的旗帜——忆四川三台东北大学》，《东北大学建校65周年
　纪念专刊》，第211页。
⑤ 《特分会密报学潮中的积极分子名单》，唐宏毅主编《东北大学在三台》，第216页。
⑥ 参见《特分会密报东北大学奸伪分子名册》（1944年11月25日），三台县档案馆藏三台
　县特分会档案，3/1/20；《在校生姓名录》（1943年），臧启芳编《国立东北大学廿周年
　纪念册》，第1~8页；《东大奸伪分子》《东大已离校之奸伪嫌疑分子》（1946年4月5
　日），三台县档案馆藏三台县特分会档案，3/1/22；《东大奸伪分子活动情形调查表》，三
　台县档案馆藏三台县特分会档案，3/1/23；姜丁铭《忆三台东北大学》，相树春、张振
　鹤、李格政主编《我们走过的路》（繁），第216页；《国立东北大学川籍同学录》
　（1945年6月），三台县档案馆藏三台县教育文化联宗档案，11/1/20。

多所贡献，各院系教授多著名学者，尤以史学系为优。"① 东大在战时情势下得以保存、壮大，臧启芳功不可没。金毓黻对臧赞赏有加："哲先校长以国民党忠实之同志，出其全力以办大学，精神之淬厉，几乎无以复加。惟于细节未甚注意，致引起学生之不谅。不知其一人之去留，实与东北大学之存废有关，与东北流亡同乡之地位有关。"② 范子政亦赞誉道："东大有一个十年如十日，以最大努力来培植这东北最高学府的校长臧启芳氏。""我们与其来赞扬他的功绩，实在不如来慰问他几年来为东大的辛劳。譬如说，接校时的困难、迁校时的劳苦、到三台后的惨淡经营，在在都表示他对于这个东北最高学府的苦心。"③

　　抗战时期，"东北流亡势力"对国民政府已不构成威胁，东北大学也完全被纳入国民政府管辖范围。这期间东北大学虽已改组为国立大学，但仍承载着国民政府与"东北流亡势力"收复东北和建设东北的厚望。正如丁山所言："中央维持东北大学，纪念东北失地，将欲（？）团结东北青年，以为恢复失地张本。"④ 而东北大学本身亦具有较强的收复和建设东北的使命感。但与此前不同的是，是时"东北流亡势力"的地域观念已大为削弱，取而代之的是一种国家观念下的地域关怀。然而体制上的国立并不能将地域问题完全消灭，省籍观念仍有很大的存在空间，在该校教职员与学生的各自纠葛中，利益之争往往与省籍矛盾互为表里。这期间，东北大学学生省籍的变化本为平常之事，⑤ 但东北、四川等省学生的消长激化了不同省籍师生之间的矛盾。透过东大风潮的演变可以发现，省籍矛盾与政治关联甚深，并被党派纷争深刻左右。"省籍"成为国共各党派斗争的重要媒介，也是影响学校安定的现实问题。

　　抗战时期，东北大学的省籍问题对于东大当局与教育部都是一个颇为棘手的难题。一方面，战区远隔使得东北籍学生的招收异常困难，但又须

---

① 臧启芳：《国立东北大学》，《中华民国大学志》，第 123 页。

② 《静晤室日记》第 6 册，第 4387 ~ 4388 页。

③ 范子政：《今日的东北大学》，《东北》第 4 卷第 6 期，1942 年 4 月，第 36 页。

④ 《丁山致朱家骅函》（1940 年 2 月 21 日），中研院近代史研究所档案馆藏朱家骅档案，301/01/23/003。

⑤ 因为战争的原因，内迁到后方的大学招收当地学生的比例都有显著提升，而如四川大学等原属西南的学校招收外省学生的比例亦有所提升。参见余子侠《抗战时期高校内迁及其历史意义》，《近代史研究》1995 年第 6 期，第 198 页；余子侠、冉春《抗日战争时期中国教育研究》，团结出版社，2015，第 163、175 ~ 176 页；四川大学校史编写组编《四川大学史稿》，四川大学出版社，1985，第 222、277 ~ 278、288 页。

尽力维持东北籍师生的主导地位及其办学方向；另一方面，四川等省学生的递增使他们自然要求获得主导地位，并在办学方向上具有发言权。教育部为维持东大的安定，不得不对东大"校友派"开刀；但为了筹备即将到来的接收东北的工作，又须对他们做些安抚工作。"东北流亡势力"自然亦希望维持东大当局，但相对弱势的他们只能做些协调和安抚工作。这一因抗战爆发带来的省籍问题，最终只能在抗战胜利和学校复员东北后才彻底得到解决。当东大校方决定迁回沈阳时，"不愿到东北去的纷纷转到四川大学或其他大学，也有的转到自己家乡的大学"。[①]

　　这期间国共内争的大背景在东北大学亦有所投射，伴随东大校内学潮的愈演愈烈，国共两党在校内的力量逐渐壮大。中共与国民党组织在大学校园的争夺与消长奠定了其发动战后第二条战线斗争的基础。国民党的校内组织虽看似强大，但似多为派系之争所内耗，因而在与中共学生组织斗争时，国民党组织的整个力量被弱化，无法有效地扼制中共学生组织的发展。在后期学潮中，校当局所要应付的绝不仅仅是臧启芳所说的"左倾学生"，青年党、三青团、黄埔系等势力亦对由 CC 系掌权的校方共同围攻，这些派系已隐然成为中共方面的同盟军。1946 年 12 月，东大教员范子政就指出："四年来东大内部分子极为复杂，因先聘有青年党籍教授，致东大成为青年党之第二华西坝，后聘民主同盟及共产党籍教授，致东大成为各党派公共争斗场所，以是有过去两次风潮之发生。"[②]

　① 高柏苍：《随东北大学复员到沈阳》，齐红深编《流亡——抗战时期东北流亡学生口述》，第 294 页。
　② 范子政：《东北大学情形》（1946 年 12 月 27 日），中研院近代史研究所档案馆藏朱家骅档案，301/01/09/168。

第四章　国共内战中的校园：东北大学的
复员与再迁徙

抗战胜利后，国民政府对东北的接收一波三折，东北大学的复员也因而迟滞。国共内战爆发后，东北成为双方争夺的重点地区。复员后的东大也深受影响。伴随国民党在东北的军事颓败，其控制地区的政治、经济以及教育都陷入困境。大量大、中学生为躲避战乱逃到相对安定的沈阳、长春、北平等地。而在国民党的控制地区，学生运动作为第二条战线异常活跃，这对战后国民政府的统治秩序与教学环境都产生了很大影响。

第一节　国共内战中的复员及困境

一　东北大学的复员

1945 年 8 月 15 日，日本投降。流亡多年的东北人士返乡有望，大多感到欢欣鼓舞。得到消息时，东大"全校一片欢腾"。"同学纷纷议论的是，如何迁校和如何返乡。东北大学原址在沈阳，当然是迁回沈阳，同学不管是哪一省人，当然全随学校迁往沈阳上课，沈阳和三台直线距离二千二百公里，就在这个时候，'满洲帝国'依然存在。"① 但流亡多年的惨痛经历也让东北学生对胜利的感觉有些复杂："大喜若狂的同学们，在东大唯一的广场，燃起营火。""熊熊火舌舐向天际，舌影忽亮忽暗地略过每位同学的面颊，看得出内心的喜悦。"但大家"只呆呆地站在那里，没有语言，没有声音，围着营火，像一大堆参差不齐、刚出土的兵马俑和木乃伊"。② 因为苏联在接收东北问题上作梗，国民政府对东北的接收进展缓慢，加之国共内战的爆发，各大学不得不依教育部命令在现地继续办学，

---

① 《柏杨回忆录——看过地狱回来的人》，第 108 页。
② 《柏杨回忆录——看过地狱回来的人》，第 108～109 页。

复员工作大多在1946年夏方开始进行。①

　　1946年9月，学校开始复员。东大师生600余人，"由四川三台开始分批北迁"。②"校方的路线是到重庆乘船去南京，转上海，回沈阳。"③东大师生先由三台集中到重庆，其后经水路到武汉或宜昌等候。"东北大学水运第一批复员师生一百七十余人，由教授陈玉书、于希武等率领，昨乘江汉轮抵汉，日内赴沪转沈。水运第二批复员师生二百余人，已于日前抵宜昌，候船东下。"④但抵达南京后，东大师生因一时没有船只而陷入窘境。"东北大学首批复员学生一百七十人自十七日抵京，因缺乏交通工具，刻仍困居东北旅京同乡会内。该同乡会因房屋狭小，无法容纳，同学多搭席棚草舍居住。复因缺少床铺，乃以稻草垫地而卧，其状甚惨。教育部所发旅费抵京后已全用光，现吃饭仅赖行总所发洋面维持。该校第二批复员学生二百一十人最近抵京，第三批一百五十人亦已自渝启程。"⑤毕业生柏杨往东北的路线即从重庆经南京、上海坐船到天津，而后转北宁铁路到沈阳。⑥少部分学生经陆路返回东北，其间也曾遭遇窘境。据救济总署消息，8月9日、10日，"东北大学与国立十八中学学生及其他公教人员约二百左右"，相继抵达太原，"该署以其盘费无着，阻滞井市，令五工作队派人于本月十一日在新南门外难民收容所准备食宿事宜，十二日即开灶供给饭食，每日两餐，所食为白面、蔬菜、罐头"。⑦

　　大部分师生经海路从辽宁葫芦岛进入东北："11月4日，1100名东北大学师生乘'万刚号'登陆返乡。""12月2日，'美龄号'轮船靠岸，船上有东北大学返乡师生730余人，由文学院陆侃如校长领队。"⑧根据这两组数据统计，是时的东大师生共计1800余人，即便扣除教职员以及转学四川大学等校的学生人数，返回东北的东大师生人数仍很可观。这一数据远超出东大师生人数，其中应包括东大教职员家眷以及毕业生。12月5

---

① 参阅贺金林《抗战胜利后国民政府教育复员研究》，第29~60页。
② 《东北大学复员完成》，重庆《大公报》1946年12月8日，第3版。
③ 王振乾、丘琴、姜克夫编著《东北大学史稿》，第151页。
④ 《东北大学复员首批师生抵汉》，重庆《大公报》1946年10月16日，第4版。
⑤ 《东大复员学生困窘》，重庆《大公报》1946年10月29日，第4版。
⑥ 《柏杨回忆录——看过地狱回来的人》，第112~115页。
⑦ 《东北大学及十八中赖总署救济》，重庆《大公报》1946年8月29日，第4版。
⑧ 杨连胜：《东北大学师生经葫芦岛返校》，中国人民政治协商会议锦西市葫芦岛区委员会文史资料委员会编《葫芦岛文史资料》第4辑，编者印行，1993，第25~26页。

日，东大最后一批师生抵沈，"定本月二十五日正式开学"。①

东北大学北陵校区远好于三台校区。从三台复员而来的张吴振芝经历了这种反差："我在三台，住的是漏雨屋，泥土地，点的是灯盏，连用菜油都舍不得，是用桐油夜间读书，晨起对镜一看，鼻孔都是黑的。"复员后"我住的宿舍在沈阳北陵，东北大学校园内。是九一八以前张学良校长为老师所建的。欧式二楼，白色柱廊，明灯灿烂，壁炉春暖"。"我简直不敢相信北陵的那种宿舍竟是我可以住的。"② 柏杨亦赞叹道："和三台的东北大学相比，沈阳的东北大学雄伟壮丽得像一个独立王国，仅工学院，就拥有一个修理火车头的庞大工厂，如果要绕东北大学一圈，步行的话，恐怕要六七个小时。"③ 早年的毕业生姚文林也到东大去踏访，并赞誉校园的恢宏："校园内当年植树节我们所种一尺多长的树苗，此时都已高过屋顶，极目瞻望，一片绿色，陪衬着红色的楼房建筑，气象不凡，足可与欧美大学相比，够得上一个学府园地。"④

复员后的东大颇有恢复九一八事变前盛况的势头。至 1946 年 10 月，东大"计五院，二十二学系，一专修科，两研究所"。"大学生约两千人，先修班学生约一千人，共计约三千人。"⑤ 学生的好学风气依然浓厚。"大部分的学生，好学风气不错，先修班学生更是用功。"先修班学生"全是东北弟子，他们热爱祖国的心情，比关内的同学，似乎更是热烈"。⑥ 负责东北教育接收的臧启芳认定日本的奴化教育并不成功，"东北青年之爱国情绪，决不后于内地青年"。尽管愚民教育的负面影响仍然存在，"因敌伪在东北所注意者为实用科学，如农、工、医各科，绝不注意文理两科，也可以说敌人只是注意技能，并不注重学术，他们不愿意中国人有领导的思想"。但他认为只要因势利导，便大有可为。"与其说应注重史地知识以启发其爱国心，不如说应注重文理科以培养其思想能力，唤起其自发精神。"⑦ 教育部东北教育考察团成员程其保亦注意到东北青年的不足之处："学生程度较差，因以前国文不注重，无英文及公民、史地，思想错误。"

---

① 《东北大学复员完成》，重庆《大公报》1946 年 12 月 8 日，第 3 版。
② 张吴振芝：《东北大学的宿舍》，《国立东北大学七十周年纪念特刊》，第 159 页。
③ 《柏杨回忆录——看过地狱回来的人》，第 115 页。
④ 姚文林：《怀念东北大学》，《国立东北大学四十周年纪念特刊》，第 18 页。
⑤ 臧启芳：《国立东北大学》，《中华民国大学志》，第 124 页。
⑥ 黄大受：《东大忆往》，《东北文献》第 14 卷第 1 期，1983 年 8 月，第 20 页。
⑦ 《东北青年爱国情殷》，重庆《大公报》1946 年 11 月 9 日，第 4 版。

但也存在很多积极方面："所幸教职员，虽在沦陷期多年，皆能保持固有精神，未受恶势力改变其坚定之意志。而一般中学青年学生，富于情感，关怀祖国之热烈情绪，极其浓厚，随时有所表现，于求知欲尤为深切。其体质健壮，自治能力富强，均为好现象，但因受敌伪压迫多年，一切行动思想，被统制不自由者已久，今一旦光复解放，咸莫知所从，此在我负教育责任者，应启示途径，为良善之指导。"① 可见，程其保对东北教育的前景颇为乐观。

为安置伪满各大学学生，1946年初国民政府设立东北临时大学补习班，但办理较为混乱。"国民党当局为了拉拢东北青年，以防投奔解放区，还有他们的裙带关系，而使东北临大的学生成分非常复杂，不到一个月，就收了3000多名学生。"② 其后这些学生被分到各大学，这样大规模的扩充与分发必然使学校学风与校风受到影响。蒋永敬见证了学生间的派系划分以及复杂关系："其时学生来源有三：一类为后方复员者，自视较高；二类为日伪区学校转入者；三类为青年军复员者。后者两类之入学，多分发而来，为第一类者所轻视。"③ 1946年考入东大的齐觉生也甚感失望："原意到东大读书的理想，入学后发现其复杂性，甚于形色的社会。学生大别有两类，复原的，伪满的。由四川三台复原回来的同学，虽云东大正统，然省籍却应有尽有；伪满的同学虽云东北土著，但其来处却是五花八门，除了伪满几所大学学生而外，还有夜间学校与伪军校的学生，尤以军校学生自己成立一个北辰社——听这个名字就有张勋复辟的味道！最初伪满学生争公费，绝食、列队、请愿、叫嚣。公费成功后继而如火如荼的学潮，像波浪式的相继而来。……"④ 可见，这种大规模的扩张反而激化了各种矛盾，使校方焦头烂额。"大学教育更是一团糟。""难怪有人说：东北的教育不是'复员'，而是'敷衍'了。"⑤

复员后的东大也面临着很多困难，一时难以开学："（一）聘妥之教授已到校者不及十分之七。（二）理工学院之仪器图书多未运到。

---

① 《程其保考察归来谈东北教育情形》，《申报》1947年2月6日，第8版。
② 周克让：《回忆长春大学》，吉林文史资料编辑部编《吉林文史资料》第18辑，政协吉林省委员会文史资料研究委员会，1987，第77页。
③ 蒋永敬：《浮生忆往》，近代中国出版社，2002，第39页。
④ 齐觉生：《忆东大，怯旧情》，《国立东北大学四十周年纪念特刊》，第28~29页。
⑤ 《东北教育亟须抢救》，重庆《大公报》1946年10月9日，第4版。

（三）校舍修筑未竣，无法容纳新旧生二千五百人，故开学无确期。东北临大结业应入该校一千五百名学生，食宿无依。"① 黄政良见证了设施、教员等方面的问题："桌椅床铺都不全，还有一部份学生睡地板，理工学院的实验设备，比内地完善的高中差不多，且因转学的学生多，程度各自不同，有的要从英文字母学起，而学生的年龄，据说有最高到三十七岁，也有低到十七岁的，程度与年龄如此不齐，教授也大感困难。校长筹措无方，请不到好教授，说服不了学生，以致风潮迭起，闹得乌烟瘴气。"②

在勉强开学后，这种态势并未好转。"校中的凌乱，使人仍有无政府状态的感觉。"事务方面，"办事人的不负责任，系统组织的紊乱，行政效率的低能，叫人难于相信这是一个最高学府的神经中枢"。宿舍管理也很混乱，"在这里公德是无人重视的"。教学也陷于停滞："在名义上二月三日起全部上课，课程表也已公布了，教室桌椅已大部齐备，可是教授到的却只有十分之五。"上课、实验、图书馆都无法正常进行。③ 学生对这种状态自然不满："从老远的三台归来后，学生就已满肚子的委屈，到了沈阳以后，看见一切乱七八糟，失望与愤懑的心情，就愈发加重。八亿元流通券的修缮费，他们还一直冻在没有玻璃的冷宫里，并且有时候饮食也开不出，只好学生自己用电炉烧饭吃。"④ 因为国共内战等因素，关内教员也不愿意前来。"拖家带眷的教授或教员，谁也不肯冒险钻进这内战的火网，同时东北教育界的待遇一般低于内地，谁也不肯到这里再来挨饿，师资恐慌是东北最普遍的现象，比内地都严重。"⑤ 而复员同学与东北同学间的关系仍然很紧张，他们"互相歧视互相憎恨"，"其实大部同学都是纯洁的青年，并不是不能调和的乳水"，"只要大家慢慢祛除愚昧的成见，无谓的争执，尽量增加相互间的了解，那么两千多同学是可以团结起来的"。⑥ 但校方似乎也陷入怠惰状态，报纸指责他们"处理无方"，⑦ "视

① 《东北大学无法开学》，重庆《大公报》1946 年 12 月 5 日，第 4 版。
② 黄政良：《挽救东北教育》，《东北学生》第 1 卷第 2 期，1947 年 4 月，第 5 页。
③ 童心：《今日的东北大学》，天津《大公报》1947 年 2 月 26 日，第 4 版。
④ 《沈阳教育界惨象》，天津《大公报》1947 年 3 月 31 日，第 4 版。
⑤ 张高峰：《请看今日东北之教育》，天津《大公报》1947 年 4 月 10 日，第 3 版。
⑥ 童心：《今日的东北大学》，天津《大公报》1947 年 2 月 26 日，第 4 版。
⑦ 《东北教育隐忧》，天津《大公报》1947 年 3 月 22 日，第 2 版。

若无闻"。①

1947年4月26日，是东大24周年校庆，学校举行了隆重的庆祝仪式。学生却有些反感，他们抱怨道："同学们所需要的是实际上能够立刻解决图书馆不能使我们念书的问题，教授资格不够问题，上课桌椅游击问题，精神解放问题。隆重的仪式，堂皇的致词，都与事实距离太远，甚至说，东大日前没有甚么可庆祝的，流亡惨，复员更惨。"②

1947年5月13日，因为生活与教学的困难，东大教员开始了持续三天的罢教。"事务人员办事效率太低，而享受却令教授们健羡。"宿舍、图书馆、实验室设施都不全，甚至燃料和厕所都成问题。"教授自去年八月至今，不曾领过半文研究补助费。其农学院在断瓦颓垣中，等于新创，然政府却连半文设备费也不曾拨给。"当时河南大学、山东大学等校也相继罢教，报纸认为："教授们对于政府文化、教育、学术政策及措施，已经根本绝望。"③ 东北大学教授会"要求政府明年度编制预算时，教育经费至少应按宪法规定占中央总预算的百分之十五，并要求待遇依照京沪平津标准再加百分之十五，平价配给生活必需品，按规定发给返乡之往返旅费，以发展边疆教育。并嘱诸同学力持镇静，温故知新"。④ 5月16日，东大教授复课，但学生又酝酿罢课。学生与教授主张相近，他们"要求全国教育经费至少占总预算百分之十五，充实设备，教授待遇提高及增加副食费"。⑤ 至5月底，东大学生仍在罢课，校内异常混乱。"学生间分复课及罢课两派。昨下午有着制服警察二人持枪作预备来攻姿式，至校撕毁民主墙上标语。前日有纵火事件，幸未成灾。一岭姓同学接一信，内附枪弹一个。"⑥ 在罢课以及内战的影响下，东大当局决定提前举行考试。"本学期三月开学，五月全校罢课，六月军事正紧，全校半停顿，总计授课时间不过两个整月，学生能读到多少东西？东北教育的进度不言可知。"⑦

---

① 张高峰：《请看今日东北之教育》，天津《大公报》1947年4月10日，第3版。
② 《东大活跃起来》，天津《大公报》1947年5月1日，第4版。
③ 《由东北大学罢教说起》，天津《大公报》1947年5月14日，第2版。
④ 《东大教授昨起罢教》，天津《大公报》1947年5月14日，第3版。
⑤ 《东大学生反战罢课空气亦浓》，天津《大公报》1947年5月17日，第2版。
⑥ 《东大仍罢课》，天津《大公报》1947年5月27日，第3版。
⑦ 张高峰：《东北的悲剧》，天津《大公报》1947年7月3日，第3版。

二　东北大学的易长

在复校的同时，东大校内又酝酿着驱逐校长臧启芳的风潮，三台时期就已存在的矛盾也被带到沈阳。在 12 月 9 日庆祝复员成功的大会上，当场有学生代表就复员中的种种问题质问臧启芳："一、王正南既为罪犯，为何充任复校专员。二、复员九个月，为何无一处完工。三、任用女婿李凌充任京沪办事处主任，致使同学露宿马路，是何居心。四、为何现在教授无人，开学无期等十项。"臧解答后学生仍不满，嘘声四起，臧愤而表示辞职。① 东大学生对风潮似早有准备。据程其保报告，数百名三台来的学生借机要求臧启芳辞职："发生不满校务言行，盖当场对臧校长有不敬之行为，同时散发传单，在报纸上登广告载'欢送臧校长辞职'之文字，事态相当严重。"② 该校学生会还"将真相电告教部"。③

高桂林等学生回忆时则侧重事件中复员学生与东北学生的冲突："会场划分的座位，复员学生在前面中间，新入学的学生（占学生的绝大多数）在后面和两侧。新生提前入场，占了复员学生的座位。复员学生入场后向会议主持人提出质问，主持人命令新生让座后退，引起他们的不满，喊出'东北大学是东北人的东北大学'（复员学生中有半数是非东北籍的）。会场发生混乱。复员学生相继退出会场。一个外省籍的学生扯下了挂在图书馆门上的横幅，会议没开成。"④ 可见，这次事件也是多种矛盾作用的结果。

风潮发生时，教育部东北视察团正在沈阳，乃由该团就近处理。在自治会刊登欢送臧启芳启事后，教育部东北视察团"即召见学生代表，剀切劝导。各代表要求：速聘教授、修缮校舍、早日开学、校长要实行诺言等四项"。⑤ 程其保还报告称："经两日来之努力，此事幸趋平息，学生表示悔过，以后决不再有越轨行动。"程并详细分析了事件的缘由，其中既有三台时期的旧有矛盾，又有复员中的各种问题："（一）该校在三台时一

① 《东大学生不满校政》，重庆《大公报》1946 年 12 月 10 日，第 2 版。
② 《程其保致朱家骅函》（1946 年 12 月 10 日），中研院近代史研究所档案馆藏朱家骅档案，301/01/09/168。
③ 《东大学潮》，重庆《大公报》1946 年 12 月 11 日，第 3 版。
④ 高桂林、张展、朱廷芳：《1945—1947 年东北大学"学运"中的"学习社"》，相树春、张振鹤、李格政主编《我们走过的路》（繁），第 184 页。
⑤ 《东大学生提出要求》，重庆《大公报》1946 年 12 月 12 日，第 2 版。

般学生对臧校长即有不满；（二）该校复员工作稍嫌迟缓，至今教授尚未聘齐，校舍尚未修理竣工，上课之期亦未确定；（三）学生复员途中准备似嫌不足；（四）在三台时本学期虽辞退一部分教授；（五）地方人士对臧校长亦颇有不满者。"显然，风潮虽暂时平息，但矛盾和问题仍然存在。因此，程建议朱家骅"提早致电臧校长促其积极整饬校务，从速开学"。① 此时朱家骅也甚为挂念东北大学的复员情形，他12日致电臧启芳询问道："东大情形如何，已否上课，甚为念之，现在各校复员大体完毕，几已全部正式上课，亦有已上课兼月者，东北各校院虽情形特殊，亦不可太迟也。"② 19日，朱家骅又按照程其保的建议催促臧启芳从速开学。③

此时在东大校内以及东北人士中，仍酝酿着倒臧运动。自称与臧交厚的东北党务人员韩静远向朱家骅报告称："东北教育界之大部分人士，尤其国大代表之大多数，均对启芳兄不满。第一因启芳兄之诚信，不足取得大多数人之谅解。第二因教育复员工作，有许多诒（贻）人以口实之点，尤以经费方面为多。第三不能取得东北大学学生及先修班学生之信仰与满意。"韩甚至担心臧启芳之作为可能影响朱乃至教育部。④ 范子政认为此次风潮或系中共学生操纵："就以往情形判断，除臧校长在校政上措置失当外，似系有异党分子在幕后主动，此为最严重之问题。"他建议由教育部官员负责处理，同时应考虑继任人选："首要安定目前局势，应饬令东北教育考察团负责办理，次为遴选贤能，另派校长，庶可挽救东大前途之危运，并可免异党再从事破坏之手段。"他认为臧启芳已失去东北人士之拥戴："臧校长对三年来之东大校政及接收东北教育所遭受种种困难，非才能不逮，实乃措置不当所致。现就东大内部言，已实其无信仰，而整个东北人士，渠亦均失其拥戴，虽在位，恐亦不能收其宏效。""故东大之前途系系于一有干才，有学问，有声望之下任校长之手。"⑤ 东北学者原素

---

① 《程其保致朱家骅函》（1946年12月10日），中研院近代史研究所档案馆藏朱家骅档案，301/01/09/168。

② 《朱家骅致臧启芳电》（1946年12月12日），中研院近代史研究所档案馆藏朱家骅档案，301/01/09/168。

③ 参见《朱家骅致臧启芳电》（1946年12月19日），中研院近代史研究所档案馆藏朱家骅档案，301/01/09/168。

④ 《韩静远致朱家骅函》（1946年12月13日），中研院近代史研究所档案馆藏朱家骅档案，301/01/23/647。

⑤ 范子政：《东北大学情形》（1946年12月27日），中研院近代史研究所档案馆藏朱家骅档案，301/01/09/168。

欣也认为东大办理不善，臧启芳难辞其咎："臧氏长校，在四川三台时已有不负众望及措置失当之实例，该校当时距教部非远，一切当在亮察之中，复员后臧氏仍任校长兼教育部东北教育接收特派员，接收且不谈，而东北大学之复校到今还不成样子。"而后他指出东北文风一直较弱，因而主张任命非东北籍的教育家长校："从速聘请纯正学者如罗家伦、冯友兰等先生，他们有一贯的对青年训导的主张，有诚心和热力教育青年，可以在东北建立一个像样的文化中心，我们相信派遣到东北的将领是第一流的，而教育方面却离第一流甚远。"① 部分东大学生亦致函朱家骅要求撤换臧启芳："看看东北九省的教育，看看东北大学为今尚未上课，请你可怜可怜我们吧。臧启芳实不应再让他尸位素餐，再干下去了，只要臧某滚蛋，东北大学便要大放光明。"②

而支持臧启芳的人士似乎甚少。东大农学院长郝景盛分析了相关人选的不足后，仍力主维持臧启芳长校："东北大学校长，目前除臧启芳先生外，东北人士中实少更适宜之人选。刘哲先生太旧，齐世英、马毅、陈克孚、刘全忠诸先生虽皆有意，但无学术地位与办学教育经验，金静庵先生有资历，但有对文史偏见。老人中，或莫德惠先生较为适宜，东北人士外，顾孟余先生来很可以，但恐其不肯来耳。"③ 朱家骅复函否认有易长之事。④

此时的臧启芳对东大也不再留恋。2 月 20 日，臧启芳致函朱家骅请求休假。他先交代了校内的向好态势："复员已大体就绪，新旧生均上课已久，校内情况颇为安定，今后各院系虽设备尚待充实，教学尚待改善，仅属经费与时间问题，不难日趋进步。"而后他表示已心力交瘁，打算休假一年，并借机赴美考察研究。关于代理人，他推荐了陈克孚、刘树勋两人，对陈克孚尤为推崇。为表明决心，他最后还表示："若不获赐准，即当立电我公，坚请辞职。"⑤

① 《原素欣致朱家骅函》（1947 年 1 月 1 日），中研院近代史研究所档案馆藏朱家骅档案，301/01/09/168。"不负众望"应为"不孚众望"。
② 《东北大学生致朱家骅函》（1947 年 1 月 28 日），中研院近代史研究所档案馆藏朱家骅档案，301/01/09/168。
③ 《郝景盛致朱家骅函》（1947 年 2 月 4 日），中研院近代史研究所档案馆藏朱家骅档案，301/01/09/168。
④ 《朱家骅复郝景盛函》（1947 年 2 月 19 日），中研院近代史研究所档案馆藏朱家骅档案，301/01/09/168。
⑤ 《臧启芳致朱家骅函》（1947 年 2 月 20 日），中研院近代史研究所档案馆藏朱家骅档案，301/01/09/168。

臧启芳函中所提"休假"一节，应为彼时官场"辞职"的委婉说法。朱家骅接到臧函后，于3月3日致电曾任中央大学教务长，时任善后救济总署冀热平津分署署长的童冠贤，希望其前往接任："臧校长坚请辞职，遗缺拟请兄偏劳，东大规模宏大，关系重要，必须有长才如兄者，前往主持，方孚人望。"① 同日，臧启芳又致电朱家骅催促："所请休假一年赴美考察，恳派陈克孚兄代理校长各节，恳迅赐批准电示。"②

3月7日，朱家骅又致电童冠贤，希望其同意："东大校长非兄莫属，特再奉商，务请惠允电复为祷。"③ 同日，朱致电臧启芳，希望其继续主持，又提到东北行辕主任熊式辉不同意由陈克孚接任："校务辛劳，殊深悬系，仍请勉为其难，继续主持。至陈兄一切，时在念中，惟熊之于彼似多困难。"④ 而童冠贤接电后似陷入长时间思考，天津市教育局长回复称："密转致童冠贤电，已面交渠，允考虑后再复钧座。"⑤ 3月9日，童冠贤终于复电，表示无法接任："来电奉悉，至为感激，惟此间一刻不能脱身，报知有日，敬祈另简贤能。"⑥ 而臧启芳则仍坚决要求朱家骅批准："迩来启芳已形神俱疲，务恳准予休假，周内决首途赴京，面陈一切。"⑦ 3月19日，童冠贤又来一电，详细说明了地方工作不便抛弃："分署距结束仅有八月，刻正竭力推动农田水利善后计划，社会属望颇殷，如欲离去，此项工作，恐受影响，且不为总署及地方人士所谅也。"⑧ 然而，东北大学的难以办理以及国民党在东北的颓势恐怕是童冠贤做出这一

---

① 《朱家骅致童冠贤电》（1947年3月3日），中研院近代史研究所档案馆藏朱家骅档案，301/01/09/168。

② 《臧启芳致朱家骅电》（1947年3月3日），中研院近代史研究所档案馆藏朱家骅档案，301/01/09/168。

③ 《朱家骅致童冠贤电》（1947年3月7日），中研院近代史研究所档案馆藏朱家骅档案，301/01/09/168。

④ 《朱家骅致臧启芳电》（1947年3月7日），中研院近代史研究所档案馆藏朱家骅档案，301/01/09/168。陈克孚时任东北行辕文教处长。

⑤ 《郝任夫致朱家骅电》（1947年3月8日），中研院近代史研究所档案馆藏朱家骅档案，301/01/09/168。

⑥ 《童冠贤致朱家骅电》（1947年3月9日），中研院近代史研究所档案馆藏朱家骅档案，301/01/09/168。

⑦ 《臧启芳致朱家骅电》（1947年3月11日），中研院近代史研究所档案馆藏朱家骅档案，301/01/09/168。

⑧ 《童冠贤致朱家骅电》（1947年3月19日），中研院近代史研究所档案馆藏朱家骅档案，301/01/09/168。

决定的主要原因。

2月21日，臧启芳的好友、时任安东省主席的高惜冰亦致函朱家骅，希望其批准臧"休假"。但其言辞与臧去函大体相同，而高似乎根据臧函有所增减。其不同者，高惜冰提到臧启芳长校十余年的辛劳："哲先长校十有一年，历经艰辛，备受诽谤，始终任劳任怨，卒将东大迁回沈水。"高还希望能在政府改组之前批准："为争取时间起见，务恳体念哲先追随先生之忠诚精神，在政府改组之前惠予批准，于公于私，两有裨益。"① 或许臧、高两函内容大致相同，朱家骅一直没有复函。4月1日，高惜冰再次致电朱家骅，恳请其批准臧启芳的请求："哲先因蒙受种种不明善恶之压迫，致无法再能实现其整顿东大之理（想），为保持哲先在东大之十年光荣历史，俾得于相当时限后继续为东大努力起见，务请准予休假一年，如能就陈克孚、刘景异遴选一代理，尤为妥当。"② 迟至4月3日，朱家骅方复电高惜冰，告知其与臧启芳面谈后之结果："最近臧哲先兄来京，一切已与面谈，仍请渠继续维持，俾易发展。"③ 而臧启芳的回忆则与朱的电文完全不符："卅六年四月我到南京向朱部长说，如再不准我辞，我也不回沈阳了。后来还是我把继任的人代教育部约好，才达到了摆脱的目的。"④ 朱家骅似乎仍希望臧能继续主持，而臧则去意已定。数日后的4月8日，朱家骅即致电时任中央大学土木系主任的刘树勋，请其来教育部晤谈。⑤ 根据朱家骅此后的电文，朱家骅4月19日准臧启芳"休假"半年，同时派刘树勋为代理校长。⑥

在臧行将挂冠之际，与臧交好的徐箴向朱家骅推荐其出任政府次长："倘中央各部如有次长之机会，以渠之学问才识，可胜任者，颇有数个部

---

① 《高惜冰致朱家骅函》（1947年2月21日），中研院近代史研究所档案馆藏朱家骅档案，301/01/09/168。

② 《高惜冰致朱家骅电》（1947年4月1日），中研院近代史研究所档案馆藏朱家骅档案，301/01/09/168。

③ 《朱家骅复高惜冰函》（1947年4月3日），中研院近代史研究所档案馆藏朱家骅档案，301/01/09/168。

④ 臧启芳：《回忆》，第83页。

⑤ 《朱家骅致刘树勋函》（1947年4月8日），中研院近代史研究所档案馆藏朱家骅档案，301/01/09/168。

⑥ 《朱家骅呈文》（1947年9月18日），中研院近代史研究所档案馆藏朱家骅档案，301/01/09/168。

门，伏恳吾公酌与新院长一荐。"① 在臧启芳去职后，高惜冰又向朱家骅举荐臧担任东北区监察使。该职位"关系于政治隆污与社会风气者至巨，其人选万不可忽视，臧启芳兄骨鲠忠直，不畏强御示，久为东北青年所推崇，惟□□□，亦为一般宵小所忌惮，中央在东北人士中，选贤与能，舍臧启芳兄外，殆无第二人可取也"。"而于院长右任先生，对于臧启芳，亦颇为认识。"②

4月中旬，在京"述职"的臧启芳刻意描述了东大的积极景象："东大经积极充实设备，修建校舍，现已成为东北规模最大之大学。教部在东北接收之敌伪文物并未分配各学校，即将在沈阳另行成立博物馆、图书馆。上海区教部所接收之敌伪图书，东大分配得三万余册，即可启运北上。东大日前有一良好现象，即复员之旧生与迁返东北后考之新生已能不分畛域，共同努力，以求上进。"③ 但该报同时提出了质疑：半年来该报"有关东北大学的通信，都似乎是烦闷而真诚的各院系学生们写的。据说'设备'实在没有'充实'，而且贫乏空虚得不成局面。教授阵容也单□，专任教员太少了"。"办教育者先须肯说老实话。事实最雄辩。讳疾忌医，实在可怕。如果真'充实'了设备，臧校长何妨举出数字，以纠正学生方面的报道"。④ 在臧启芳"休假"消息公开后，报纸又挖苦道："校长臧启芳氏最近在京自行吹擂一番之后，竟呈准'请假进修'半年，不即不离，一身轻松。"⑤

此时刘树勋名义上只是代理校长，并非校长。刘树勋自然希望能及早正名。6月19日，他致函朱家骅，希望臧启芳能回校"清理既往各项问题"，同时询问"本校此后对外行文应用何人名义"。⑥ 6月28日，朱家骅复电认可其代理校长的地位："此次发表兄为正式代理校长，与代拆代行情形不同，自接事后便负完全责任，照例必须办理交接手续，本部黄督学

① 《徐箴致朱家骅电》（1947年4月4日），中研院近代史研究所档案馆藏朱家骅档案，301/01/23/647。
② 《高惜冰致朱家骅函》（1947年8月26日），中研院近代史研究所档案馆藏朱家骅档案，301/01/23/647。
③ 《臧启芳抵京高谈充实东大设备》，天津《大公报》1947年4月16日，第3版。
④ 《问东大臧校长》，天津《大公报》1947年4月16日，第3版。
⑤ 《由东北大学罢教说起》，天津《大公报》1947年5月14日，第2版。
⑥ 《刘树勋致朱家骅函》（1947年6月19日），中研院近代史研究所档案馆藏朱家骅档案，301/01/09/168。

曾樾现在沈阳，已另电请其就近监交。"朱并明确指示对外以刘树勋名义：
"至对外行文，自应以兄名义也。"同时，朱还指示刘彻底整顿校务："兄
宜际此暑假期中彻底切实整理，滋事份子应予严惩，为首者与共党份子学
生，一律查明开除学籍，鼓动风潮有据之教职员，与其他不称职者，亦应
予以停聘。一切必期认真办理，本部无不力予支持。年来各校用人太多，
东大尤甚，亦宜于此时加以淘汰。"①

但刘树勋毕竟是代理，而前后任之间确实有责任分割以及负责人变更
问题。因此，7月28日，刘树勋再次致电朱家骅，其间提到督学对变更名
义提出异议："黄督学以为如系钧座意旨变更，必能奉到同样电令。""且
中途变更对内对外亦实亦发生不良影响。"因此，他仍希望臧启芳返校办
理交接，"责任更较分明，勋以后办事亦稍简易"。最后又表达了推脱
"代理校长"之意。② 8月7日，朱家骅复电时已有些不耐烦："兄系正式
或代理校长，与代拆代行情形不同，必须办理交接手续，一切已详巳、
俭、里电，何以尚有不明之处，仍请查照前电办理，并已再电黄曾樾兄就
近监交，希即速与洽办法。"最后又勉励道："现东大校务赖兄主持，盼即
放手做去。"③

这时蒋介石也了解到东大易长之事，而他对刘树勋也并不满意。他亲
自下手谕给朱家骅表示："东北大学校长人选应另物色，可否调高惜冰充
任，请即核办速定为要。"④ 刘树勋在声望、人脉上与臧启芳相去甚远。
1942年3月的侍从室调查后认为，刘树勋"忠实（似有过于老实之感）
负责，具有北方人风格，惟思想无条理，语言亦欠领要。专长桥梁，学问
甚好，为美国名教授克老斯之学生，在中大教课，亦已多年"。⑤ 可见，
刘树勋更多的是一名学者，没有校长所必须具备的才能。尤其在内战的时
局下，刘树勋的长校对其个人乃至东北大学恐怕都不是最好的选择。

① 《朱家骅复刘树勋电》（1947年6月28日），中研院近代史研究所档案馆藏朱家骅档案，
  301/01/09/168。
② 《刘树勋致朱家骅函》（1947年7月28日），中研院近代史研究所档案馆藏朱家骅档案，
  301/01/09/168。
③ 《朱家骅复刘树勋电》（1947年8月7日），中研院近代史研究所档案馆藏朱家骅档案，
  301/01/09/168。
④ 《蒋介石致朱家骅函》（1947年8月15日），中研院近代史研究所档案馆藏朱家骅档案，
  301/01/09/168。
⑤ 《军事委员会委员长侍从室人事登记片》，台北"国史馆"藏军事委员会委员长侍从室档
  案，129000011878A

接到手谕后，朱家骅即请高等司官员向高惜冰转达蒋介石之意，高虽然很感动，仍拒绝担任。"渠至为感奋，惟坚称以缺乏办学经验，对此困难任务，不敢承担，谦辞之意，极为恳切，似已无可勉强。"该官员并肯定了刘树勋主持校务的效果，"似尚稳适"，因而建议"校长人选容俟臧校长假满再行拟议"。① 朱家骅乃亲自呈文，除报告高惜冰无意就任外，又表示："已派由刘树勋正式代理，交接手续亦经办妥，刘在东北一般舆论认为系有学问之人，到校以来已有若干整顿，俟再观察一二月，倘能有成效，似可由彼真除正式负责。"② 10 月 17 日，朱家骅致电臧启芳，告知其已呈报行政院，批准臧辞职，并任命刘树勋正式继任。③

刘树勋接任后也曾励精图治，但较偏重于工学院。"东大工学院之改进，自刘校长到校后，颇为努力，除新聘最近由美返国之工院教授多人外，电机系并由美订购无线电台设备一副。""不久即可正式成立，开始广播。全校同学闻之，莫不喜形于色，该系同学尤为兴奋。又工院接收之敌伪工场全部机械已拆运来校，今后该院之前途颇堪乐观。"④ 但东大易长前后，国民政府在东北的局势已日渐恶化，这制约了刘树勋的作为。1947年 6 月 19 日，刘树勋报告了校内的不安情形："旬日来本校学生上课均已正常，虽因时局紧张，员生心绪难免稍感不安，但经竭力鼓励安慰，多能顾念大体，秩序亦甚良好。"⑤ 7 月，教育部督学黄曾樾对东大校务仍然不满："校舍尚多未修复，设备不完善，理化无试验，生理、矿物无标本，实习工厂不能开工，图书不多，散在地上；教授参差不齐，上季有全季缺课未上一堂者；学生程度尤幼稚。非独办事人员无精神，即教授亦多不负责，观附卷给分数可知矣。"黄曾樾还指出东北方面依靠中央的消极态度，他建议对学生"非独如一般学校之训练学生勿受异党之煽惑，尤要训练其对祖国之认识，非如其理想之一投入祖国怀抱，即如上登天堂，一切可以

---

① 《教育部高等司签呈》（1947 年 9 月 9 日），中研院近代史研究所档案馆藏朱家骅档案，301/01/09/168。

② 《朱家骅呈文》（1947 年 9 月 18 日），中研院近代史研究所档案馆藏朱家骅档案，301/01/09/168。

③ 参见《朱家骅致臧启芳电》（1947 年 10 月 17 日），中研院近代史研究所档案馆藏朱家骅档案，301/01/09/168。

④ 《东大工院力谋发展》，天津《大公报》1947 年 8 月 15 日，第 4 版。

⑤ 《刘树勋致朱家骅函》（1947 年 6 月 19 日），中研院近代史研究所档案馆藏朱家骅档案，301/01/09/168。

任所欲为；应训练其严格遵守祖国之法令，并要训练其有蓬蓬勃勃之气象"。① 可见，东北教育在现实困境与伪满流毒的双重作用下仍困难重重，很多复员后就存在的问题始终无法解决。

三　国共内战中的沈阳校园

国共两党在东北的斗争态势对教学秩序影响甚大。② 在国共争夺激烈的地区，学生也是双方争取的对象。时人写道："在共军盘踞吉林的时候，设立了'吉林大学'，他们为要把握所有的知识青年，尽量收容了所有投考的学生，当时共有男女同学五百余名。开学后仅一个月的过程，吉林便被国（军）收复，当时仅有少数共产思想的人，已随共军逃窜，所余学生全体，莫不欢欣鼓舞的在期待着教育部派员接收。"而在东北国统区中心的学校亦处在动荡之中，国共两派学生的斗争十分尖锐："由文教人士马愚忱、莫寒竹、王大任等，在沈阳主持的'东北文化协会'，对于反共的组织、宣传诸方面，颇有献替；尤多领导各大、中学校的青年对抗共党运动，促使学生首脑如齐觉生、张庆凯等率众，持铁血精神和共谍战斗不息。"③ 伴随着中共军事优势的向南延伸，大量东北北部的大、中学生集中至辽沈地区，他们生活困苦，读书更属奢望。据《申报》报道："他们逃出后，曾得到吉林省府发给每人两千元的救济费，以后便没有人过问了。大部分流浪到沈阳，国立大学早拒之于门外，青年升学就业辅导委员会也没有办法。"④ 内战的严峻形势也加剧了学生救济与安置工作的困难。教育部各地都设有青年复学就业辅导处，在长春和沈阳设立中学进修班，"而且北部未收复区的五省一市，更在长春设立松北联立中学，以安插各省市由匪区逃出来的青年学生"。然而"中学进修班招收方法限制过严，而联立中学又收容过滥"。⑤

中共在国民党控制区的学校中也积极发展力量。"当时在沈阳、长春各地的大中学校，共党几皆渗透，有如不设防城市，纵有对峙，寡不敌

---

① 《教育部督学黄曾樾视察东北各大学情况报告》（1947年7月初～1947年7月15日），中国第二历史档案馆编《中华民国史档案资料汇编》第5辑第3编教育（一），江苏古籍出版社，2000，第266～269页。
② 参见汪朝光《1945—1949：国共政争与中国命运》，社会科学文献出版社，2010。
③ 波影：《永大分班散记》，《东北学生》第1卷第2期，1947年4月，第14页。
④ 赵展：《东北大学生流亡图》，《申报》1947年5月26日，第7版。
⑤ 沐之：《救济流亡青年教育改进刍议》，《东北学生》第1卷第3期，1947年8月，第14页。

众，虽反共爱国的青年学生中，渐有思想行动的转变。"[1] 受第二条战线的影响，东大校内的国共两党组织亦激烈斗争。一些青年军复员学生联络其他学生与中共学生对抗。[2] 而双方在校内的作风、策略及强弱态势也十分明显：1947 年夏，"左派学生以'反内战'、'反饥饿'为口号，进行罢课。左、右两派对立，右派居于劣势，中立者希有安定求学环境，惟多沉默无力，且惧左派攻讦"。"国方职业学生身分多为公开，唯恐他人不知，多招摇，爱出锋头，属明斗型。共方者多隐蔽，唯恐他人知之，幕后操纵，属暗斗型。中立及被操纵者多不自觉而附随之。"[3] 1946～1949 年就读东大的黄凤岐对校内国共斗争的激烈印象深刻，他本想认真学习，却受到很多干扰。[4]

东北教育环境的恶化使教职员皆难安于位，教学益形困窘。1947 年 8 月 20 日，朱家骅到东大视察时被学生包围。"代表要求改善图书仪器设备，保障学术自由，提高教授待遇，公费按物价指数计算，以面代米解决临大学□问题，改教育专修科为学系，并增气象系等。"[5] 朱家骅在东北视察的结论是：东大复员的情形最糟。此时东大学生也有些戾气。首先，他们反对刘树勋长校："在朱部长之前，他们说东大不是工学院，他们要求第一流的教育家主持东大。刘代校长原是工学院院长，他请工学院的教授自然比请农学院的教授容易些。"其次，内地学生和东北学生间的矛盾仍然很深。[6] 1947 年 10 月 18 日，臧启芳到东大拜访旧日同人，他也目睹了校内的凄凉情形："校中因缺煤未举火，一片寒凉，且因此而全校停课，校长刘树勋则赴京未返，总务长罗云平向我诉苦，只待刘校长回校即坚决辞职。"同时，"有东大学生七八人来看我，苦诉校内种种苦难情形，又说学生一般心情亦彷徨郁闷不知所以"。[7] 1947 年冬，东大的照明、供暖、吃饭等问题更加严重："无电点不起灯，东北大学学生每晚八时即入寝。"[8] 最后东大不得不于 12 月 5 日再次提前放假，"这一学期，从开学

---

① 田雨时：《东北接收三年灾祸罪言》，《传记文学》第 38 卷第 2 期，1981 年 2 月，第 93 页。
② 参见黄大受《东大忆往》，《东北文献》第 14 卷第 1 期，1983 年 8 月，第 20 页。
③ 蒋永敬：《浮生忆往》，第 42～43 页。
④ 王春林：《黄凤岐访问记录》，2014 年 7 月 7 日。
⑤ 《朱教长在东大被困》，天津《大公报》1947 年 8 月 24 日，第 3 版。
⑥ 《清秋话东大》，《申报》1947 年 10 月 5 日，第 6 版。
⑦ 臧启芳：《回忆》，第 86 页。
⑧ 《东北物价涨》，天津《大公报》1947 年 12 月 5 日，第 3 版。

到结束，屈指算来，仅仅是短短的两个半月"。①

至1948年3月，东北教育已濒临崩溃："大学生感情浮躁，成绩均在水准以下，教授亦多不守岗位。中学不脱救济性质，学校少，学生多，程度良莠不齐。小学穷困，东北失学儿童超过百分之八十，小学师资多不合格，国民教育几全部荒废。东北文化食粮奇缺，黄色刊物及小人书充斥。"② 国民政府的追随者不得不考虑迁出该地区。东大教授在危局下提请教育部考虑迁校之事："教育为国家百年之大计，不朽之盛业，必须在安定环境中，始能谋求发展。今东北之局势如此，在匪患彻底肃清以前，大学教育甚难兴办。""为珍惜东北数千青年之前途，并把握东北未来复兴机运，拟请教育部考虑东大之迁校问题。"③ 东大校长刘树勋也考虑过迁校，但这也是个两难的问题："刘树勋先生以环境特殊解释着一切问题，不住的摇头。东大新春的第一课是'迁校问题'，这两天正忙着补行上学期的考试，期考之后，'争取迁校'运动便是学生自治会的中心任务。多数教授口里隐藏，内心赞成迁校。迁往何处？大家心目中的目标是北平，但没有提出来。刘校长对迁校没有表示意见，他否认其事，认为迁与不迁同样困难。"有些学生甚至已做出选择："学生二千八百余名，本期注册的约二千二百名。有些学生到北平去了，有些学生随家乡沦陷，另有学生八十五名因共产党嫌疑，行辕命令其退学。"④ 可见，整个学校人心惶惶，教学秩序勉强维持。其后的东大当局仍在犹豫是否迁校。⑤

在国共内战下主持东大校务一年，刘树勋可谓艰苦备尝，此时他已决心辞职。1948年4月26日，刘树勋向朱家骅请辞："在过去期间，时局日益紧张，生活不断高涨，问题复杂，解决至感困难，心力交瘁，无补于事。"⑥ 而朱家骅只有勉励刘体念时艰："东大处围城之中，环境特殊，年

---

① 《东北大学不胜寒》，天津《大公报》1948年1月7日，第4版。
② 《东北教育处境穷窘》，《申报》1948年3月11日，第6版。
③ 《国立东北大学教授会意见书》，中研院近代史研究所档案馆藏朱家骅档案，301/01/09/168。该意见书无日期，但文中提到"四平、永吉撤守"为1948年3月上旬事，因此该意见书应写于3月中下旬。
④ 赵展：《烽火边缘的东大》，《申报》1948年4月6日，第6版。
⑤ 参见《东大迁校不可能》，天津《大公报》1948年5月19日，第5版；《东大决迁平》，天津《大公报》1948年6月8日，第3版；《东大不迁平》，天津《大公报》1948年6月15日，第3版。
⑥ 《刘树勋致朱家骅函》（1948年4月26日），中研院近代史研究所档案馆藏朱家骅档案，301/01/09/168。

来诸承艰苦维持，不胜感佩，当此教育需要安定之时，务请顾念大局，勉为其难，万勿再辞。"① 至 1948 年夏，沈阳已为解放军包围，大战在即。东北大学"校门前战壕纵横，枪弹堆积，每至夜深，则枪声此起彼落"。教员高亨对学生田倩君表示："汝考试完毕，速设法入关，此地不可久留，日内我将院务料理，三日后启程。"②

战后东北教育的困境与国共内战有不可分割的关系，但国民政府在接收与教育行政中的失误也是重要原因。时人批评道："在接收之初，图书满街，仪器充斥，曾有谁来留心收购？结果都当废物毁掉了。大家只顾抢物资，占房屋。接而不收，收而不管，管而盗宝，弄得有些教育机关徒留四壁。"③"今日东北的学风败坏，教育崩溃到如此地步，我们不能不以春秋责备贤者的态度来归咎政府，原因是在最初接收东北的时候，既无整个的计划，又无坚强的决心，徒以'收容'与'应付'为能事。结果既'收容'不了，也'应付'不了，流亡失学的学生到处皆是，而学潮随时随地皆起，'奴化'的毒素未清而庞杂思想的流毒更乘机渗入，如此教育，当然愈弄愈糟。"④ 在这种情势下，东北教育很难正常发展。直到中共解放东北后，东北教育才在稳定的局势下步入改造与发展的正轨。

第二节　东北学生的再次迁徙与七五事件的发生

一　东北学生来到北平及其窘境

随着东北局势的恶化，国民政府开始考虑撤出这一地区，全力经营关内。由此，以大学为代表的东北知识精英成为国民政府争夺的重要资源。为了促成东北学生的内迁，教育部表示国民政府将在平津设立东北临时大学与临时中学。⑤ 此时沈阳正遭受解放军的围城，但东北学生对国民政府仍抱有很强的正统观念，他们都憧憬着到北平去继续学业。至 1948 年初，

---

① 《朱家骅复刘树勋函》（1948 年 5 月 7 日），中研院近代史研究所档案馆藏朱家骅档案，301/01/09/168。

② 田倩君：《吾师高晋生先生——拜别吾师二十四年》，《东北文献》第 4 卷第 2 期，1973 年 11 月，第 61 页。

③ 任伸：《对东北教育的期望》，《东北学生》第 1 卷第 3 期，1947 年 8 月，第 2 页。

④ 黄政良：《挽救东北教育》，《东北学生》第 1 卷第 2 期，1947 年 4 月，第 5 页。

⑤ 参见王振乾、丘琴、姜克夫编著《东北大学史稿》，第 157 页。

东北大学教员已所剩无几。"该校三月一日开学，教授奇缺，特电留平之十余教授返校，并谓二月份薪水非亲领不发，各教授对此态度表示遗憾。"① 这时教员与学生都无心上课，只希望早日入关。东大开课后，"一周来情形并不好。四年级同学急于交论文，好早日离开东北，几乎全体没上课。一、二、三级因为局势不安定，大部分也没上课。目前大部人所想的，差不多都是'走'的问题。教职员眷属已包好飞机，正分批飞往北平"。"留校学生虽然没走，但是已有待机而走的准备了。"②

在政府的鼓噪与北平古都的吸引下，东北大、中学生陆续迁往北平。"由2月开始，街头上的东北流亡青年逐日增多，到5月底便进入高潮，除了极少数投靠亲友而外，长途颠沛，可以说没有能住得起小旅馆的。"除了有组织的被安排住处者外，"零星来到北平的，则在车站、城门楼、防空洞等地席地而卧，狼狈不堪"。③ "到6月底，已猛增到近两万人。"④ 除东北学生外，来到北平的还有山西学生，他们的境遇与东北学生基本相同。⑤

但学生们在东北流通券的使用方面受到北平当局的限制。⑥ 当时正在北平的金毓黻记道："近日吾乡人多作入关避难之计。故亦纷纷调款，以作客居谋生之计。……平心论之，东北兵祸日深，民不聊生，迁地为良，原非得已，因此调款入关当为情理所许，为数多寡又因人环境而殊。近日当局有限制游资入关之说，虽已具有相当理由，究不可一概而论。若余所知，诸友人之举动为当局所谅，而不应予以限制，又可知矣。"⑦ 是时之东北难民本拟携款来平，但北平当局深恐物价因而暴涨，遂禁止东北流通券在关内流通，这更加重了来平东北民众的负担。

来到关内的东北学生的就学问题更难以令人满意。教育部只有一个笼

---

① 《东大待遇微薄教授相率入关》，天津《大公报》1948年3月6日，第3版。

② 《东大师生想走无心上课》，天津《大公报》1948年3月20日，第5版。

③ 王化一：《北平"七五"事件真相》，中国人民政治协商会议全国委员会文史资料研究委员会编《文史资料选辑》第42辑，中国文史出版社，1964，第196~197页。

④ 纪清漪：《1948年北平"七五"血案的前前后后》，北京市政协文史资料委员会编《北京文史资料》第49辑，北京出版社，1994，第85页。

⑤ 参见《北平市社会局函》（1948年8月6日），北京市档案馆藏北平市警察局档案，J184/2/33008。

⑥ 关于东北流通券的发行以及东北、华北之间的矛盾纠葛，参见陈昀安《东北流通券：战后区域性的货币措施（1945—1948）》，台北"国史馆"，2014。

⑦ 《静晤室日记》第9册，第6550页。

统的计划，无法收到实效。"除派黄曾樾督学□沈视察外，并拟定部由东北籍高级职员□□人、马亮、刘实周等成立东北教育小组，负责研究东北教育问题，及解决东北流亡内地学生之救济事项。"① 而平津高校对东北学生的寄读也并不积极。3 月 27 日，东北大学滞平学生通报了就学的困难情形："平各大学，多拒绝东北各大学学生寄读，教部虽有明令，而各校多以经费不足，或学系不同，而婉言拒绝。""现仅铁路学院，准东大先修班寄读。长白师院学生或可寄读于师院。津南开文法学院，或可少容数人，其他学校皆考虑中。"② 类似的情形在天津也存在，这事实上关系当地学生的就学机会："各校都希望着战局能够缓和下来，不再使本市学生的求学机会被挤掉。"③ 5 月下旬，教育部发言人又通报了东北学生就学问题的进展，部方"决定先在北平设立临时大学一所，收容东北国立各院校入关之员生，先派前东北临大主任陈克孚为筹备主任，所有筹备委员亦即可致聘"。④ 因战局影响，东北临大的筹办工作颇为拖沓。至 6 月初，临大的办学计划方初步拟定，首批经费亦抵达北平。⑤ 至 6 月中旬，东北临大的筹组工作仍在商讨中。⑥

另外，东北学生成分混杂，北平大都市的繁华令他们的心理起了变化。⑦ 又因为学生本身经济与生活的困窘，某些学生开始以"东北流亡学生"的名义胡作非为。有些学生因为没有住处开始强占民房，是时北平市警察局各分局多有东北学生占用民房等行为的报告。根据北平市警察局内三分局长 6 月 29 日报告："本月廿八日有北镇分会主席刘文治率同东北来平学生二百余名，强行占住管界东四十二条胡同八号房屋。""查该房业主

---

① 《收拾东北残破教育》，天津《大公报》1948 年 3 月 22 日，第 3 版。
② 《平大学多拒绝东北学生寄读》，《申报》1948 年 3 月 28 日，第 6 版。
③ 《东北烽火蔓延大批学生来津》，天津《大公报》1948 年 2 月 28 日，第 5 版。
④ 《东北流亡学生入关就学问题》，《申报》1948 年 5 月 25 日，第 6 版。因战局影响，东大尚拟将学校迁往东南较为安定的地区："三十七年夏，因时局移北平分地复课；旋经新校长刘树勋赴福建觅地备迁，惜战事蔓延乃止。"参见田雨时《东北接收三年灾祸罪言》，《传记文学》第 36 卷第 3 期，1980 年 3 月，第 98 页。
⑤ 参见《东北临大计划拟定》，天津《大公报》1948 年 6 月 3 日，第 3 版；《东北临大开办费首批到平》，天津《大公报》1948 年 6 月 5 日，第 3 版。
⑥ 参见《商组东北临大》，天津《大公报》1948 年 6 月 11 日，第 3 版；《东北临大积极筹组》，天津《大公报》1948 年 6 月 16 日，第 3 版。
⑦ 王春林：《喻纯玉访问记录》，2009 年 2 月 28 日。据喻先生回忆，沈阳在战后几年中都处于动荡中，因此东北学生极易为北平的繁华所吸引。

系费参议员燕芝之产"，"经派巡官倪旭梅等前往劝导迁出另觅居处，合理迁入，惟该学生等坚不他移"。① 又据北平市警察局内五分局长 7 月 12 日报告："管界肃宁府门牌三号，于本月六日有东北流平中学联合同学会学生二百余人来此居住。""经往调查询据该学生代表陆颉夫声称：伊等系由内二区界旧刑部街沈阳同乡会迁此暂住，已在社会局立案。惟据该房负责人赵长泰声称：该房系孙殿英之产，事先未征得本人同意，该学生等既已迁入，亦无法制止。"② 北平籍律师纪清漪亦见证了东北学生与北平地方的矛盾："当时在北平街头，随处可见这些缺衣少食的东北流亡学生，在电车上，小饭铺里以及其他热闹场所，几乎每天都有争吵发生，东北学生受歧视和被辱骂的事也屡有发生。"③ 某些冲突可能源自本地人的恶意。例如，有些地痞就假借"东北流亡学生"的名义行敲诈勒索的事。至 1948 年夏天，北平市政府、市民与东北学生的关系已经颇为紧张。

二　七五事件的发生

东北学生的安置与管理令北平市政府颇为头痛，遂有 7 月 3 日的参议会议案。该议案"题目是'救济东北来平学生紧急办法'，主要内容有：（1）对已到平之东北学生，不论公私立学校，凡有确实学籍及身份证明者，请傅总司令予以严格训练。在训练期间予以士兵待遇，并切实考查其身份、背景、学历等项。确有学籍及思想纯正之学生，暂时按其程度分发东北临大或各大中学校借读，俟东北稳定时，仍令回籍读书；其身份不明，思想背谬者，予以管训；不合格者，即拨入军队入伍服兵役，期满退伍。（2）电请'中央'停发东北各国立、公立学校之经费及学生公费，全部汇交傅总司令，会同省市政府审核发放，补贴东北来平学生费用，或改汇临大作为经费"。④

关于军队管训学生的办法，朱家骅在是年 4 月 14 日国民大会上也曾

---

① 《北平市警察局内三分局报告》（1948 年 6 月 29 日），北京市档案馆藏北平市警察局档案，J183/2/13939。

② 《北平市警察局内五分局报告》（1948 年 7 月 12 日），北京市档案馆藏北平市警察局档案，J181/16/963。

③ 纪清漪：《1948 年北平"七五"血案的前前后后》，《北京文史资料》第 49 辑，第 86 页。

④ 王振乾、丘琴、姜克夫编著《东北大学史稿》，第 160 ~ 161 页。傅总司令即华北"剿总"总司令傅作义。

提及：青年复学就业辅导委员会之救济学生业务，"去年七月，院令结束，拟将青年救济改归社会部办理。其无所归宿者，责由国防部集训，或依其志愿加入青年军。不适宜从军者，由省市政府予以收容。惟社会国防两部以流亡知识青年之救济，不能视同难民办理，而集中军训，在各种设备未齐全之前，亦难以举办。认为动员戡乱期间，此项工作，极属重要，不宜结束。然本年三月又奉院令，饬将各级辅导机构，限期结束。惟此事既甚重要，又极紧急，应如何办理，正在研究"。① 可见，学生由军队集训，并非凭空而来，但部议时即已搁浅。而北平市参议会提出这一极端议案，显然希望通过军队的管训来约束东北学生，以达到安置东北学生和稳定社会治安的目的。

7月4日，该议案被报纸披露，其内容之含混，标准之模糊，确有令东北学生充作炮灰之嫌，因而引发了东北学生的极大愤慨。当日"下午7时，15所东北院校学生会代表，齐集长白师范学院住地开会，决定7月5日联合到市参议会抗议"。②

7月5日晨，抗议活动在各校学生会的组织下开始进行，各校大致在同一时间从不同路线出发，最后会于市参议会。游行队伍呼喊的口号有："1、反饥饿；2、反迫害；3、打倒参议会各议员；4、以学生作炮灰；5、反受训；6、反当兵；7、打死参议员摧残东北学生。"其中第一、二条为当时遍及全国的学生运动的共同口号，第三至七条为东北学生针对议案的呼声。粘贴标语为："①东北同学团结起来誓死与参议会奋斗到底；②打倒参议会；③摧残青年即是八路军；④打死参议员。"③ 其中，前两条有一定政治意味，后两条反映了东北学生痛恨参议会的真实情感以及政治上简单幼稚的一面。

北平市当局对游行亦有所准备。7月4日，北平市警察局侦缉大队即通知下属各中队，对5日的游行活动进行监视。④ 其所属各中队乃至分队亦切实执行了命令，对游行抗议做了全面跟踪与报告。

---

① 朱家骅：《政治报告（教育部分）》，王聿均、孙斌合编《朱家骅先生言论集》，第244页。
② 王振乾、丘琴、姜克夫编著《东北大学史稿》，第161页。
③ 《刑警大队呈报东北学生七五捣毁市参议会经过情形》（1948年7月7日），北京市档案馆藏北平市警察局档案，J181/28/59。
④ 参见《刑警大队关于东北学生捣毁参议会等情的报告》（1948年7月7日），北京市档案馆藏北平市警察局档案，J181/28/59。

　　游行中有几个高潮。其一，捣毁北平市参议会。据《东北大学史稿》记载：上午9点多，各校游行学生经不同路线齐集参议会门前，但参议会无人接待，更有人扔果皮挑衅。① 北京大学学生罗荣渠证实道：东北学生"到了市参议会后，根本就没有人理睬他们，交涉请愿简直就无从谈起"。② 事后，东北国大代表旅平联谊会、东北旅平同乡会公布的传单也印证了无人接待请愿的事实，该传单称："不期而会者约二千人，齐集于市参议会门前，派代表十余人，要求见该会负责人，询问议案原由，拟请撤销原案，以安人心，不料该会无人负责答复。时间既久，青年学生未免由愤激而情感冲动，且因与警宪争执入会寻觅负责人商谈未果，不免有撞坏什物玻璃情事。"③ 可见，北平市政府方面自始就未对请愿做适当的接待或安抚，因而发生捣毁参议会的行为也就在情理之中了。

　　据北平市警察局报告称："其中一部激烈学生，约百余人，进入参议会，分赴各处，用木棍石砖将各处玻璃什物均行捣毁，该处楼房附设有交通部第八区工程局，将办公室什物捣毁一部，并将门前所放汽车，据伙砸坏，时有该局事务员王宝山，警务室任佩英、张长山、金景田等拦阻，冲突致被殴伤。"④ 东北学生捣毁了作为北平市民意机关的参议会，又将牌子改成"北平市土豪劣绅会"，确实挑战了政府的权威，已超出了请愿活动的范畴。这一行为成为北平市政府采取进一步行动的口实，东北学生在他们口中也堂而皇之地成为"暴徒"。在当局看来，该事件的性质也在这一行动后发生质变。对捣毁参议会的行为，傅作义事后评论道："当兹民主宪政实施之初，参议会为合法民意机关，领导人民，赞襄政府，地位固极崇高，责任尤为重大。凡属国民均应尊崇其权责，有所决议，政府视实际情况，或负责执行，或留备参考。此次平市参议会关于安置东北来平学生决议案，不论其措辞有无不当，实际且未送达政府，不意竟遭暴力捣

---

① 参见王振乾、丘琴、姜克夫编著《东北大学史稿》，第162页。
② 罗荣渠：《北大岁月》，商务印书馆，2006，第316页。
③ 《"七五"不幸事件发生真相》，辽宁省档案馆藏东北行辕档案，JE1/1/170。该传单未署日期，但附一字条云："□绍弟：请传阅请声援为祷。此致近绥兄。梓。七·九。"据该字条与传单内容推断，此传单当发布于7月6～9日，疑为8日或9日。又据后文，8日国大代表在奉天会馆开新闻界招待会，该传单当为7月8日发布传播。
④ 《刑警大队呈报东北学生七五捣毁市参议会经过情形》（1948年7月7日），北京市档案馆藏北平市警察局档案，J181/28/59。

毁，此不独对民主宪政为一重大损害，且创全国议会失去合法保障之恶例。"① 傅之评论可谓持平，无论议案如何，捣毁参议会确是冲击国家权威的一种行为。这是东北学生请愿中的失据之处。

其二，向副总统李宗仁请愿。整个游行中，仅这一活动尚算不温不火。下午2时许，李宗仁接见了学生代表，并做了适当的答复。学生事后表示："李副总统很好，安慰备至。"东北同乡会代理事长冯子明报告七五经过时亦表示："李氏答复很好，要求许惠东到李氏官邸说明，李氏以议长系民意机关，无法下令，未果。"② 学生虽然不甚满意，但亦无过火行为，乃转而往东交民巷许惠东住宅而去。学生行为的相对理性也映衬了李氏的应对较为得体。是时，作为副总统的李宗仁既没有任何实权，在北平市政府与学生之间又没有任何的利益关联，因而李大可从容应对。李宗仁的应对及结果表明，这一事件完全可以通过对话消弭或缓和。对比北平市参议会的应对，后者明显缺乏应有的措置，而惨案的最终发生则反映了北平市政府的处理过于简单、粗暴。③

其三，包围议长许惠东住宅与惨案发生。据跟踪监视的警察事后报告：向李宗仁请愿的代表尚未出来，即有一部学生涌向许惠东住宅。此时许宅"大门紧闭，院内外警军宪戒备正严，学生因目的未达，有的向大门冲，有的跳墙拆墙砖当作武器，在砖棒交加、喊声震天下，大门被挤破，一部学生冲入院内，宪兵向天发枪数十响，经（警）员对生将学生［小字部分为后加，下同，此处原文为'不知自（何）处突起枪声数响，学生乃'，但被划掉。——引者注］阻退，一阵纷乱，双方均有伤亡，内七分局局员张乃仁、车巡队警士武仲元等七名受伤，至被抢伯郎宁手枪一支，限期自动缴出，迄一小时未缴出，学生有王明忱受伤。此时东交民巷临时断绝交通"。学生代表与警察局副局长白世维交涉后，约7时，行将撤去，惨案

① 《傅作义为"七五"事件自请处分致蒋介石、行政院电》，北京市档案馆编《解放战争时期北平学生运动》，光明日报出版社，1991，第479页。
② 《东北民众慰问团在平行程》（1948年7月19日），辽宁省档案馆藏东北行辕档案，JE1/9/14。许惠东时为北平参议会议长。
③ 事实上，此前北平市政府内部对学生运动就存在两种立场，一种是以时任市长的何思源为代表，主张采取疏导的办法；另一种是以北平警备司令陈继承为代表，主张采取镇压的方法。因此，陈继承的强硬立场由来已久，而李宗仁倾向于何思源的疏导方式。参见王强、马亮宽《何思源：宦海沉浮一书生》，天津人民出版社，1996，第240～256页。

发生。北平市警察局报告称："学生撤退时，忽有学生队行列中射击，卫士兵当即还击。"① 而其下属分队的报告则称："该游行学生临时开会决议，拟行捣毁许公馆，当经警宪劝阻，并严加戒备，该学生等仍不接受劝解，且将警局张局员佩枪抢去，击伤头部。""情势嚣张，无法制止，当由二〇八师鸣枪示警，学生仍向前冲，乃加以射击。"② 两种叙述明显不一致，后者并无学生一方先鸣枪之记录，若果如此，北平市政府方面自然要负很大责任，并背上残害学生的恶名。北平市侦缉大队报告则称："学生等即行撤退，仍有多人漫骂，而学生行列中鸣枪一发，彼时四周警卫之青年军二零八师遂开枪二十发，击毙四人，重伤十一人。"③ 该报告提到学生的谩骂可能加重了军警对学生的恶感。大多报告都表示学生一方先开枪，然后二〇八师为自卫而开枪。此说似乎也能说通，但学生并无武器，可能的武器则是所谓张局员的佩枪，但为了一支丢失的佩枪，而向全体学生射击实在于理不合。

据罗荣渠回忆：学生代表与白世维交涉到最后，看到军警的包围以及坦克车开来，"同学们发现情况有点不妙，白副局长这时也说，以后的事他恐怕不能负责了，一切只有听上面的命令。有一位武装人物对同学进行威吓，言语里杀气逼人。同学中有人气愤已极，质问他说：'你把我们逮捕好了！'他说时间还不到，又说什么打死他们还不如打死一条狗"。④ 由同学们的描述可以体会到当时的请愿现场已经有一种山雨欲来的氛围。又据亲历其事的东北中正大学学生喻纯玉回忆：代表们出来时气色不好，应当受到很大压力，随即告诉学生赶快撤走。⑤ 但这时惨案发生了。综合罗荣渠和喻纯玉的材料，军警似乎也已经接到了对"暴徒"进行镇压的命令，而惨案之后却反复强调学生一方先开枪，不过是为杀戮学生寻找借口罢了。

① 《刑警大队呈报东北学生七五捣毁市参议会经过情形》（1948 年 7 月 7 日），北京市档案馆藏北平市警察局档案，J181/28/59。
② 《刑警大队关于东北学生捣毁参议会等情的报告》（1948 年 7 月 7 日），北京市档案馆藏北平市警察局档案，J181/28/59。
③ 《刑警大队报告东北学生等赴参议会等处请愿情形》（1948 年 7 月 6 日），北京市档案馆藏北平市警察局档案，J181/28/59。
④ 罗荣渠：《北大岁月》，第 317 页。
⑤ 王春林：《喻纯玉访问记录》，2009 年 2 月 28 日。

第三节　七五事件后的各方博弈

一　北平当局对舆论的操控及其与东北当局的相互倚赖

七五事件发生的消息很快通过报纸在国内传播开来。围绕事件的调查与善后，北平、沈阳与南京之间展开了一场颇为微妙的互动。

在事件发生后不久，北平市政府就开始对外发布关于事件的消息。"平市府五日下午八时在市府西花厅招待记者，报告参议会被打毁及东交民巷冲突经过。"① 北平市政府举行招待会的行为，与事件相隔时间如此之近，其反应之迅速与解说之合理实在有些出乎常理，更像是一场事先预备好的宣传。事实上，北平市当局确实采取了先发制人的手法，希望影响舆论，推脱责任。时任北平市长的刘瑶章证实道："惨案发生后，我晕头转向，不知所措。当天晚间，警备总司令部举行记者招待会。陈拟就底稿（大体上根据警察局和二〇八师的材料），主要归结到一点，就是说学生带枪行凶，让我宣读。当夜警备总司令部和警察局还搜查了学生的住处。"② 7月6日，《中央日报》亦发表了北平七五事件的消息，其论调与北平市政府完全一致，显然是受北平市招待记者会宣讲之影响。③

又据7月6日《大公报》载："平参议会五日下午六时在市府西花厅举行紧急谈话会，陈总司令继承、刘市长瑶章、许议长惠东及参议员多人均出席。陈氏方自西郊请示傅总司令作义归来。据称：我们有一个认识，这是一个政治问题，是戡乱问题，希望诸位参议员协助我们，彻底办理。刘市长也说：遗憾，遗憾，这不只是对参议员的问题，而是对政府的问题。刘象山秘书长说：这是有计划的行动，并报告捣毁'清共戡乱'及'参议会'招牌的经过，并要打死参议员。"经此一番"廓清"，参议员意见亦趋于认同是政治问题。④ 由此看来，在开会之前，陈继承、刘瑶章、许惠东等人已经与傅作义达成共识：政治问题需果断解决，不必囿于常

---

① 《警备司令部招待会报告冲突发生经过》，天津《大公报》1948年7月6日，第2版。

② 刘瑶章：《北平和平解放前夕的片断回忆》，中国人民政治协商会议全国委员会文史资料研究委员会编《文史资料选辑》第68辑，中华书局，1980，第85页。"陈"指北平警备总司令陈继承，蒋介石的嫡系将领。

③ 《平参会昨被捣毁》，《中央日报》1948年7月6日，第4版。

④ 《平参议会谈话会》，天津《大公报》1948年7月6日，第2版。

轨。因而此一紧急会议，不过一通报会而已。这次会议对东北学生请愿性质之认定，证明其与七五惨案发生之关联甚大，而当局对学生之处置态度已不言而喻。①

7月6日，傅作义又就该事件发表讲话。他特别强调："戡乱正在进行，负责治安者不得不特别提高警觉，作战任何一方绝不许敌方潜伏分子活动，亦不许任何人以任何行动妨碍争取战争胜利之目的。故为剿匪戡乱计，治安当局尽忠职守，防止暴乱，有此必要。""同学们有何意见，不论代表陈述或书面说明，随时提出，我们均有勇气接受，但是游行聚众方式，最易被阴谋分子利用，应特别提高警觉，避免不幸事件。"② 傅的讲话表明其立场与陈继承等完全一致，或者陈继承等不过依傅之命令而行，这反映了华北最高当局的态度。自傅作义以下的华北及北平当局官员论调一致地指责学生为"暴徒"，而北平当局的责任则完全撇清，这种现象显然绝非巧合，而是事件后华北及北平当局推脱责任、混淆是非的一种集体"操控舆论"的行为。

7月7日，《中央日报》刊载了引发七五事件的提案全文、北平市政府的官方声明以及在京东北立委关注事件的报道。③ 北平各大学学生亦发动起来，声援东北学生，要求追究责任，安置东北学生。④ 由此，事件的真相渐渐浮现，北平市政府垄断舆论的情形开始改变，东北籍官员也将有所表示。7月6日，东北同乡会成立七五惨案后援会，王化一等人为委员。同日，东北籍在京立委开会，致电傅作义及平参会询问真相，又致电沈阳东北政务委员会要求处理，还致电教育部要求照料各地来京学生。⑤

7月9日，在中共北平学校工作委员会组织下，北平各大学为声援东北学生发动了规模更大的游行。时任北平学委书记的余涤清回忆："东北

---

① 关于七五事件中中共的作用，笔者倾向于"中共并未参与"的说法，因为是时迁至北平的东北各大学中，仅中正大学学生会为中共掌握，并且议案披露当日各校学生即决定请愿，决定之仓促以及请愿中的过激行为，似皆非中共学运的一贯风格。再与事件后北平市政府抹黑事件的做法以及战后国民政府对学潮的一贯论调相对照，似可认定中共在事件发生前并未参与。但在事件后的纪念与示威等活动中，中共学生组织显然起了很大作用。参见王振乾、丘琴、姜克夫编著《东北大学史稿》，第157～173页。

② 《傅作义谈经过情形》，天津《大公报》1948年7月7日，第2版。

③ 参见《平参会代电全国报告被捣毁事实》《东北立委关怀电询真相》，《中央日报》1948年7月7日，第4版。

④ 参见《抗议北平大惨案》，天津《大公报》1948年7月7日，第2版。

⑤ 《东北立委希望慎重处理》，天津《大公报》1948年7月7日，第2版。

同学游行，事先我们并不知道。事情发生后，我们考虑如果不支援东北同学，学运就有被反对派气焰镇压下去的危险。但敌人刚刚进行了屠杀，如果出动队伍支援，又有可能遭受很大损失。为此，学委进行了充分讨论，分析了形势，研究了斗争的方针策略，决定七月九日游行请愿，抗议'七·五'血案。""这一次行动是秘密发动的，行动前作了周密的准备和部署。当国民党当局发现时，队伍早已出动，敌人措手不及。""我们的游行也组织得十分严密，因此没有发生问题。"在场的白世维也认为当天不会出事，因为"有北大领先，清华断后"，"他们都是游行的油子了"。①七九游行的有组织更反衬了七五游行的自发与混乱。

7月10日，东北籍旅平立委赵石溪等人就七五事件发表声明："（一）治安当局应正视'七·五'事件之结果，不须再事徘徊，作学生运动本质之推敲。当局既不能证明死者、伤者均为共党，则必须明咎自责，并对肇事者诚以过失杀人之责任，粉饰洗刷复增事态发展之复杂性。（二）'七·五'运动之目标本极单纯，但由惨案之造成，吾青年之热血，正好为共党利用之温度，愿同乡青年步调严整。（三）事件乃由平参议会之决议所引起，希市参议会极力保持沉默，同人等对市参会十日之声明绝对不能同意，严格言之，北平市乃全国之北平，从未闻有人强调北平市之地域性。"②此声明可视为东北籍立委对北平当局一系列混淆是非说法的首次回击，他们显然深谙北平当局的把戏。12日，冀、平立委国代联谊会邀请东北籍立委国代开会。东北籍立委马毅提出："平参议会应该反省。我们还要问惨案为什么不发生在参议会、李副总统宅前，而偏偏发生在许宅的前门？"他表示："我们的孩子死了，我们要追究。""不要什么都推到奸党身上，我们自己没有责任。"刘哲也愤慨道："我们东北吃树茸，他们逃来是为不受共党压迫，许议长叫我们去参观，我们应不应当去道歉，我们死了那么多孩子，我们怎能去道歉？我们都是小孩子的父母，我们不想听这些宣传。'向空中开枪'难道我们的小孩子们都会飞吗？"冀、平代表有主张调和者，最后一哄而散。③

但南京方面仍然坚持原有论调。7月16日，《中央日报》"社论"仍

① 余涤清、杨伯箴：《第二条战线上的先锋》，中国人民政治协商会议北京市委员会文史资料委员会编《文史资料选编》第5辑，北京出版社，1979，第25～26页。
② 《东北在平立委发表声明》，《申报》1948年7月12日，第1版。
③ 《北方国代立监委们商量七五事件善后》，天津《大公报》1948年7月13日，第2版。

认定事件与中共有关联："北平职业学生及非学生的间谍与一部分东北流亡学生聚众数千，武力捣毁市参议会，击碎北平清共委员会招牌，并包围许议长私人住宅。"并进而指出："要知道加害于东北学生者，系东北共党匪军，而非北平地方政府或议会。"① 该社论仍在重复北平市政府的最初论调，并将事件责任推到东北共党方面，实在有些牵强，难免有为北平军政当局开脱之嫌。

东北当局与北平方面也进行了密切的互动。7月8日，东北"剿总"总司令卫立煌致电傅作义、刘瑶章询问事件真相。② 7月9日，刘瑶章复电卫立煌，除重复北平市政府的一贯论调外，也做了些积极表示："事后会商善后办法，经已决定对其食宿问题既经尽力解决，并赶设补习班，免荒学业。其死伤人等分别从优殓埋急施治疗。惟东北学生刻仍源源来平，关系方面事先既乏连系，本府虽经临时竭力筹措，竟仍发生不幸事件，殊为遗憾。""希对今后处理办法惠赐协助。"③ 刘瑶章在电文末尾尚请东北方面对事件处理予以协助，表明他认识到东北方面对东北学生问题及七五事件的处理关系甚大。7月12日，卫立煌复电刘瑶章，表达了对学生遭难的沉痛心情，强调学生入关本为奉部令迁校，以及事件动机单纯的事实，对平方之说法显然并不完全认同。但因事件发生在北平，此后事件之处理等诸多问题尚需借助北平当局的帮助，因而又不得不对平市政府表示善意，希望其妥善解决。④

在处理七五事件的同时，东北学生及难民的安置仍然是北平市政府面临的一大难题。7月8日，刘瑶章致电卫立煌，除通报东北来平学生人数外，又称："本府见闻切近，理应未雨绸缪，惟在市帑奇绌之下，一切财力人力俱感困难，又东北来平难民，现有三千六百三十五人，关于临时救济，亦因款项物资缺乏，不克充分举办。除已呈请行政院拨发专款及物资，并派定人员负责办理，暨就近呈请李副总统、傅总司令赐予援助，转请核准施行外，谨电祈察照协助。"⑤ 东北学生问题使得事件的处理变得

① 《大学中的暴动联防》，《中央日报》1948年7月16日，第2版。
② 参见《卫立煌致傅作义、刘瑶章电》（1948年7月8日），辽宁省档案馆藏东北行辕档案，JE1/9/101。
③ 《刘瑶章致卫立煌电》（1948年7月9日），辽宁省档案馆藏东北行辕档案，JE1/9/101。
④ 《卫立煌复刘瑶章电》（1948年7月12日），辽宁省档案馆藏东北行辕档案，JE1/9/101。
⑤ 《刘瑶章致卫立煌电》（1948年7月8日），辽宁省档案馆藏东北行辕档案，JE1/9/86。

微妙起来，北平与沈阳既有矛盾，又需互相倚重。对于北平来电，东北"剿总"政务处批示道："对于难民救济，依社会部规定应由所在地政府办理（即属地主义），东北难民入关后即成为在华北难民或在北平难民，本会无法协助。"① 东北方面因而拒绝了北平方面的请求。

7月17日，刘瑶章再次致电卫立煌，除报告死伤人数与安置办法外，又表示："对七月五日最初煽动捣毁市参议会者，暨东交民巷许议长私宅门前肇事与开枪情形详确调查，根据结果予以严惩。此项工作将由各界人士组成调查委员会负责办理，希望东北在平人士亦推代表参加。"七九游行事件"已令北平警备总司令部查明具报，以凭惩罚，上项办法现正会同有关机关积极处理中"。② 刘对事态进展的通报显然意在彰显北平市政府对事件处理的积极态度。

7月27日，刘瑶章再次致电卫立煌，希望东北当局制止难民入关。该电文称："查东北入关学生陆续抵平者人数，已在一万以上，关于食粮及住所均系暂由本府设筹供应，现在食粮即将告罄，收容处所亦均拥挤不堪，无法再为收容。倘仍源源来平，食住等项不特无以为继，且将发生社会问题。迩来东北局面日趋安定，谨电请大部就地劝导，务使仍在原校安心向学，制止入关，以免流离失学为祷。"③ 刘连续致电，可见东北学生给北平市政府压力之大。权衡之后，东北当局决定予以协助。8月6日，东北"剿总"复电刘瑶章表示："现国立学校学生已由教部径行设校收容，其他公私立学校现有学生，本会业已饬吾省市政府严予限制入关，其已入关者，亦已电请教部扩充临大、临中名额，大量收容所在案。至于入关难民，多系直、鲁、豫籍人士，以生活困难而返乡，并非流人，且多属能生产之劳工，而不尽为老弱妇孺，本会已商准社会部，将存津救济东北难民剩余物资拨出一部予以救济。"④

综上，北平当局在事件之初希望通过垄断舆论等手段将事件的解决纳入其操控的论调中，但东北籍官员与东北当局对此并不认同，平方在学生问题上又需要东北方面协助。事态的演进绝非任何一方所能完全掌控。

---

① 《政务处对北平市政府请东北予以援助的批示》（1948年7月26日），辽宁省档案馆藏东北行辕档案，JE1/9/86。

② 《刘瑶章致卫立煌电》（1948年7月17日），辽宁省档案馆藏东北行辕档案，JE1/9/101。

③ 《刘瑶章致卫立煌电》（1948年7月27日），辽宁省档案馆藏东北行辕档案，JE1/9/86。

④ 《东北剿总复刘瑶章电》（1948年8月6日），辽宁省档案馆藏东北行辕档案，JE1/9/86。

二　东北民众的激烈反应

与东北当局的谨慎应对不同，东北民众对七五事件的反响极大。七五惨案后援会"向东北学生进行慰问救济工作"。"东北学生联合各校组织七五惨案处理委员会，由各校担任总务、联络、宣传、治丧等任务，并决议寻觅尸体、劝募、开追悼会、节食一周、慰问死者家属、每餐前默祷致哀等项工作。"[1]　7月8日，东北国大代表旅平联谊会、东北旅平同乡会就事件公开指责北平当局的失职："此次不幸事件之造成，东北学生青年气盛，固应非议，但以机枪射杀，如对大敌，实觉史无前例。当时镇摄之过当，亦应同负逾越常规之责。本会等对此不愿多所论述，愿留国人之公平舆论制裁之！"他们甚至将矛头直指教育部："关于东北临大、临中早倡议于两月之前，而教育部迄无具体办法，致将东北青年招致入关，食不得饱，居不得安，书不得读，已经失去教育本能与威信。兹又造成此种不幸事件，谓非教育部贻误所致而不可得，愿负责教育责任者提起警觉，立为筹策。"[2]

事件之初，刘哲曾在北平表示："事件发生了，一个巴掌拍不响，大家要以国是为重。"[3] 东北籍立委刘博昆则力主为学生讨说法："'七五'惨案学生捣毁北平市参议会是越轨行为，可是东北学生为争生存而牺牲了性命也太惨，治安当局不能事先发现□为共党，而把全体学生当共党对付。""至少在现场负责指挥者不能□其□，如果认为'七五'事件是'神经'战，政府开枪就表示失败，打死东北学生绝不是一个地域性问题，而是政府对人民，尤其对青年的态度问题。"[4] 稍后前往沈阳慰问军队的刘哲又发表谈话，希望缓和民怨，他表示："国代立监委全罢公，丢了官职，那里去吃饭，我辞了监察院副院长就立刻挨饿。"但他的讲话引发东北各界的强烈反感。"东北立委王化一，政委会委员马愚忱等一怒发动驱逐刘哲出境，吉林同乡要求政府罢免刘哲，东北学生几十人到刘哲住处去

---

① 《北平学潮演变续志》（1948年7月8日），中国第二历史档案馆编《中华民国史档案资料汇编》第5辑第3编政治（四），江苏古籍出版社，1999，第494页。

② 东北国大代表旅平联谊会、东北旅平同乡会：《"七五"不幸事件发生真相》，辽宁省档案馆藏东北行辕档案，JE1/1/170。

③ 《北平惨案善后》，天津《大公报》1948年7月8日，第2版。

④ 《刘博昆谈片》，天津《大公报》1948年7月9日，第2版。

欢送出境。刘哲只住了两天就飞回北平。"①

在东北方面，各界人士亦一致要求妥善安置遇难学生并追究责任。（1）学生方面：学生代表10日分赴机关请愿，向辽宁临参会提出公葬死者、医治伤患学生、追究肇事者、抢救东北教育等要求。11日又分谒东北元老张作相、马占山、万福麟等，对七五惨案有所呼吁。（2）民意机关方面：10日，东北民意机关联合会举行首次会议，决议："一、对平市参议会议长许惠东迭次制造事件，初则提议停兑流通券，破坏中央法令，剥夺东北人民权益，继则提议停办东北教育，非法控制东北学生，离间东北、华北人民感情，破坏团结，制造纠纷，酿成枪杀学生惨剧，即请政府依法严惩。二、请总统严惩枪杀学生人犯，并严办弹压宪兵之负责当局。三、电政府查办教育当局对东北入关学生措置之失当。四、电慰负伤学生及慰问死亡学生家属，并劝其听候政府解决，万勿再作任何行动。"（3）"马占山、万福麟、张振鹭、王家祯曾开座谈会，对七五惨案至表愤慨，会中决定派员携卫总司令所拨一亿元流通券，定十三日飞平慰问，并办理善后事宜。"②

7月12日，沈阳市各院校学生在中山运动场举行"七五死难学生追悼会"。该追悼会"由东北在沈学生抗议七五惨案联合会主办"，"参加院校四十八单位教职员学生及各机关团体代表约计五万人"。该追悼会"致祭时首由大会主席齐玉林宣读祭文，继由沈医等各院校代表先后读祭，并宣读《宣言》《告同学父老书》《对七五惨案的公开抗议书》，最后由市参会议长张宝慈代表各省市参议会读祭文"。"会后由各院校列队游行。"③ 对于当天的集会游行，《观察》指出："光复后东北从无以政府为攻击对象的公开集会，东北剿总起初很想制止，但因为华北剿总严限东北流通券汇款入关，东北剿总早对傅作义不满，这次控诉攻击的目标是华北，所以也就不加阻止，卫立煌反而捐助大会用费流通券一

---

① 《观察》特约记者：《关于七五惨案最近的报道》，《观察》第5卷第1期，1948年8月，第17页。

② 《詹明远关于东北各界声援七五血案情形情报》（1948年7月13日），《中华民国史档案资料汇编》第5辑第3编政治（四），第496~497页。"王家祯"应为"王家桢"，张振鹭曾为张学良的幕僚。

③ 《沈阳市长董文琦给卫立煌关于东北民众追悼七五惨案死难者活动情形的签呈》，辽宁省档案馆藏东北行辕档案，JE1/9/101。

亿元，会后甚而允许游行示威。"① 东北与华北关于流通券确实存在纠葛，但卫立煌的举措主要是因为当时东北的民气激荡，安抚与疏导是较切合实际的应对。

对于东北民众的激烈诉求，国民政府亦很重视，各部大员次第前往北平。但事件的处理进展缓慢，东北方面因而民怨沸腾，其抗议言行亦渐趋极端。沈阳市向东北"剿总"报告："在沈东北国大代表立监委及各省市参议会、各人民团体，组成'东北民众七五惨案后援会'，于七月十六日下午三时举行联合大会。"决定"请求政府严惩军警凶犯及许惠东及教育部负责人"，"要求华北立即开放汇兑"。"如政府不能合理解决，则决定采取（1）应发动各级公教及全民绝食一日；（2）在平学生及南京立监委全体撤退；（3）八月一日罢工、罢市，发动全民大游行，并拒绝使用东北流通券；（4）将调查真像公布全国各省市参议会，以博广大同情等项。""'东北在沈学生抗议七五惨案联合会'与'东北民众七五惨案后援会'取得联系后，复于七月十七日下午四时举行第二次大会，开会时各校代表充满高度愤激，热烈发言，谓从肇事日起，已逾旬日，政府仍无明确办法，不独凶手依然逍遥法外，连肇事真像北平当局仍未调查清楚，似乎正在故意毁灭真像，蒙蔽中外人士，极多轻伤学生，均失去自由，被捕学生仍未释放。""东北人绝对抗议到底。"②

7月18~30日，由东北各界选出的东北民众代表慰问团在北平慰问东北学生，走访相关部门，了解事件真相。代表团团长张宝慈表示："此次来平有两点，①受东北父老寄托来报告现地意见，②看到的情况再报告给父老。""此次东北各地整个发动，捐款慰问机关含公教人员、赤贫者、工人、流亡在沈者，自动捐款四五百个亿，虽不足以救万一，但在东北恶劣经济状况下，这是真诚热的表现。此次带来百十亿左右，东北父老有最大关心和决意，事实看法也最严重，事件不单死（是）个人，是关乎国家百年大计的。""东北父老看法，快解决，在政府是不是维持纲纪，是不是爱护青年，是不是为将来不是只有东北人遭白眼，而是在全世界上的我们四万万五千万人要遭白眼。父老态度冷静，决究水落石出，要压制热情，用

① 《观察》特约记者：《关于七五惨案最近的报道》，《观察》第 5 卷第 1 期，1948 年 8 月，第 17 页。
② 《沈阳市具报在沈各大中学生及民意机构等对北平七五事件动态》（1948 年 7 月 20 日），辽宁省档案馆藏东北行辕档案，JE1/9/101。

冷静理智去解决，但非常坚决。这事件虽然发生在北平，确是一个全国事件。"① 东北慰问团 26 日发表书面谈话，要求政府严惩许惠东、陈继承及开枪凶手，迅速解决东北学生读书与食宿问题，并就临大、临中问题提出多项建议。②

在渐趋极端的言行背后，东北民众的地域观念亦被激发并急剧膨胀，甚至出现了对国民政府的疏离倾向。"沈'七五'惨案后援会七月二十三日下午三时，在三经路小学开扩大会议，到国代立监委员、各省市参议会代表、各民众团体代表、教职员学生、邮务工会等五十二单位共一〇三人。决议：……八月一日召开民众大会表决：（甲）请各地在政府服务之东北籍人士放弃职务。（乙）本市实行罢公、罢市、罢教、罢课、罢工。（丙）停止行使流通券。"③ 学生方面表现得更为激进。沈阳医学院的迁校问题原本悬而未决，但"'七五'事件的消息传来后，更坚定了他们的意志，大有誓不迁校之概"。④ "沈阳七五惨案控诉团结大会，于七月廿七日上午九时在市府广场举行，到长白师院、长春大学、沈医、辽东学院等廿六校学生两万余人。"会后"各校代表宣读控诉书，内容多公然指斥政府系法西斯政府，呼吁东北人民即时脱离中央，自己建设东北"。⑤

东北民众的激烈反应源自对平方暴行的愤慨和对东北子弟的爱护。而国民党的应对低效反而使这种情绪愈演愈烈，这对处于国共内战中的国民党来说是颇为危险的。是时之国内形势已对国民党十分不利。7 月 21 日，金毓黻在日记中写道，"闻襄阳失陷，守将康泽阵亡，太原亦吃紧，北平西南郊又有战争，而当局粉饰，犹谓豫东大捷，辽阳获胜，抑何强颜乃尔！"且"币价下跌如水之下泻"。⑥ 在这种情势下，七五事件之发生和处理不当必将影响东北民心甚巨。国民党也深知此点。监察院东北九省监察使谷凤翔 8 月 5 日飞沈阳，"就七五事件疏导东北人士情绪"。⑦

---

① 东北同乡会法律小组：《慰问团在平行动》（1948 年 7 月 19 日），辽宁省档案馆藏东北行辕档案，JE1/9/14。
② 参见《东北慰问团提主张》，天津《大公报》1948 年 7 月 27 日，第 3 版。
③ 《詹明远关于东北各界响应七五血案成立后援会提出抗议活动情报》（1948 年 7 月 27 日），《中华民国史档案资料汇编》第 5 辑第 3 编政治（四），第 498～499 页。
④ 《沈医学生反对迁校》，天津《大公报》1948 年 7 月 26 日，第 5 版。
⑤ 《詹明远关于沈阳学生举行七五惨案控诉大会暨游行情报》（1948 年 7 月 29 日），《中华民国史档案资料汇编》第 5 辑第 3 编政治（四），第 499 页。
⑥ 《静晤室日记》第 9 册，第 6648 页。
⑦ 《谷凤翔飞沈疏导东北情绪》，天津《大公报》1948 年 8 月 6 日，第 2 版。

8月11日，王化一代表沈阳和北平两地的七五惨案后援会往南京请愿，力图向总统府施压。王化一与王德溥等五人"到军政部见到何应钦，要求惩凶；到教育部见到朱家骅，要求从速设立临大、临中；到社会部见到谷正纲，要求救济；最后到行政院见翁文灏，他指定秘书长李惟果召集有关各部首脑来院会商"。临中与大学复校、救济、抚恤问题皆得到解决，只有惩凶一事"涉及华北高级将领，须委员长由济南回京以后决定"。①

同时，国民党方面亦密切注视着王化一等人的活动，据报告：

> 东北籍立委王化一十一日到京，东北同乡会当于九时开会，到有王冠吾、王德溥等五十余人，王化一报告七五事件经过，谓（一）七五事件根据多方调查，证明为北平军事当局有计划之屠杀行为，惩凶问题，必须誓死作到，许惠东为事件之祸首，除已由东北人民提起诉讼外，应一致要求严惩，并令其辞职。（二）东北全民对于七五事件，情绪沸腾，尤以抚顺煤矿十余万工人之情绪更为激昂，若非关系方面及东北行辕于七月三日会议，表示绝对设法，负责解决问题，抚顺煤工早使煤矿为水淹没，则虽百年后亦无恢复之希望。现东北人民之主张，限于八月十九日以前请政府答复，若届期再无答复，东北人民即实行上项运动，在京之东北籍立监委国代及政府之官吏，必须响应该项运动，牺牲个人之利益，而作全面撤退之举，俾免八一九发生更惨行动之后果。（三）平津限制流通券之通汇，为造成七五事件因素之一，且造成东北及华北之金融恐慌，北平当局应负全责。（四）调查枪弹之方向，现已证明并非学生所为，而军警对于学生竟用机枪集体扫射三次，幸美籍记者及学生均摄有照片，真相不难大白。（五）二〇八师除诬指学生开枪外，并指控东北学生曾抢去机枪二挺，拉走士兵二人，至今尚无下落。用心之恶毒。（六）七月九日北平学生之游行，系变质之行动，与纯良之东北学生毫无关系。（七）事件发生后，《中央日报》、中央通讯北平分社报导歪曲事实。（八）东北人民希望政府当局解决事件。②

在蒋介石眼中，王化一似乎有些不顾大局，他对这一报告批示："此

---

① 王化一：《北平"七五"事件真相》，《文史资料选辑》第42辑，第207~208页。
② 《七五学潮专报》，台北"国史馆"藏"蒋中正总统文物"，002/080200/00332/043。

应转送卫总司令，对王化一在东北之言行，应特加注重，并对其活动须严密监视。此等人只有捣乱而为共匪之间接帮手，不可放纵。"① 卫立煌对蒋的命令却并未遵照执行。据卫的秘书回忆："卫打电话叫王理寰来其家中看这份电报，嘱咐王化一从速躲避，同时卫打电报复蒋，谓王化一已到关内，不在沈阳。"②

三　总统府的安抚、调查与折中

七五事件的调查与处理是各方关注的焦点，它牵涉东北、华北当局以及教育部、国防部、监察院等多个部门，各方都参与着事件的善后。③ 7月24日，刘瑶章致电卫立煌通报了"七五事件调查委员会"的成立及人员构成：20日，华北"剿总""聘请李培基、李华亭为委员兼召集人，东北方面委员马毅、刘博昆、李象泰、栗直、毕泽宇、富保昌、纪清漪、赵石溪，平津冀方面委员郭中兴、张希之、李荷、靳振声、于纪梦、宋实君、石硕磊、刘培均，另剿总张庆恩，教局王季高，教育会郭登敖，暨东北同乡会推一人，计委员二十二人"。④ 这一组织在事件发生20天后才告成立，其成员既有东北方面的，又容纳了华北方面的，这应当是为了彰显公正，以兼顾各方的声音与意愿。

7月30日，行政院长翁文灏致电卫立煌通报了平方的善后处理办法："东北学生在平不幸事件，已迭经傅总司令督同北平刘市长妥定办法要点。（一）关于救济东北学生者，已由教育部派员迅即设立东北临大、临中，并设临时补习班，凡私立校院等生皆可入班补习，然后转学临大、临中，地址选定平津两地，限期使学生食宿有所，最短期内有书可读。（二）学生死者予以安葬优恤，已由北平市政府拟定办法，死者恤十亿元，残废者五亿元，伤者视其轻重，致慰问金一至二亿元，住院治疗费又使政府拨

---

① 《七五学潮专报》，台北"国史馆"藏"蒋中正总统文物"，002/080200/00332/043。

② 赵荣声：《回忆卫立煌先生》，文史资料出版社，1985，第325页。王理寰为原东北军军官，与王化一熟稔。

③ 该事件激化了中央政府、地方当局与东北民众之间的矛盾，亦折射了战后国民政府、总统府中枢与地方的政治生态。参见贺江枫《从学潮走向政潮——1948年北平七五"惨案"研究》，《南京大学学报》（哲学·人文科学·社会科学版）2012年第1期；张皓、陈银屏《从期望到失望：1948年北平"七五"事件再探讨》，《史学集刊》2012年第3期。

④ 《刘瑶章致卫立煌电》（1948年7月24日），辽宁省档案馆藏东北行辕档案，JE1/9/101。

付。（三）组织七五事件调查委员会调查肇事情形及责任，以凭处理。以上各点已在进行，前此不幸事件当可公平解决，至祈根据上列实情就近劝告东北民众，并善为开导，静候政府持平处理。"① 同日，翁文灏再电卫立煌，表示中央政府上下对事件甚为重视："北平东北学生七五事，总统备极关注，令行妥善处理。除重要办法已由午、艳机疆奉告外，本院并派秦次长德纯不日北飞，实地查明情形，协同处理，希即转知东北关心此事之人员及团体，明悉中央特为关注，认真办理，切勿另逾限枝节。"② 翁氏连电东北，表明中央政府对东北民众的怨愤十分关注，希望东北地方转达政府决心，以安抚民心。

东北当局亦切实遵行了政府的命令。7 月 31 日上午十时，东北政委会"召集各省市首长及七五东北民众后援会委员，对八一沈阳民众举行七五惨案抗议大会并游行示威事，有所商讨。各首长表示应候中央答复，暂缓采取行动，后援会代表则认为有表示态度必要，故一日之抗议大会及游行势将举行"。③ 后援会的态度反映了东北民众对事件的极端愤慨与关注。尽管如此，东北当局仍竭力制止之。"自翁院长、朱部长、吴秘书长鼎昌等纷电劝阻后，七五后援会顾念大局，于七月卅一日晨九时开临时会讨论中止八一行动。当时因学生工人团体坚持行动，该会不能控制，乃会同各单位代表谒卫总司令，高惜冰、赵家□代见面，询该会能否负责保证八一开会不发生意外。因后援会代表不能负责，乃令该会绝对□止行动，后援会于下午再开大会宣布接受剿总劝告，而学联会则坚持'八一'开会游行，双方决裂，抗联自行召开会议（嗣后学联会亦接受劝告停止行动）。"④ 时任沈阳市长的董文琦也回忆道："东北中央及地方民意代表也联合召开会议研商对策。会中群情激昂。""我当时处境极为困难，在情感上我是东北人，东北子弟惨遭杀害，当然要为他们雪冤；但在理智上，我身为沈阳市长，必须负责维护地方治安。……我遂怀着情感与理智互为矛盾的复杂心情起立发言。我说：我是东北人，为家乡被害子弟申冤，我绝

① 《翁文灏为七五事件致卫立煌电》（1948 年 7 月 31 日），辽宁省档案馆藏东北行辕档案，JE1/1/145。
② 《翁文灏为总统备极关注希转知东北人员明悉勿逾限枝节致卫立煌电》，辽宁省档案馆藏东北行辕档案，JE1/1/145。
③ 《秦德纯今晨飞平调查七五事件真相》，《申报》1948 年 8 月 1 日，第 2 版。
④ 《沈阳"八一"五罢运动平息》（1948 年 8 月 2 日），《中华民国史档案资料汇编》第 5 辑第 3 编政治（四），第 500 页。

对与各位站在同一战线，但我也是地方首长，为维护地方治安，绝对反对各位之五罢行动。现在共党大军压境，正虎视眈眈，不用说五罢，即其中任何一罢均是自毁长城，自取灭亡。如果我们一意孤行，不但死无葬身之地，且将成为断送沈阳之罪人。经我一番声色俱厉的慷慨陈辞后，会场情绪渐告缓和。"不久又接到行政院长翁文灏和时任总统蒋介石的来电，翁表示东北民众的要求只能部分接受，蒋则认为华北当局的应对并无不当。为防止8月1日发生暴乱，董文琦"与警备司令部胡司令商议，于七月三十一日夜半起至次日五时正，以检查户口为由实施戒严，并由军警联合出动到各大学及大工厂门前守卫，严禁出入。经此布置后，八月一日晨遂无乱事发生"。① 可见，沈阳当局从大局着想，对东北民众采取了疏导的办法，这对平息民愤起到了积极作用。

7月6日，朱家骅召集教育部会议，命令在平的英千里调查真相，协同处理，并拟派大员北来。② 教育部次长田培林9日飞抵北平。③ 但教育部有他们的困难，他们的工作受到各方掣肘。10日，田培林表示："这些问题自去年暑假就有了，长大曾请求南迁，但是南迁与否各方意见不一，教部夹在中间，八面挨耳光子，多方考虑，中学生已经很多进关了。"此时，总统府的意见是事件由傅作义"全权处理"，教育部"无意见"。④ 8月6日，朱家骅亦致电高惜冰等东北籍官员，通报总统府的处理动态。⑤ 朱家骅希望东北当局继续安抚东北民众，免生事端。然而事件的处理毫无进展，东北民怨自然不减。8月9日，姚彭龄向朱家骅报告："七五事件发生后，沈市民众群情激昂，学生组织抗联会大肆宣传，职恐事态扩大，而运用同志关系，把握学生代表，亟力劝导，设法分化，并秉承上峰意旨，随时注意其活动，一月以来安然渡过，惟盼中央早日合法解决此次事件。"⑥

这期间，东北当局承受着很大的压力。8月13日，卫立煌有一致翁文灏的电文，内容为："七五事件发生后，此间民众情绪至为激愤，原拟八

---

① 中研院近代史研究所编《董文琦先生访问纪录》，编者印行，1986，第146～147页。
② 参见《处理平惨案教部决派员北来》，天津《大公报》1948年7月7日，第2版。
③ 参见《田培林由京飞抵平》，天津《大公报》1948年7月10日，第2版。
④ 《田培林谈北来任务》，天津《大公报》1948年7月11日，第2版。
⑤ 《朱家骅致高惜冰等电》（1948年8月6日），辽宁省档案馆藏东北行辕档案，JE1/1/145。
⑥ 《姚彭龄关于破坏沈阳学生抗议七五血案活动密电》（1948年8月9日），《中华民国史档案资料汇编》第5辑第3编政治（四），第502页。

一举行大规模示威运动，经党政军警各方竭力劝导镇抚，乃允延至八一九再视政府对此案处理情形而定行止。现表面似尚平靖，而内幕酝酿仍烈，顷悉查案大员业已返京报告，为此务请当机立断，在八一九前迅予公允解决，以息愤怼而免意外。"① 此电最后并未发出，但是时东北民气之激愤程度可以想见。8月16日，东北民众七五惨案后援会又致电东北政务委员会。② 他们通过向东北当局施压，以促使事件妥善解决。8月17日，《观察》也刊文批评了总统府与北平当局的伎俩："他们想借口学生先开枪，二〇八师出于自卫才开枪扫射，减轻杀人罪过。但在现场的中外记者、学生、宪兵、警察都不能证明学生有枪，更无法证明学生先开枪。他们又在想法分化东北学生，列举学生的劣迹，指使他们的职业学生，检举他们所认为反对政府的'职业学生'。使社会对东北流亡学生失去同情心，冲淡'七五'血案的责任，他们仍不撒手不了了之的念头，想混过这笔血债。'七五'血案发生迄今一个多月，政府一方面要向人民立威信，一方面不敢打老虎，只敢撵几个苍蝇。我们等待看看谁是苍蝇，谁来抵偿这'七五'的血债吧！"③

在这种情势下，总统府不断派遣大员前往北平协调。8月2日，国防部次长秦德纯抵平，奉蒋介石与翁文灏之命调查事件真相。④ 监察院代表谷凤翔、胡文晖3日抵平调查真相。⑤ 8月12日，国民党青年部长陈雪屏悄然由京飞平，报纸称其"携来中枢解决七五事件之具体办法，征求傅作义、胡适等之意见。下机后即分访傅作义、陈继承、胡适。今晨复访傅长谈，并与秦德纯、谷凤翔等取得联络"。"东北人士所要求撤换之某警备当局，可能受记过处分。现场指挥官亦无大责任。平参会当局在七五调查书中，闻亦无责任可言。惟东北人士之激昂情绪，亦必有以相当满足。"⑥但蒋介石又于8月15日致电傅作义，要求其从严处置："关于七五东北学生不法事件，必须严正处置，务须秉承中央方针，坚决实施，□勿予反动

---

① 《卫立煌致翁文灏电》（1948年8月13日），辽宁省档案馆藏东北行辕档案，JE1/1/170。

② 参见《东北民众七五惨案后援会代电》（1948年8月16日），辽宁省档案馆藏东北行辕档案，JE1/9/101。

③ 《观察》特约记者：《关于七五惨案最近的报道》，《观察》第5卷第1期，1948年8月，第18页。

④ 参见《秦德纯昨抵平》，天津《大公报》1948年8月3日，第2版。

⑤ 参见《监院两代表抵平》，天津《大公报》1948年8月4日，第2版。

⑥ 《陈雪屏飞抵北平》，《申报》1948年8月14日，第2版。

派以挑拨之机。此时如果对学潮再有迁就，以期姑息了事，则以后对不法学生，更无法处治，共匪乃可不血刃而颠覆国家矣。"① 这无异于变相认可了华北当局在七五事件中的应对，并展现了蒋介石本人的态度。

　　7月24日，傅作义曾宴请七五事件调查委员会全体委员，勉励"要以客观的态度，研究事件的责任问题"。某委员表示："该会绝不受任何约束与牵扯，以客观超然态度，调查其真实经过与责任。"② 但调查报告书的撰写、修改还是糅合了各方的意见，因此"客观"很难做到。8月3日，七五事件调查委员会"复查《调查报告书》，讨论至深夜十二时许，四日下午继续开会讨论，公布日期未定"。4日，谷凤翔、胡文晖访问傅作义，谈七五事件。③ 该委员会5日结束工作。发言人富宝昌表示，该会"除侦讯有关人员数次，赴现场勘察，将弹痕拍照外，并召开十次全体委员会，今调查报告尽已拟就，修正通过"。该报告先送傅作义审阅，再决定发表。④ 14日，秦德纯表示，当日"有四份报告由专人进京，分呈翁、张两院长及李秘书长、何部长。该报告系以平市'七五'事件调查委员会之报告为主"。秦表示："调委会之报告书与本人所调查者相当接近。""傅总司令绝对禁止带枪，警备司令部谓曾下令不准放枪，不得已时应向空放枪。""现第一枪已无法证明是谁放的，本人将两种不同之证据一并呈请核办。"最后"由中央核定"。⑤

　　8月20日，七五事件调查竣事。23日，监察院官员胡文晖返京。8月26日，监察院发表纠举书。该纠举书对陈继承、赵昌言、白世维分三部分提出，认为"当七月五日学生请愿游行时，陈继承未照傅总司令指示命令其部属不准带枪，不准打学生。而二○八师为一野战部队，以之镇压学生，更不免发生事端。且二○八师与北平学生情感素劣，陈继承于处理此事时未能考虑及此。学生捣毁参议会固属越轨犯纪，陈继承于学生军警对峙竟日之时，未能躬亲妥善戒护，而令一警官身份之白世维指挥军警宪，自不能善为约束所部，卒致在许惠东住宅门前发生学生被二○八师士兵枪

① 《蒋介石致傅作义电》（1948年8月15日），台北"国史馆"藏"蒋中正总统文物"，002/060100/00242/015。
② 《北平血案的责任调查工作今开始》，天津《大公报》1948年7月25日，第2版。
③ 《谷凤翔昨访傅》，天津《大公报》1948年8月5日，第2版。
④ 《七五事件调查报告复查完成送呈蒋总》，天津《大公报》1948年8月6日，第2版。
⑤ 《七五报告书到京》，天津《大公报》1948年8月15日，第2版。

击伤亡惨案。陈继承不能不负措施不当、废弛职务之责"。"当七月五日下午学生在许惠东住宅门前请愿，未克获见许惠东时，赵昌言奉命率部到场戒护，而由警察局副局长白世维任指挥官。赵昌言未能听从白世维命令，纵其部属作战斗措施，士兵开枪又不立即制止，致酿成惨案，赵昌言应负纵属杀人之责，交军法审判纠以罪责。""白世维以警察局副局长地位，奉命为指挥官，未能与军宪联络得宜，既见部队出动态势严重，应即约束部属与学生接受处置条件。后又未能及时将学生即将解散归去之消息通知部队，致因误会发生惨案。白世维不无处理疏忽，指挥无方失职之处。"该纠举书经监院审查成立后于 25 日送行政院。①

8 月 27 日，监察院发表《七五事件调查报告》。谷凤翔、胡文晖切实考察了事件发生的地点，并询问了相关人等，在该报告中翔实地叙述了学生捣毁参议会、向李宗仁请愿、包围许宅、与军警的冲突以及事件发生的情形，反映了学生请愿中的过激情状与军警弹压之残暴；否定了肇事警宪一方的一些狡辩推卸之辞，推翻了二〇八师"否认开枪""学生夺枪""士兵失踪"等说法，对"谁开第一枪"的问题军警与学生各执一词，报告难以判断。同时对东北学生的处境十分同情，但亦认定学生赴参议会请愿时直接捣毁参议会并呼喊反动口号，"此种越轨行为，实属不当"。其报告中亦有指出可能有不良分子混迹其间，趁机播乱，并"经赴现场数次，勘查见牌楼左侧砖壁弹痕累累"，因而推断"似兵士对墙壁射击，以威胁学生者，间或有流弹跳弹窜出门外，致造成学生伤亡之事件。否则，兵士果专对学生射击，则密集队伍中，一弹可着六七人，以数百发计，则学生死伤之数，不可以想象矣"。报告如此言说虽不无道理，但似认为学生死伤皆为意外之故，颇有文过饰非之嫌。考之该报告关于事件经过之叙述，事发前，"其现场配备，完全出于战斗状态，机枪手伏地扣机待发"。② 事发时，"忽听枪声一响，由东传来，旋即枪声大作，约三分钟，稍停，嗣枪声又响一二分钟"。③ 以如此方式弹压岂能以意外推脱。此报告既大体依照事实言说，但其为平市当局开脱的意图又甚为明显，似乎希望以折中方式处理此一事件。

至此，七五事件之事实与责任所属已经基本清楚，北平当局措置失当

---

① 《七五案调查竣事监院提出纠举书》，《申报》1948 年 8 月 27 日，第 2 版。
② 《七五事件调查报告（续完）》，《申报》1948 年 8 月 30 日，第 5 版。
③ 《七五事件调查报告》，《申报》1948 年 8 月 29 日，第 5 版。

无可推脱。为平息民愤，8月30日，傅作义致电蒋介石、翁文灏自请处分。为华北大局计，蒋介石"决定不予处分，并复电慰勉。至监察院所提纠举书，翁文灏已交国防部议复"。① 10月，蒋介石又将陈继承调任南京卫戍司令。对事件的结果，王化一认为：事件的最后善后似乎仅止于表面的慰问等活动，蒋介石与教育部、监察院、军政部都曾派代表前往北平，监察院也"提出纠举陈继承措置失当、纵属杀人的罪名，但束之高阁，并无下文"。仅七五调查委员会"对每名死者家属发给法币十亿元，伤者按轻重每名发给一亿到五亿元（当时玉米面每斤已涨到一千七百万元）"。②

南京中枢在事件中的立场最初即有所表现。7月26日，蒋介石又以总统身份为北平地区七月五日午后七时起宣告临时戒严，咨请立法院追认。追认之意图当然表明蒋氏以北平当局的所谓戡乱做法为正当，如此七五案件自然有利于平市当局方面。但立法院竟未受影响，9月14日晨，立法院首次运用宪法赋予之否决权，不予追认。在立法院会议中，"松江省立委王寒生首先发言，渠根据监委谷凤翔，胡文晖之调查报告，指出国防部临时戒严报告表及傅作义原电所列举之戒严原因不符事实。监院正拟对政府处理七五事件之措施行使职权，立院如予追认，无异承认政府之措施为正当。依宪法规定，总统自有宣布戒严权，然追认权在立院，如不问究竟即予追认，实属放弃权力，有亏职守。王氏词毕，立获赞同掌声，旋刘振东、黄宇人、孙桂□、程天放、刘明侯、张潜华等相继发言。或提议该案保留，或提议改变议程，俟监院对七五事件有所决定后再议，唯大多数皆主张应根据事实法理立即决定追认与否"。③ 最后，经过表决拒绝了蒋介石的追认案。这一表决结果反映了立法院多数人反对中枢干预的态度。

是时国民党面临的内战局势江河日下，东北、华北都处在解放军的包围之中。9月，辽沈战役开始，锦州危急，蒋介石已将主要注意力集中于东北战事。而在翁文灏任行政院长的1948年6～12月，他所面临的首要问题则为国内经济与金融问题。④ 10月29日，金毓黻在日记中记道："昨

---

① 《总统电慰傅作义》，《申报》1948年9月2日，第1版。

② 王化一：《北平"七五"事件真相》，《文史资料选辑》第42辑，第208～209页。

③ 《北平"七五"宣布戒严案立法院昨会议不予追认》，天津《大公报》1948年9月15日，第2版。

④ 参见李学通《翁文灏年谱》，山东教育出版社，2005，第335～349页。

今两日，自沈飞平人员谈，沈市情形极紊乱，有朝不保夕之势。"① 在这种情势下，东北民众对七五事件之处理虽仍愤慨，但已被总统府置于次要地位。

总统府与东北、华北当局对事件的处理更像是一场事先布置好的"演出"。东北与华北当局处于前台，总统府一定程度上参与"演出"，观众主要是东北民众。幕后的导演为南京政府中枢，或即蒋介石，事态的发展似乎始终在他的掌控下。东北、华北当局以及中枢各部官员颇为配合地进行安抚、调查与协调，事件最终不了了之。南京政府中枢以内战与职务调动为幌子化解了这场纠葛，然而东北民心的向背不是他们能愚弄的。

小　结

受国共内战的影响，东北大学的复员困难重重，教学始终无法步入正轨。此时的东大易长不过是 1944 年风潮的延续，臧启芳的去职虽使部分反臧人士及学生满意，但也使东大失去了一个在艰难时期掌控局面的人物。刘树勋在主持校务以及同教育部、地方政府联络方面远无法与臧启芳相比，东北大学的迁校既无计划，又无保障。东大在北平的遭遇既体现了刘树勋的无能，也折射了教育当局的无力以及地方政府和社会的地域观念。因而，流亡学生问题直至 1949 年初北平和平解放与中共夺取政权的态势明朗后才在中共军管会的强势下得到解决。

对于东北学生的遭遇，1948 年 9 月的《申报》"社论"满含同情与愤慨："东北告急，千万学生紧张得被挤在绝望的角落里。他们含辛茹苦，跋涉入关，想投入政府怀抱里得些温暖。谁知一入关内，四处碰壁，饥不得食物，寒不得衣，遑论读书？他们每期待一天，便多一分失望，便多一分与饥寒、疾病、死亡接近，而卒演成北平'七五'惨案。我们不愿论究'七五'事件的责任，但不能不问：流亡学生的教养，在北平究由何人负责。"② 然而是时的救济工作困难重重，教育部事实上心有余而力不足。1948 年 4 月 14 日，朱家骅在国民大会报告时表示，教育部将"尽量容纳流亡学生，虽不能求整个问题的解决，亦期此种严重情形，得以随时减

---

① 《静晗室日记》第 8 册，第 6722 页。
② 《善处流亡学生的问题》，《申报》1948 年 9 月 23 日，第 2 版。

轻"。① 可见，是时东北学生的救济工作已是勉力维持，以不加剧严峻的态势为基本目的了。6 月 30 日，朱家骅在立法院报告时又无奈地表示："教育本是常态工作，而此时又多做应变工作，时势使然，戡乱建国的配合需要使然。在应变工作之下，不能令人满意，是难免的。"鉴于教育的深远影响，朱希望各方给予更多的关注。②

时在北平的金毓黻对东北学校的迁校做法提出了异议，他写道："盖今日之战争乃内战，非国际战也，内战譬诸兄弟阋墙，终有和好之日。借令凶终隙末，一时难了，则此校之在沈阳者即为国家所有，而非某一方面所专有也。为学生者只有埋头读书，为教员者只有尽心教诲，主持校务之人只有善为领导，不使趋入歧途。至于此胜彼负，谁帝谁王，应视为政治之争，不干己事，则何取无事自扰，而以迁校为哉！"③ 迁校的始作俑者是教育部，为政者自然主要从政权角度考量，而不会认同金的学者论调。事实上，革故鼎新时期的教育处在极为尴尬的位置：一方面，教育资源是双方争夺的对象；另一方面，因为国共争夺的激烈情势，双方又无法给予教育以安定的环境。因而，尽管国民党尽力抢夺东北学生，却又无力支持教育的恢复。这是国民党教育运行的最困难的时期，与其他方面的颓败表现相似，东北学生的教育问题是其教育行政濒临崩溃的一种反映。

此外，东北学生确实给北平市政府与社会造成了沉重的负担，尤其在经济形势日趋恶化的情势下。北平市直接承受着东北学生的负担甚至滋扰，这不免令他们十分厌恶。加之其时弥漫全国的学生运动使中央政府的应对捉襟见肘，因而其中的强硬派自然会有武力弹压的意向。在 1947 年 4 月的北平学生运动中，陈继承就曾表示他要做"关麟征第二"。④ 这两种不同层面的冲突交融造成了七五事件前北平市政府与东北学生之间已经剑拔弩张，东北学生的请愿行动只不过是导火索而已。

在接收东北后，为防止地方势力死灰复燃，这一地区主要受政府派来的中央大员的领导，原有的地方精英被置于一旁，这引起他们的反感，因

---

① 朱家骅：《政治报告（教育部分）》，王聿均、孙斌合编《朱家骅先生言论集》，第 244 页。

② 朱家骅《教育施政报告》，王聿均、孙斌合编《朱家骅先生言论集》，第 248 页。

③ 《静晤室日记》第 9 册，第 6652 页。

④ 王强、马亮宽：《何思源：宦海沉浮一书生》，第 252 页。关麟征在 1945 年底粗暴打击昆明西南联大等校学生，酿成"一二·一"惨案。

而东北的地方主义急剧膨胀。① 在七五事件的爆发及处理过程中，东北民众的地域观念又被极大地调动起来。他们深感受到歧视与虐待，继而对南京政府的离心倾向也随之增强。七五事件后，东北学生在政治上大多转向中共方面。② 但也有一些对国民党较为"忠诚"的师生，从北平继续南下，直至迁往台湾。③

---

① 参见费正清主编《剑桥中华民国史》第 2 册，第 829～831 页。
② 王春林：《喻纯玉访问记录》，2009 年 2 月 28 日。喻先生多次强调此点，可见对于国民党之绝望。
③ 参见《柏杨回忆录——看过地狱回来的人》，第 128～129 页；广西大学校史编写组编《广西大学校史（1928—1988）》，广西大学学报编辑部，1988，第 147 页。

结　论

在中国近代史上，军阀创办的学校为数不少，但大多无疾而终，因为军阀当政时间大多不长。而如东北大学这种获得奉系军阀首领张作霖及其子张学良长期支持而迅猛发展的大学更为异数。奉系的支持与熏染使该校的衙门色彩与地域观念十分浓厚，这成为该校发展初期的另一个基调。九一八事变后，东北大学随张学良的东北地方势力流亡北平，这期间饱受流亡之苦，"流亡"的境遇与身份使东北大学对救亡和党派活动极为热心，并因政治主张的差异而发生分流。抗战时期，内迁四川的东北大学的"收复东北"诉求与地域观念仍十分厚重，并与彼时的国共校园斗争纠缠在一起。战后的国共内战时期，东北大学动荡不安，并深深卷入学生运动中，最终在中共解放北平后被接收。校长或代理人、地域观念、学风演变与党派力量共同影响着东北大学的发展，东大的发展轨迹是这些因素综合作用的结果。

一　校长或代理人的评价

从 1923 年创立到 1949 年为中共接管，东北大学经历了奉系军阀时期、东北易帜时期、中日战争时期和国共内战时期，其间东北学人对建设东北、抗日战争等时代主题都做了积极的回应。东大的第一届毕业生并且曾任教员的苍宝忠在建校四十周年时一方面感叹"校运坎坷"，一方面又直言这是"人谋不臧"所致。[①] 苍宝忠所言，实际上是指向了东北大学的历任校务主持者。

在 1923～1949 年的 27 年内，东北大学经历了王永江、刘尚清、张学良、臧启芳和刘树勋 5 任校长、6 位校长代理人（见表 5-1）。而多数代

[①] 苍宝忠：《我们应如何纪念母校成立四十周年大庆》，《国立东北大学四十周年纪念特刊》，第 10 页。

理人都出现在奉系军阀及张学良时期。其中仅在张学良长校的 1928～1937
年，他就先后任命了刘凤竹、宁恩承、王卓然、周鲸文等 4 人代理校务，
平均每人任期为两年半。这对一所大学的长期发展是很不利的。时任教育
部长的王世杰在日记中曾指出："教育因工作必经长期，始能为相当效益，
而吾国任中央或地方教育之□者，往往□□即去，彼为教育效能不易提高
之一因。"①

表 5-1　东北大学历任校长、校长代理人

校长	时间	代理人	校址	代理人的教育背景
王永江	1923 年 4 月～ 1927 年 11 月	吴家象	奉天	北京大学
刘尚清	1927 年 11 月～ 1928 年 8 月	冯广民	奉天	北京国立高等师范学堂
张学良	1928 年 8 月～ 1930 年 3 月	刘凤竹	奉天	美国密歇根大学博士
	1930 年 3 月～ 1933 年 2 月	宁恩承	沈阳、北平	英国牛津大学博士
	1933 年 2 月～ 1936 年 8 月	王卓然	北平	美国哥伦比亚大学硕士
	1936 年 8 月～ 1937 年 1 月	周鲸文	北平	先后留学日本早稻田大学、美国密歇根大学和英国伦敦大学
臧启芳	1937 年 1 月～ 1947 年 4 月	无	开封、西安、 三台、沈阳	美国伊利诺伊大学硕士
刘树勋	1947 年 4 月～ 1949 年 1 月	无	沈阳、北平	美国康奈尔大学硕士

　　资料来源：王振乾、丘琴、姜克夫编著《东北大学史稿》；臧启芳《回忆》；《王卓然史料集》。

　　在王永江和刘尚清时期，两人分别通过代理人吴家象、冯广民掌握校
务。这使得奉系军阀时期的东北大学被打上了浓厚的"军阀教育"烙印。
奉系官场氛围的熏陶使学校趋于衙门化，奉系内奉天与吉林间的省籍矛盾
亦充分展现。张学良长校时期与其前任有些差异，但其大学理念仍然较为

---

① 《王世杰日记》第 1 册，第 50 页。

狭隘。张学良的长校，将"军阀教育"的特点发挥到极致。一方面，九一八事变前的东北大学发展迅速；另一方面，这一时期东北大学的教职员流动甚大。这彰显了新兴大学的吸引力及其发展瓶颈。其原因较多，但最主要的应是"军阀教育"的属性。

九一八事变后，流亡北平的东北大学在办学环境、经费和师资等方面都大为恶化。但张学良及其代理人的主持校务仍得到教育部的默认。宁恩承、王卓然、周鲸文三人皆为东北籍人士，并奉张学良之命管理该校，实际上是张的幕僚。东北大学虽为国家之大学，并且早经教育部备案规划，但该校在相当程度上仍为东北地方势力所有。彼时该校虽在经费上呈现国立化倾向，但大部分师生仍奉张学良为领袖。因而这时的东北大学在"流亡教育"的表象之下，实质上仍延续了奉系时期"军阀教育"的一些特点。但流亡的境遇使此种"军阀教育"的基础遭到严重削弱，学生的思想亦呈现多样化。而西安事变后的国立改组则是教育部主导的旨在消除该校"军阀教育"色彩的一场角力。

据1934年的《第一次中国教育年鉴》，在国立暨部立独立学院、大学和专科学校的校长、院长中，除暨南大学和其他四所财政部等部门设立学校的校长无教育背景记录，中山大学校长邹鲁毕业于专门学校外，全部具有留学背景。[①] 在21名校长或院长中，有博士学位者9人，有硕士学位者3人，在著名大学有研经历者2人，其余则具有大学或专科学校学历。而在12所省立独立学院、大学和专科学校校长、院长中，有留学经历者10人，有大学以上学历者10人（此外尚有1人为法国留学生），仅张学良1人毕业于东三省陆军讲武堂。从校长的教育背景看，张学良明显落后于省立大学的校长，更遑论国立大学了。

张学良主政东北时期，东大的发展宗旨是"研究高深学术，培养专门人才，应社会之需要，谋文化之发展"。[②] 九一八事变后，张学良视东北大学为"东北流亡势力"复土还乡的人才培养机构，是东北军之外最重要的团体。张学良的大学理念明显是将东北大学办成一所为东北地方势力服务的"地方"大学。

西安事变后，东北大学进入臧启芳主持校务时期。臧启芳虽与东北地

---

① 吴相湘、刘绍唐主编《第一次中国教育年鉴》第5册，第278～279页。
② 《东北大学成立沿革及各部之概况》，《奉系军阀档案史料汇编》第9册，第401页。

方势力渊源甚深，却更倾向于国民政府。他对东北大学在抗战时期的恢复、发展，乃至抗战后的复员都贡献巨大。而从臧启芳个人的教育背景看，他也较张学良等人更适合东北大学校长的职务。改组国立后臧启芳仅对教育部负责，对校务也有完全的施政权，其大学理念亦能更好地付诸实践。因而在臧启芳时期，东北大学在教学环境、教员层次和学术成果等方面都得到稳步提升。东北大学校风较之北平时期大为好转，其学术地位也达到了流亡时期的最高水平，学生人数至抗战胜利前也已近千人。但在地域观念浓厚的东北流亡人士中，很多人并不认同臧启芳的付出。在一般学生眼中，"校长臧启芳是一位留学美国的老学人，但不是张学良的人，与教育部关系密切"。① 反而是中共党员高而公做出了带有较浓政治色彩的认定："臧启芳有意拉拢东北籍学生作为自己的后盾，所以对学生并不实行高压政策，而是采取'宽容'的政策。"② 臧启芳之后的继任校长刘树勋，其长校适逢国共内战最激烈的时期，东北大学深受影响。在这种情势下，刘树勋仅能勉力维持学校的运行，其他都无从谈起。

二　地域观念的消长

蒋永敬曾指出："中国自晚清以降，'地方主义'随着地方势力的兴起而抬头。表面看来，似乎造成国家统一的障碍，实际则为历史的趋势，非人为所能抗拒。但从另一角度来看，'地方主义'对于民族的复兴，政治的民主，国家的统一，也有其正面效应。"蒋进而指出："所谓爱乡爱国，推己及人，此乃中国传统的精神。"③ 蒋之论述一反此前各界对地方主义的批评，而指出其合理性与正面作用。事实上，中国各地的地方主义思想确实根深蒂固，在近代民族国家思想大张之际，地方主义尽管有所退却，但仍然保持着顽强的生命力。民国时期，地方与中央或国家的矛盾纠葛从未停息，但地方主义在时代变局下似亦经历着嬗变，地方主义对内忧外患的应对虽不及民族主义的号召力与影响力，但亦有相当作用。以东大学生为例，他们自发地对国难做出回应，尽管效用有限，但大多与民族主义在方向上是一致的。

---

① 霍本田：《逃亡流浪　流浪逃亡——抗日战争时期大后方流亡生活纪实》，第234页。
② 朱语今：《我所知道的高而公向刘光的一次汇报》，唐宏毅主编《东北大学在三台》，第50页。
③ 蒋永敬：《孙中山与联治》（代序），胡春惠：《民初的地方主义与联省自治》，第2页。

东北是民国时期地域观念较为浓厚的地区，东北大学由奉系地方势力创办，虽几经流转，仍充满浓重的地域观念。《东北大学史稿》曾指出："东大和东北是同命运的。"[①] 1931年九一八事变使东北地方势力与东北民众遭受沉重打击，在其后形成的"东北流亡势力"中，东北大学成为被寄予厚望的团体。金毓黻曾撰文论述东北精神："盖东北人所负之使命即为东北大学所负之使命，凡东北大学之师长、同学，无论其为东北人与否，皆应负完成东北大学使命之责。东北土地虽已沦陷，而东北精神依然存在，未来之东北人物应由东北大学造成，凡研东北问题之学者亦应出身于东北大学。所谓抗战建国，所谓复土还乡，皆为完成东北大学使命之条件，能由此点努力，始终不懈，而后可由东北局部之精神以造成中国整个之精神，此即愚所附论之东北大学精神。"[②] 可见，东北大学凝聚着"东北流亡势力"与东北民众复土还乡的使命与期望，因而得到乡人与国民政府方面的关注，并培育了大量人才。

流亡关内后，东北大学虽仍充斥着地域观念，但复土还乡的志愿与抗日复土的国人诉求在相当程度上是契合的。因此，1931~1945年，以东北大学为阵地，地方势力既肩负收复失地的使命，又顽强地与国民政府的力量相博弈。1931~1937年以斗争为主；1937~1945年则以合作为主。1946~1949年，东北大学复员沈阳，但地域观念似乎重新膨胀。民国时期东北大学地域观念的嬗变表明，地方势力虽然日渐衰落，但地域观念是深入骨髓的。虽然在表象上东北大学逐渐被纳入教育部的管辖，国家权力在地方势力原有团体中得到强化，但亦不得不与地方势力达成一定程度的妥协。国家权力的延伸必然需要地方势力的配合，地域观念亦因而得以保存或变异。

九一八事变前，东北大学在奉系地方势力的羽翼下创建发展，奉系集团内的省籍纠葛与政治文化亦投射到该校中。是时的东北完全处于以张作霖、张学良父子为首的奉系地方势力统治下，"既支持又控制"的模式似是地方势力创办高等教育的题中应有之义。是时东北大学中所折射之地域观念是东北地方省籍观念增长后的自然结果。另一方面，是时国共两党力量在东北显然尚处于弱势，对东大尚无甚大影响，而国民政府之政令更是

[①]　王振乾、丘琴、姜克夫编著《东北大学史稿》，第30页。

[②]　金毓黻：《论东北精神》，国立东北大学编《志林》第1期"文史号"，国立东北大学，1940年1月，第5页。

鲜有能及于东北者。因此，当时亦是东北地域观念最为鲜明之时期。1931～1937年，流亡北平的东大一方面处在"东北流亡势力"与国民政府的潜在争夺下；另一方面，中共亦在该校师生中发展了力量，并影响该校校风与教学等。因此，东北大学改组国立风潮实质上是地方与中央的冲突，中共力量则出于其发展考量亦参与其间，并发挥了相当大的作用。1938～1946年，内迁三台的东北大学的地域观念似有所削弱，而代之以一种地方关怀。这期间，中央与地方关系较为缓和，而中共与国民党各派系的学生组织的斗争却日益激烈，并与省籍矛盾纠缠在一起。国共内战期间，地域观念在东北学生七五事件中虽然表现得较为激进，但在内战形势恶劣与东北势力衰弱的情势下只能做些道义上的声讨，最终无奈地接受中央政府的措置。

九一八事变前，东北大学的学生中绝大多数是奉天（辽宁）籍，而在流亡关内后的东北大学学生中，除抗战后期外，辽宁籍学生亦始终占绝对多数。这反映了奉天以及其后的辽宁在东北地区（乃至全国）的富庶和先进，而奉系军阀以"奉"命名并非凭空而来。这种现象在东北军中亦普遍存在，以东北军一〇五师为例，"因他们部落式的封建思想很深，所以自连长以上的官佐没有一个不是辽宁人"。① 这种奉天以及辽宁的"首省"意识或优越感，既是一种始终存在的不平衡现象，又通过地方势力与国家的支持维持着其正当性。东北籍与四川籍学生的消长以及纠葛是抗战时期方出现的特殊问题。此时，省籍问题背后蕴含着地域观念、党派纠葛、抗战前途等诸多问题。教育部最后只能在地域观念与抗战前途两者间做些平衡，在复员东北后这一问题旋即迎刃而解。

三 学风的演变

九一八事变前，尽管有地方势力的制约，东北大学还是形成了勤奋、踏实的学风。该校亦表现出良好的发展态势。流亡关内的恶劣的内外环境使该校学生难以安心读书，转而热心于救亡图存的政治活动和党派组织，进而发展为北平学运的中心之一。这种转变有全国各界抗日救亡运动影响的因素，有东北流亡势力寻求复土还乡的内在驱动，亦有平津地区学运组

---

① 陆燕诒：《我所知道的东北军一〇五师》，秦孝仪主编《革命文献》第94辑，中央文物供应社，1983，第301页。

织与党派活动的外在吸引作用。东北大学的学风在流亡北平后的激变，反映了东北流亡学生对"国破家亡、流亡关内"的切肤之痛，也反映了他们抗日救亡、复土还乡的使命感和责任感。

笔者感到东北大学流亡关内后发生了明显的"关内化"倾向。东北大学与"东北流亡势力"、关内其他大学、国民政府、地方社会及民众联系之密切达到了前所未有的程度。东北大学逐渐融入关内高等教育的氛围中，其学风、日常生活、党派活动等皆深受影响。前述这种现象，笔者姑且称之为"关内化"。东北大学的关内化，代表着整个东北地方势力靠近国民政府的趋向，反映了国家的进一步团结巩固。对比入关前的东北大学与关内大学（可以平津地区为例）的不同之处，我们更能体会到入关后的东北大学的"关内化"倾向。这种倾向是民族国家构建的表现形式，以"关内化"命名，更能直接和具体反映东北地方势力向国民政府靠拢这种统一趋势中的融合和互动态势。其后，东北大学的学风大体与关内大学趋于一致，这或许表明，东北大学已在很大程度上融入国内大学发展的整体环境当中。

"东北流亡势力"的救亡、宣传及其对关内的冲击影响甚大，这个群体的现实存在对关内民众的国难意识、救亡运动亦是一种推动力量。其间，"东北流亡势力"主观上试图保存地方的相对独立，客观上却依赖中央。东北地方势力的地方性在外力下削弱，因而加强了国家统一化趋势。"东北流亡势力"的关内活动密切了其与国民政府的关系，加强了这一地方势力对国家的认同程度，无形中成为民国时期国家统一运动的一部分。

北平时期，东北大学紧密关注中日关系发展态势。在中日关系紧张、学运此起彼伏的情势下，东北大学亦只能勉力维持，学校规模略有恢复。但在华北严峻的政治环境下，东北大学很难获得正常发展。内迁四川三台初期，东北大学远离了学运中心的北平，校内的地方意识亦有所削弱，教学环境相对安定。东北大学再次恢复勤奋务实的学风。但其后因校内国共党组织的发展及对立，四川与东北等省籍师生间的矛盾亦逐渐凸显，校园环境再度恶化。这一时期东北大学的校园环境与关内大学校园环境是相近的。彼时中共学生组织在大学中已具有一定优势，这为战后第二条阵线发挥作用奠定了基础。

而在东北大学复员沈阳后，校园环境延续了抗战后期的氛围，加之国共内战的影响，学生很难安心治学。这种全国时局的动荡使得整个大学教育都处在风雨飘摇之中。中共政权定鼎，对于行将崩溃的各大学亦是一件好事。这意味着可以结束战后数年的内外动荡，让教育回归它应有的轨道。

在学风演变的同时，东大也由最初被讥为"野鸡大学"发展为东北最高学府。苍宝忠感慨道："展阅校史，聘请过多少有名先生，造就出多少有用同学，对国家人民暨地方社会，直接间接，均不无若干贡献和裨益。"①

四　党派力量的增长

九一八事变前，东北大学完全为东北地方势力控制，校内国共两党组织仍处在秘密活动阶段。1929年和1931年两次校内风潮表明，彼时臧启芳等国民党背景师生的势力与影响虽然有所增强，但根本无法撼动地方以及学校当局的权威。

流亡北平时期，张学良的东北地方势力在华北仍具有一定实力，国民政府亦有借重之处，东北大学因而得以在地方势力的羽翼下维持。但彼时地方势力对东北大学的掌控已经有所松动，国民党、中共等党派的渗透，使东北大学表现出一定的离心倾向。这在"一二·九"运动和西安事变前后表现得尤为明显。这期间，东北大学当局已难以控制学生。在这一时期，东北大学形成依附东北地方势力，同时也为国民政府（国民党）、中共等势力或党派吸引的局面。

西安事变后，东北大学改组为国立大学，东北地方势力基本退出学校。在内迁初期，国民党组织在东北大学居于较强势地位，中共的力量则较为薄弱，该校"国家"观念有所提升。随着中共力量在国统区的发展壮大，中共学生组织亦逐渐在东大发展起来，而该校国民党组织则形成CC系与三青团等派系的对立。伴随着国民政府的腐败等问题，一般学生的"党国"观念似乎亦有所下降。抗战胜利时，"我们当时都很苦闷，主要是对国民党的腐败统治不满。我已看过赵超构同志的《延安一月》，我认为中国的希望在那里。尽管生活上十分艰苦，但那里的生产自救，官兵平等，上下齐心非常吸引我"。② 东北大学当局对学校的控制力有所削弱。

① 苍宝忠：《我们应如何纪念母校成立四十周年大庆》，《国立东北大学四十周年纪念特刊》，第10页。
② 郭卓：《我走过的路》，相树春、张振鹤、李格政主编《我们走过的路》（繁），第90页。

这一时期，东北经历了从国民政府（国民党）强势掌控东北大学，到国共两党学生组织在学校内对峙的嬗变。其间，"东北流亡势力"多扮演着长辈、乡贤等角色，对该校的影响变得较为温和。

抗战后期以及复员沈阳后，校内生态急剧恶化。这使得学校的复员与校务运转都困难重重，复员后的校长更易也是国共各党派以及其他反臧势力推动的结果。但在国共内战的大环境下，该校国共两党学生组织的斗争已趋于白热化，学校当局对校务的控制力更加削弱。至七五事件后，南京政府进退失据，东北地方势力反应激烈，中共学生组织亦积极参与其间。与中共军事上的胜利相对应，东北大学为中共接收，东北地方势力走向新政权。

在东北大学的发展过程中，党派力量表现出很强的寄生能力。1923～1949年东北大学的遭遇折射了东北地方势力的衰落态势。这期间，中央政府表现出向地方扩张和延伸的态势，而日本帝国主义对华侵略态势亦日益严峻，中共力量则逐步发展壮大。1931年九一八事变使东北地方势力深受打击而沦为流亡势力，在应对国难的过程中这一势力逐渐融入国家，其自身的地域观念则相对削弱。另一方面，中共在与国民党的较量中，地方势力成为其发展的温床与土壤。在这几种力量的交互作用下，东北地方势力日渐式微。在这一过程中，日本的侵略直接打击了东北地方势力，国民党因势利导地强化了对这一"流亡势力"的控制，中共亦从中汲取了能量。当抗战胜利后的国共决战时，东北地方势力已经被边缘化；当中共建立新中国政权的时候，东北则成为其稳固的解放区。在内忧外患的情势下，东北地方势力无力阻止其本身的衰落，而国民党与中共则扮演了推手的角色。

参考文献

一　未刊档案

北京市档案馆藏，北平市警察局档案，全宗号：J184。

北京市档案馆藏，北平市社会局档案，全宗号：J183。

东北大学校史志办公室藏《周鲸文回忆录》手稿复印件。

《蒋介石日记》手稿本，斯坦福大学胡佛研究所藏。

辽宁省档案馆藏，民国资料，全宗号：JL001。

辽宁省档案馆藏，奉天省长公署档案，全宗号：JC10。

辽宁省档案馆藏，东北行辕档案，全宗号：JE1。

南京图书馆藏，臧启芳《告东北大学全体同学书》（1937年1月25日）。

三台县档案馆藏，三台县教育文化联宗档案，全宗号：11。

三台县档案馆藏，三台县特分会档案，全宗号：3。

上海社会科学院藏，《国立东北大学一览》（1939年）。

台北"国史馆"藏，"蒋中正总统文物"，全宗号：002。

台北"国史馆"藏，军事委员会委员长侍从室档案，全宗号：129。

中国第二历史档案馆藏，教育部档案，全宗号：5。

中研院近代史研究所档案馆藏，朱家骅档案，全宗号：301。

中研院历史语言研究所傅斯年图书馆藏，傅斯年档案。

二　已刊档案、资料汇编

北京市档案馆编《解放战争时期北平学生运动》，光明日报出版社，1991。

辽宁省档案馆编《奉系军阀档案史料汇编》第3、4、9、11册，江苏古籍出版社、香港地平线出版社，1990。

秦孝仪主编《革命文献》第94辑，中央文物供应社，1983。

吴相湘、刘绍唐主编《第一次中国教育年鉴》第2、4册，传记文学出版社，1971。

张忠绂：《迷惘集》，文海出版社，1978。

中国第二历史档案馆编《中华民国史档案资料汇编》第 3 辑教育，江苏古籍出版社，1991。

中国第二历史档案馆编《中华民国史档案资料汇编》第 5 辑第 1 编教育（一），江苏古籍出版社，1994。

中国第二历史档案馆编《中华民国史档案资料汇编》第 5 辑第 2 编教育（一），江苏古籍出版社，1997。

中国第二历史档案馆编《中华民国史档案资料汇编》第 5 辑第 3 编教育（一），江苏古籍出版社，2000。

中国第二历史档案馆编《中华民国史档案资料汇编》第 5 辑第 3 编政治（四），江苏古籍出版社，1999。

中国第二历史档案馆、云南省档案馆、陕西省档案馆合编《西安事变档案史料选编》，档案出版社，1986。

中央档案馆、四川省档案馆编《四川革命历史文件汇集》，四川人民出版社，1987。

三　报刊资料

《北方青年》、重庆《大公报》、《第一线月刊》、《东北》、《东北大学建校 65 周年纪念专刊》、《东北大学六周纪念增刊》、《东北大学周刊》、《东北集刊》、《东北论坛》、《东北青年》、《东北文献》、《东北学生》、《东北知识》、《独立评论》、《公言》、《观察》、《国立东北大学校刊》、《教育杂志》、《今日青年》、《民意周刊》、《青年人》、《青年月刊》、《申报》、《生活周刊》、《盛京时报》、台湾《传记文学》、天津《大公报》、天津《益世报》、《现代青年》、《新华日报》、《学生月刊》、《志林》、《中央日报》

四　文集、日记、年谱、书信、回忆录

柏杨口述，周碧瑟执笔《柏杨回忆录——看过地狱回来的人》，春风文艺出版社，2002。

北京市政协文史资料委员会编《北京文史资料》第 49 辑，北京出版社，1994。

毕万闻主编《张学良文集》，新华出版社，1992。

陈布雷：《陈布雷先生从政日记稿样》，东南印务出版社，年份不详。

陈果夫：《苏政回忆》，正中书局，1951。

陈美延编《陈寅恪集·书信集》，三联书店，2001。

丁山：《丁山日记》，国家图书馆出版社，2018。

东北大学旅台校友会编《国立东北大学六十周年纪念特刊》，编者印行，1983。

东北大学旅台校友会编《国立东北大学七十周年纪念特刊》，编者印行，1993。

东北大学校友会编《国立东北大学四十周年纪念特刊》，编者印行，1963。

董治安编《高亨著作集林》，清华大学出版社，2004。

关山复：《风云瞬息》，辽宁大学出版社，1994。

海伦·斯诺：《旅华岁月——海伦·斯诺回忆录》，华谊译，世界知识出版社，1985。

何智霖编辑《陈诚先生书信集：与蒋中正先生往来函电》（上），台北"国史馆"，2007。

黄华：《黄华回忆录：亲历与见闻》，世界知识出版社，2007。

黄侃：《黄侃日记》，中华书局，2007。

霍本田：《逃亡流浪　流浪逃亡——抗日战争时期大后方流亡生活纪实》，太白文艺出版社，2008。

吉林市政协文史资料研究委员会编《吉林教育回忆》，编者印行，1985。

吉林文史资料编辑部编《吉林文史资料》第18辑，政协吉林省委员会文史资料研究委员会，1987。

金景芳：《金景芳学术自传》，巴蜀书社，1993。

金绍先：《九死未悔爱国心——记先师刘永济》，《文史杂志》1991年第6期。

《金毓黻文集》编辑整理组校点《静晤室日记》第2、3、4、6、7、8、9册，辽沈书社，1993。

《姜亮夫全集》第24册，云南人民出版社，2003。

蒋天枢：《论学杂著》，中州古籍出版社，1988。

蒋永敬：《浮生忆往》，近代中国出版社，2002。

李先闻：《李先闻自述》，湖南教育出版社，2009。

《梁思成全集》第1卷，中国建筑工业出版社，2001。

刘大成等编《"七·七"事变前后北京地区抗日活动》，北京燕山出版社，1987。

刘敬之主编《石光诗文纪念集》，吉林省新闻出版局，1993。

黎东方：《平凡的我》，台北"国史馆"，1998。

李学通：《翁文灏年谱》，山东教育出版社，2005。

刘季洪：《教育生涯漫谈》，台湾商务印书馆，1986。

刘靖：《回忆"九·一八"后东北留平学生抗日救亡运动》，《社会科学战线》1983年第2期。

罗荣渠：《北大岁月》，商务印书馆，2006。

马加：《北国风云录》，中国青年出版社，1983

马加：《马加文集》，春风文艺出版社，1986。

南方局党史资料征集小组编《南方局党史资料·大事记》，重庆出版社，1986。

宁恩承：《百年回首》，东北大学出版社，1999。

齐红深编《流亡——抗战时期东北流亡学生口述》，大象出版社，2008。

清华大学校史编研组《战斗在一二九运动的前列》，清华大学出版社，1985。

全国政协文史资料研究委员会编《革命史资料》（3），文史资料出版社，1981。

沈刚伯：《沈刚伯先生文集》，中央日报出版部，1982。

沈云龙、林泉访问，林忠胜纪录《齐世英先生访问纪录》，中研院近代史研究所，1990。

宋黎等：《一二九运动回忆录》第1集，人民出版社，1982。

孙敦恒等编《一二九运动资料》第1~2辑，人民出版社，1981~1982。

孙敬文：《一二九运动中党的领导问题》，《党的文献》1998年第6期。

唐宏毅主编《东北大学在三台》，四川大学出版社，1991。

王春林：《黄凤岐访问记录》，2014年7月7日。

王春林：《李季若访问记录》，2010年3月8日。

王春林：《王铭访问记录》，2010 年 3 月 9 日。

王春林：《喻纯玉访问记录》，2009 年 2 月 28 日。

王汎森、潘光哲、吴政上主编《傅斯年遗札》，中研院历史语言研究所，2011。

《王世杰日记》第 1 册，中研院近代史研究所，1990。

王聿均、孙斌合编《朱家骅先生言论集》，中研院近代史研究所，1977。

吴学昭整理注释《吴宓日记》，三联书店，1998。

相树春、张振鹤、李格政主编《我们走过的路》（简），今日中国出版社，1993。

相树春、张振鹤、李格政主编《我们走过的路》（繁），今日中国出版社，1993。

萧公权：《问学谏往录》，传记文学出版社，1972。

萧一山先生文集编辑委员会编《萧一山先生文集》，经世书局，1979。

谢荫昌：《演苍年史》，北京图书馆编《北京图书馆藏珍本年谱丛刊》第 198 册，北京图书馆出版社，1999。

《阎宝航纪念文集》编委会编《阎宝航纪念文集》，辽宁人民出版社，1995。

杨向奎述，李尚英整理《杨向奎学述》，浙江人民出版社，2000。

应德田：《张学良与西安事变》，中华书局，1980。

臧启芳编《国立东北大学廿周年纪念册》，文海出版社，1973。

臧启芳：《回忆》，反攻出版社，1953。

张品兴编《梁启超家书》，中国文联出版社，2000。

张学良口述，唐德刚撰写《张学良口述历史》，中国档案出版社，2007。

张学良口述，张之丙、张之宇访谈，张学良口述历史编辑委员会整理《张学良口述历史（访谈实录）》，当代中国出版社，2014。

张友坤、钱进主编《张学良年谱》，社会科学文献出版社，1996。

赵荣声：《回忆卫立煌先生》，文史资料出版社，1985。

政协抚顺市委员会文史委员会编《抚顺文史资料选辑》第 10 辑，编者印行，1987。

政协吉林市委员会文史资料研究委员会编《吉林市文史资料》第 5

辑，编者印行，1986。

政协辽宁省委员会文史资料研究委员会编《辽宁文史资料》第 7 辑，辽宁人民出版社，1983。

政协辽宁省委员会学习宣传和文史委员会编《一代师表》，辽宁人民出版社，2004。

政协辽宁省文史资料研究委员会编《辽宁文史资料》第 12 辑，辽宁人民出版社，1985。

政协沈阳市委员会文史资料研究委员会编《沈阳文史资料》第 4 辑，编者印行，1983。

政协沈阳市委员会文史资料委员会编《沈阳文史资料》第 21 辑，编者印行，1994。

政协沈阳市委员会文史资料委员会、辽宁社会科学院历史研究所合编《沈阳文史资料》第 1 辑，政协沈阳市委员会文史资料委员会，1981。

政协铁岭市银州区文史资料委员会编《银州文史资料》第 6 辑，编者印行，1990。

政协铁岭县文史资料委员会编《铁岭文史资料汇编》第 3 辑，编者印行，1987。

郑新衡：《一二·三〇事件始末：东北青年反满抗日地下斗争史事纪》，辽宁人民出版社，1996。

中国高等教育会、清华大学编《蒋南翔文集》，清华大学出版社，1998。

中国人民政治协商会议北京市委员会文史资料委员会编《文史资料选编》第 5 辑，北京出版社，1979。

中国人民政治协商会议河南省委员会文史资料委员会编《河南文史资料》第 46 辑，编者印行，1993。

中国人民政治协商会议吉林省委员会文史资料研究委员会编《吉林文史资料选辑》第 4 辑，吉林人民出版社，1983。

中国人民政治协商会议锦西市葫芦岛区委员会文史资料委员会编《葫芦岛文史资料》第 4 辑，编者印行，1993。

中国人民政治协商会议辽宁省委员会文史资料委员会编《九一八前学校忆顾》，辽宁人民出版社，1991。

中国人民政治协商会议辽宁省委员会文史资料委员会、抚顺市顺城区委员会文史资料委员会编《王卓然史料集》，辽宁人民出版社，1992。

中国人民政治协商会议辽宁省委员会文史资料研究委员会编《辽宁文史资料》第 8 辑，辽宁人民出版社，1984。

中国人民政治协商会议辽宁省委员会文史资料研究委员会编《辽宁文史资料》第 10 辑，辽宁人民出版社，1984。

中国人民政治协商会议全国委员会文史资料研究委员会编《文史资料选辑》第 6 辑，中国文史出版社，1960。

中国人民政治协商会议全国委员会文史资料研究委员会编《文史资料选辑》第 42 辑，中国文史出版社，1964。

中国人民政治协商会议全国委员会文史资料研究委员会编《文史资料选辑》第 68 辑，中华书局，1980。

中国人民政治协商会议四川省三台县委员会文史资料征集委员会编《三台文史资料选辑》第 1 辑，编者印行，1984。

中国人民政治协商会议四川省三台县委员会文史资料征集委员会编《三台文史资料选辑》第 5 辑，编者印行，1986。

中国新闻出版公司编辑《中华民国大学志》，编者印行，1953。

中研院近代史研究所编《董文琦先生访问纪录》，编者印行，1986。

钟宜洁编《不屈的流亡：东北中学忆事》，出版者不详，2002。

《竺可桢日记》，人民出版社，1984。

五　专著

包遵彭：《中国近代青年运动史》，时代出版社，1948。

车维汉等：《奉系对外关系》，辽海出版社，2001。

陈昶安：《东北流通券：战后区域性的货币措施（1945—1948）》，台北"国史馆"，2014。

陈能治：《战前十年中国的大学教育（1927—1937）》，商务印书馆，1990。

程美宝：《地域文化与国家认同——晚清以来"广东文化"观的形成》，三联书店，2006。

邓正兵：《广东地方实力派和地方主义研究：1927—1936》，武汉出版社，2001。

董守义、王贵忠：《黑土乡邦育英才：辽河流域教育事业》，辽海出版社，2000。

广西大学校史编写组编《广西大学校史（1928—1988）》，广西大学学报编辑部，1988。

郭建平：《奉系教育》，辽海出版社，2000。

郝秉让：《奉系军事》，辽海出版社，2000。

何方昱：《训导与抗衡：党派、学人与浙江大学（1936—1949）》，上海书店出版社，2017。

贺金林：《抗战胜利后国民政府教育复员研究》，社会科学文献出版社，2010。

侯德础：《抗日战争时期中国高校内迁史略》，四川教育出版社，2001。

胡春惠：《民初的地方主义与联省自治》，中国社会科学出版社，2001。

胡玉海：《奉系纵横》，辽海出版社，2001。

胡玉海、张伟：《奉系人物》，辽海出版社，2001。

黄福庆：《近代中国高等教育研究——国立中山大学（1924—1937）》，中研院近代史研究所，1988。

黄坚立：《难展的双翼：中国国民党面对学生运动的困境与决策（1927—1949年）》，商务印书馆，2010。

黄晓通：《近代东北高等教育研究》，百花文艺出版社，2014。

"教育部"主编《中华民国建国史》第3篇《统一与建国》（三），台北"国立编译馆"，1989。

蒋宝麟：《民国时期中央大学的学术与政治（1927—1949）》，南京大学出版社，2016。

金以林：《近代中国大学研究：1895—1949》，中央文献出版社，2000。

景爱：《陈述学术评传》，花木兰文化出版社、槐下书肆，2006。

来新夏等：《北洋军阀史》，东方出版中心，2011。

李达嘉：《民国初年的联省自治运动》，弘文馆，1986。

李国忠：《民国时期中央与地方的关系》，天津人民出版社，2004。

李剑白主编《流亡青年的脚步》，中国大百科全书出版社，1995。

李蓉、叶成林编《抗战时期大后方的民主运动》，华文出版社，1997。

李云汉：《宋哲元与七七抗战》，传记文学出版社，1978

廖风德：《学潮与战后中国政治：1945—1949》，东大图书公司，1994。

　　林桶法：《从接收到沦陷：战后平津地区接收工作之检讨》，东大图书公司，1997。

　　林语堂：《京华烟云》，群言出版社，2009。

　　吕芳上：《从学生运动到运动学生：民国八年到十八年》，中研院近代史研究所，1994。

　　马尚斌：《奉系经济》，辽海出版社，2001。

　　齐红深主编《东北地方教育史》，辽宁大学出版社，1991。

　　邱秀华、章毛平：《张学良教育思想研究》，东北大学出版社，2006。

　　沈卫威：《东北流亡文学史论》，河南人民出版社，1992。

　　施惠群：《中国学生运动史：1945—1949》，上海人民出版社，1992。

　　水野明：《东北军阀政权研究：张作霖、张学良之抗外与协助统一国内的轨迹》，郑樑生译，台北"国立编译馆"，1998。

　　四川大学校史编写组编《四川大学史稿》，四川大学出版社，1985。

　　宋秋蓉：《近代中国私立大学发展史》，陕西人民教育出版社，2006。

　　苏云峰：《从清华学堂到清华大学：1911—1929》，三联书店，2001。

　　苏云峰：《近代中国高等教育研究：私立海南大学（1947—1950）》，中研院近代史研究所，1990。

　　苏云峰：《中国新教育之萌芽与成长：1860—1928》，五南图书出版股份有限公司，2005。

　　孙冬虎、王均：《民国北京（北平）城市形态与功能演变》，华南理工大学出版社，2015。

　　孙中田、逄增玉、黄万华、刘爱华：《镣铐下的缪斯——东北沦陷区文学史纲》，吉林大学出版社，1999。

　　陶英惠、张玉法编《山东流亡学生史》，山东文献社，2004。

　　佟德元：《转型、博弈与政治空间诉求：1928—1933年奉系地方政权研究》，中国社会科学出版社，2015。

　　汪朝光：《1945—1949：国共政争与中国命运》，社会科学文献出版社，2010。

　　王成科编《辽阳近现代人物录》，辽宁民族出版社，2010。

　　王东杰：《国家与地方的学术互动：四川大学的国立化进程（1925—1939)》，三联书店，2005。

王凤杰：《王永江与奉天省早期现代化研究》，吉林大学出版社，2010。

王驹、邵宇春：《东北民众抗日救国会》，辽宁大学出版社，1991。

王李金：《中国近代大学创立和发展的路径：从山西大学堂到山西大学（1902—1937）的考察》，人民出版社，2007。

王强、马亮宽：《何思源：宦海沉浮一书生》，天津人民出版社，1996。

王希亮：《东北沦陷区殖民教育史》，黑龙江人民出版社，2008。

王振乾、丘琴、姜克夫编著《东北大学史稿》，东北师范大学出版社，1988。

吴振汉：《国民政府时期的地方派系意识》，文史哲出版社，1992。

谢国兴：《黄郛与华北危局》，台湾师范大学历史研究所，1984。

许慧琦：《故都新貌：迁都后到抗战前的北平城市消费（1928—1937）》，学生书局，2008。

徐世昌等编纂，李澍田等点校《东三省政略》，吉林文史出版社，1989。

许小青：《政局与学府：从东南大学到中央大学（1919—1937）》，中国社会科学出版社，2009。

杨奎松：《西安事变新探：张学良与中共关系之谜》，东大图书公司，1995。

杨仲揆：《中国现代化先驱——朱家骅传》，近代中国出版社，1980。

易丙兰：《奉系与东北铁路》，社会科学文献出版社，2018。

余子侠、冉春：《抗日战争时期中国教育研究》，团结出版社，2015。

张德良、周毅主编《东北军史》，辽宁大学出版社，1987。

张万杰：《救亡图存东北魂——东北救亡群体与西安事变研究》，人民日报出版社，2013。

张文琦、冯庆祺、冯荻秋：《冯庸评传》，沈阳出版社，2013。

张玥：《抗战时期国立大学校长治校方略研究》，南京大学出版社，2017。

中共东北军党史组编《东北军与民众抗日救亡运动》，中共党史出版社，1994。

中共陕西省委党史研究室、共青团陕西省委青运史研究室编《西安事变前后和抗战初期陕西国统区青年运动》，陕西人民出版社，1989。

周淑真：《中国青年党在大陆和台湾》，中国人民大学出版社，1993。

许美德：《中国大学：1895—1995 一个文化冲突的世纪》，许洁英主译，教育科学出版社，2000。

芳卫廉：《基督教高等教育在变革中的中国：1880—1950》，刘家峰译，珠海出版社，2005。

费正清主编《剑桥中华民国史》，章建刚等译，上海人民出版社，1992。

杰西·格·卢茨：《中国教会大学史：1850—1950》，曾钜生译，浙江教育出版社，1988。

叶文心：《民国时期大学校园文化（1919—1937）》，冯夏根、胡少诚、田嵩燕等译，中国人民大学出版社，2012。

易劳逸：《蒋介石与蒋经国》，王建朗、王贤知译，中国青年出版社，1989。

易社强：《战争与革命中的西南联大》，饶佳荣译，九州出版社，2012。

六　论文

陈东：《抗战时期国内大学借读现象论析——以战时大学报刊为中心的考察》，《安徽史学》2016 年第 3 期。

陈能治：《战前十年中国大学教育经费问题（1927—1937）》，中华文化复兴运动推行委员会主编《中国近代现代史论集》第 25 编《建国十年》，商务印书馆，1986。

陈廷湘：《政局动荡与学潮起落——九一八事变后学生运动的样态及成因》，《历史研究》2011 年第 1 期。

程丕来：《抗战时期东北大学内迁三台研究》，四川大学硕士学位论文，2007。

邓正兵：《地方主义与国民党政府中央权威论析》，《韩山师范学院学报》2002 年第 3 期。

邓正兵：《论南京国民政府时期地方主义的特点》，《社会科学》2002 年第 9 期。

郭川：《抗战大后方公教人员日常生活及心态嬗变研究》，西南大学博士学位论文，2017。

郭士礼：《学术选择与国家建构——论抗战时期大夏大学对西南少数

民族的调查与研究》,《贵州民族研究》2010 年第 4 期。

韩戍:《抗战时期内迁高校的地方化——以光华大学成都分部为例》,《抗日战争研究》2014 年第 3 期。

何方昱:《资源配置与权力之争:以战时浙江大学内迁贵州为中心》,《近代史研究》2016 年第 1 期。

贺江枫:《华北自治运动与地方实力派的政治选择》,《历史研究》2019 年第 1 期。

贺江枫:《从学潮走向政潮——1948 年北平七五"惨案"研究》,《南京大学学报》(哲学·人文科学·社会科学版) 2012 年第 1 期。

胡国台:《国共校园斗争 (1937—1949)》,《历史月刊》第 44 期,1991。

胡岚、张卓群:《抗战时期国立浙江大学的研究生教育》,《浙江大学学报》(人文社会科学版) 2013 年第 2 期;

黄晓通:《张学良与东北大学之"国立化"进程》,《东北大学学报》(社会科学版) 2010 年第 5 期。

蒋宝麟:《财政格局与大学"再国立化"——以抗战前中央大学经费问题为例》,《历史研究》2012 年第 2 期。

蒋宝麟:《抗战时期的国家与大学政治文化:中央大学"易长"研究》,《史林》2009 年第 3 期。

蒋宝麟:《中央大学的国民党组织与国共斗争 (1927—1949)》,《中央研究院近代史研究所集刊》第 73 期,2011 年 9 月。

金冲及:《华北事变和抗日救亡高潮的兴起》,《历史研究》1995 年第 4 期。

金以林:《地域观念与派系冲突——以二三十年代国民党粤籍领袖为中心的考察》,《历史研究》2005 年第 3 期。

经盛鸿:《抗战期间沦陷区的高校内迁》,《南京师大学报》(社会科学版) 1989 年第 2 期。

柯英兰:《"省立"东北大学改"国立"始末》,《煤炭高等教育》2010 年第 2 期。

李记松:《略述北平学生反饥饿反内战运动》,《南京大学学报》(哲学·人文·社会科学) 1996 年第 3 期。

李黎明:《蒋胡约法之争初探》,《史学月刊》1996 年第 2 期。

李守孔:《国民政府之国家统一运动 (民国十八年至十九年)》,中研院近代史研究所编《抗战前十年国家建设史研讨会论文集（1928～1937）》上册，编者印行，1985。

李义彬：《华北事变后国民党政府对日政策的变化》，《民国档案》1989 年第 1 期。

李一姣：《东北大学早期建筑教育的教育主体研究》，东北大学硕士学位论文，2014。

刘希伟：《抗战背景下的公立高校生源省籍分布特征研究——基于1938—1943 年相关数据的分析》，《河北师范大学学报》（教育科学版）2014 年第 4 期。

倪蛟：《抗战时期大后方大学生的日常生活——以重庆时期国立中央大学为例》，《江苏社会科学》2016 年第 1 期。

欧阳军喜：《一二九运动再研究：一种思想史的考察》，《中共党史研究》2014 年第 2 期。

逄增玉：《流亡者的歌哭——论三十年代的东北作家群》，《中国现代文学研究丛刊》1986 年第 4 期。

曲晓范：《民国吉林大学创建始末：1929—1931》，《长白学刊》2009年第 3 期。

曲晓范、石颖：《民国中共东北大学筹建、成立、迁校时间考》，《东北师大学报》（哲学社会科学版）2009 年第 3 期。

桑兵：《国民党在大学校园的派系争斗》，《史学月刊》2010 年第12 期。

桑兵：《1948 年中山大学易长与国民党的派系之争》，《学术研究》2008 年第 1 期。

王春林：《大义抑或利害：西安事变中东北流亡势力的反应》，《史学月刊》2010 年第 8 期。

王春林：《国难中的九一八纪念——以东北流亡民众为中心》，《抗日战争研究》2013 年第 1 期。

王东杰：《民国高等教育中的国家：四川大学国立化进程（1925—1939）》，《中国社会科学》2004 年第 3 期。

王奇生：《战时大学校园中的国民党：以西南联大为中心》，《历史研究》2006 年第 4 期。

王奇生：《战时国民党党员与基层党组织》，《抗日战争研究》2003 年第 4 期。

王晴佳：《学潮与教授：抗战前后政治与学术互动的一个考察》，《历史研究》2005 年第 4 期。

王续添：《地方主义与民国社会》，《教学与研究》2000 年第 2、3 期。

王续添：《民国时期的地方心理观念论析》，《史学月刊》1999 年第 4 期。

王续添：《现代中国地方主义的政治解读》，《史学月刊》2002 年第 6 期。

王妍：《东北大学早期校园建设研究（1923—1931）》，东北师范大学硕士学位论文，2016。

王莹：《东北大学北陵校区校园规划及建筑设计研究》，东北大学硕士学位论文，2014。

谢晓鹏：《汪精卫与张学良关系之探讨》，《史学月刊》2009 年第 9 期。

徐立刚：《一九三一年的南京国民会议》，《钟山风雨》2002 年第 1 期。

许小青：《论东南大学的国立化进程及其困境（1919—1927）》，《高等教育研究》2006 年第 2 期。

严海建：《1946—1948 年北平学潮：国民政府中央与地方处置的歧异》，《民国档案》2008 年第 1 期。

杨奎松：《国民党人在处置昆明学潮问题上的分歧》，《近代史研究》2004 年第 5 期。

杨天宏：《学生亚文化与北洋时期学运》，《历史研究》2011 年第 4 期。

杨天石：《"约法"之争与蒋介石软禁胡汉民事件》，《中国社会科学》2000 年第 1 期。

杨雨青：《抗战时期物价问题之我见》，《北京社会科学》2012 年第 1 期。

余子侠：《抗战时期高校内迁及其历史意义》，《近代史研究》1995 年第 6 期。

张成洁、莫宏伟：《论抗战时期高校内迁对西南地区观念近代化的影响》，《贵州文史丛刊》2002 年第 3 期。

张德良：《论以张学良为首的东北抗日流亡政治集团》，《日本研究》1991 年第 3 期。

张馥：《九一八后至抗战前政府对东省学生就学问题的处理》，《东北文献》第 30 卷第 1、2 期，2000 年 1 月。

张馥：《九一八事变后的东北流亡学生（1931—1946）——以东北大学、东北中学、东北中山中学为中心》，台湾师范大学硕士学位论文，1996。

张皓、陈银屏：《从期望到失望：1948 年北平"七五"事件再探讨》，《史学集刊》2012 年第 3 期。

张晶萍：《省籍意识与文化认同：叶德辉重建湘学知识谱系的努力》，《湖南大学学报》（社会科学版）2008 年第 2 期。

张万杰：《一二九运动后王卓然逮捕东北大学学生风波始末——兼谈王卓然的校政》，《东北史地》2013 年第 2 期。

赵守仁：《王永江与东北大学》，《辽宁师范大学学报》（社科版）1986 年第 3 期。

周鹏林：《1930—1931 年中间势力对国民会议的主张》，《首都师范大学学报》（社会科学版）2009 年增刊。

左双文、郭秀文、栾成：《"九·一八"事变后学生的请愿示威与南京国民政府的应对》，《学术研究》2006 年第 7 期。

柳镛泰：《从国民会议到国民参政会——职业代表制的持续与变化》，《南京大学学报》（哲学·人文科学·社会科学版）2006 年第 3 期。

七　外文文献

1. Hu Kuo-tai, "The Struggle between the Kuomintang and the Chinese Communist Party on Campus during the War of Resistance, 1937 – 45," *The China Quarterly* 118 (1989).

2. John Israel, *Student Nationalism in China, 1927 – 1937*, Stanford: Stanford University Press, 1966.

3. Suleski Ronald, *Civil Government in Warlord China: Tradition, Modernization and Manchuria*, New York: Peter Lang Publishing, Inc., 2002.

后　记

本书是在我的博士论文基础上修改完成的。而我是硕士阶段才转到中国近现代史专业的，所以当时是一边学习论文写作，一边写博士论文。又因为我的硕士论文是关于九一八事变的，所以最初确定的选题是"东北流亡学生"，2008年夏缩小为"东北大学"。但初时懵懂，写作中就有些率性而为，直到修改书稿时才发现了能够一以贯之的线索。因此，本书更像是"摸着石头过河"的结果。此书得以面世，要感谢很多方面的支持和帮助。

首先，感谢我博士期间的导师，南京大学历史学院的马俊亚教授。我的选题与马老师研究方向相距较远，但马师在论文写作、收集资料等方面仍给予了很多指导，并在毕业答辩时给我很多宽容和理解。马师人品敦厚，学问精深。治学的严谨与厚重，是他给我的主要影响。在为人处世乃至日常生活方面，马师也像父兄一样给我很多教诲和关爱。学生不敏，只有努力向学，以为回报。

其次，感谢我硕士期间的导师，辽宁大学历史学院的胡玉海教授。胡师给我以基本的学术训练，督促我去考取博士，他是我走上研究道路的引路人。多年来，胡师在为人处世以及工作方面都给我很多教诲。因为胡师的关系，我的历史学知识主要集中在奉系军阀以及"东北流亡势力"方面，目前的研究方向仍未超出此范畴。此中既有传承，也是使命。

再次，感谢我的博士后合作导师，中国社会科学院历史研究院世界历史研究所的汪朝光研究员。汪老师是民国史大家，尤其对战后东北问题有深入的研究。他在百忙之中赐序，必将为本书增光添彩，也有助于读者了解本书的价值与缺陷，并使我知道以后努力的方向。

还要感谢参加我博士论文答辩的陈谦平、陈红民、张连红、张生教授以及马振犊研究员。各位老师的批评使我了解到论文还有很多不足，并成为我继续前行的动力。感谢给予我指导的南京大学的其他老师，他们是董国强、曹大臣、高华。此外，还要特别感谢彼时任职四川大学历史文化学院的王东杰教授，王老师在素不相识的情况下给我提供了详细的评阅意见，这有助于我对论文的进一步修改和完善。

2014年底，我以博士论文为基础申请的国家社会科学基金后期资助项目获准立项。感谢匿名评审专家中肯的修改意见。在这个项目的支持下，我于2015年赴台湾收集了相关资料，2016年又前往开封、西安、三台等地踏访并收集资料。2018年底到2019年初我又补充了必要的报刊资料，并在此基础上对书稿进行了全面的修改。

感谢博士论文撰写以及修改过程中提供帮助的诸位师友。相识于南京大学的严海建、崔明海、蒋宝麟三位才俊，或分享心得，或讨论问题，或提供资料，令我获益良多。东北大学的李正鸿、王国钧、陈均等老师给我提供了很多信息或资料，对我的研究助益很大。张志云和曾冠杰为我提供了台湾方面的相关论著或资料，成为我写作博士论文的重要参考。台湾中研院近代史研究所的张力研究员协助我赴台补充资料，使我弥补了书稿史料的不足。许小青、韩戍两位老师先后邀请我参加大学史会议，也使我受益不少。陈伟、冯东兴、邹锦良、陈东、汪小勇、侯磊、司开国等同学的陪伴、关心与帮助，使枯燥的博士生活变得丰富多彩。李小超、孟繁勇、乔岳罡、岳钦韬等同学或友人为我收集资料提供了必要的帮助。同门博士生李建忠、方前移、刘振华、张广杰、王荣华，硕士生李玉敏、程亚娟、王锐、王苗、刘慧敏、何宇、韩秋菊、张丽、李林伟、胡正清、吴润凯、闻云峰、包蕾、王兴飞、邓晓娇的关心与支持，也使我能量倍增。东北大学等校当事人或子女喻纯玉、李季若、王铭、黄凤岐接受访问，提供了重要的资料。一些亲友为我提供了住宿，他们是大伯母李淑珍、堂兄王兴华以及友人赵长如。其中，一些当事人和亲友或已去世，或失去了联系。人事代谢，只能顺其自然。

感谢中国第二历史档案馆、辽宁省档案馆、北京市档案馆、台湾中研院近代史研究所档案馆、台北"国史馆"、台北中国国民党党史会以及三台县档案馆、南京大学图书馆、南京大学历史学系资料室、南京图书馆、辽宁省图书馆、辽宁大学图书馆、中国国家图书馆、中国社会科学院近代史研究所图书馆、辽宁社会科学院图书馆工作人员的耐心与帮助。

博士论文以及书稿的部分章节曾先后发表过，彼时我初出茅庐，文章亦有些青涩。因此，要特别感谢《南京大学学报》《中山大学学报》《抗日战争研究》《史林》《民国档案》《东北史地》《兰台世界》等编辑部对年轻人的提携和宽容。在修改书稿时，某些章节也做了必要的增补或调整，以期更加周全。

感谢我的工作单位辽宁社会科学院的领导及同事多年来的支持、关爱和帮助，使我能愉快地工作和生活。他们是戴茂林、孙洪敏、牟岱、肖坤、廖晓晴、赵朗、李学成、张洁、张洪军、张万杰、王惠宇、于之伟、李正军。

感谢社会科学文献出版社的徐思彦、郑庆寰、宋荣欣、李期耀、陈肖寒老师，他们为本书的出版提供了很多帮助或建议。尤其要感谢责任编辑陈肖寒老师，他专门负责书稿的校对等工作，并修正了一些不恰当的提法。

感谢我的家人多年来的理解和支持。我的父亲王显志全力支持我念书，我也在延续他因文革而中断的学业。我的母亲王景云从小就督促我好好学习，可惜我的求学之路有些太长了，成家也太晚了。2018年4月，她在承受多年的病痛后离开了。我的两个姐姐王惠荣、王惠丽帮助照顾父母，分担了我的责任。我的岳父母张成义和刘秀敏帮忙照顾孩子，使我可以将更多精力投入到工作中。我的爱人张儒婷无条件地支持我外出查找资料以及修改书稿，从无怨言。我的女儿秋水，她的天真活泼是对我的最好慰藉。

2019 年 9 月 8 日

图书在版编目（CIP）数据

地域与使命：民国时期东北大学的创办与流亡／王
春林著 . --北京：社会科学文献出版社，2019.11
国家社科基金后期资助项目
ISBN 978 - 7 - 5201 - 5722 - 3

Ⅰ.①地…　Ⅱ.①王…　Ⅲ.①东北大学 - 校史 - 民国
Ⅳ.①G649.283.11

中国版本图书馆 CIP 数据核字（2019）第 221730 号

· 国家社科基金后期资助项目 ·

地域与使命：民国时期东北大学的创办与流亡

著　　者／王春林

出 版 人／谢寿光
组稿编辑／宋荣欣
责任编辑／邵璐璐　陈肖寒

出　　版／社会科学文献出版社 · 历史学分社（010）59367256
　　　　　地址：北京市北三环中路甲 29 号院华龙大厦　邮编：100029
　　　　　网址：www. ssap. com. cn
发　　行／市场营销中心（010）59367081　59367083
印　　装／三河市龙林印务有限公司

规　　格／开本：787mm × 1092mm　1/16
　　　　　印 张：14.75　字 数：247 千字
版　　次／2019 年 11 月第 1 版　2019 年 11 月第 1 次印刷
书　　号／ISBN 978 - 7 - 5201 - 5722 - 3
定　　价／89.00 元

本书如有印装质量问题，请与读者服务中心（010 - 59367028）联系